UNIVERSITÉ DE FRANCE — ACADÉMIE DE GRENOBLE

DE L'ACTION PAULIENNE

EN DROIT ROMAIN

DES DROITS DE LA FEMME

Dans la faillite de son mari

EN DROIT FRANÇAIS

THÈSE

POUR LE DOCTORAT

SOUTENUE DEVANT

LA FACULTÉ DE DROIT DE GRENOBLE

LE 30 DÉCEMBRE 1880

Par ÉLIE JUJAT

Avocat à la Cour d'appel.

GRENOBLE

TYPOGRAPHIE ET LITHOGRAPHIE DE MAISONVILLE ET FILS

Rue du Quai, 8

1880

THÈSE

POUR

LE DOCTORAT

8°

1719

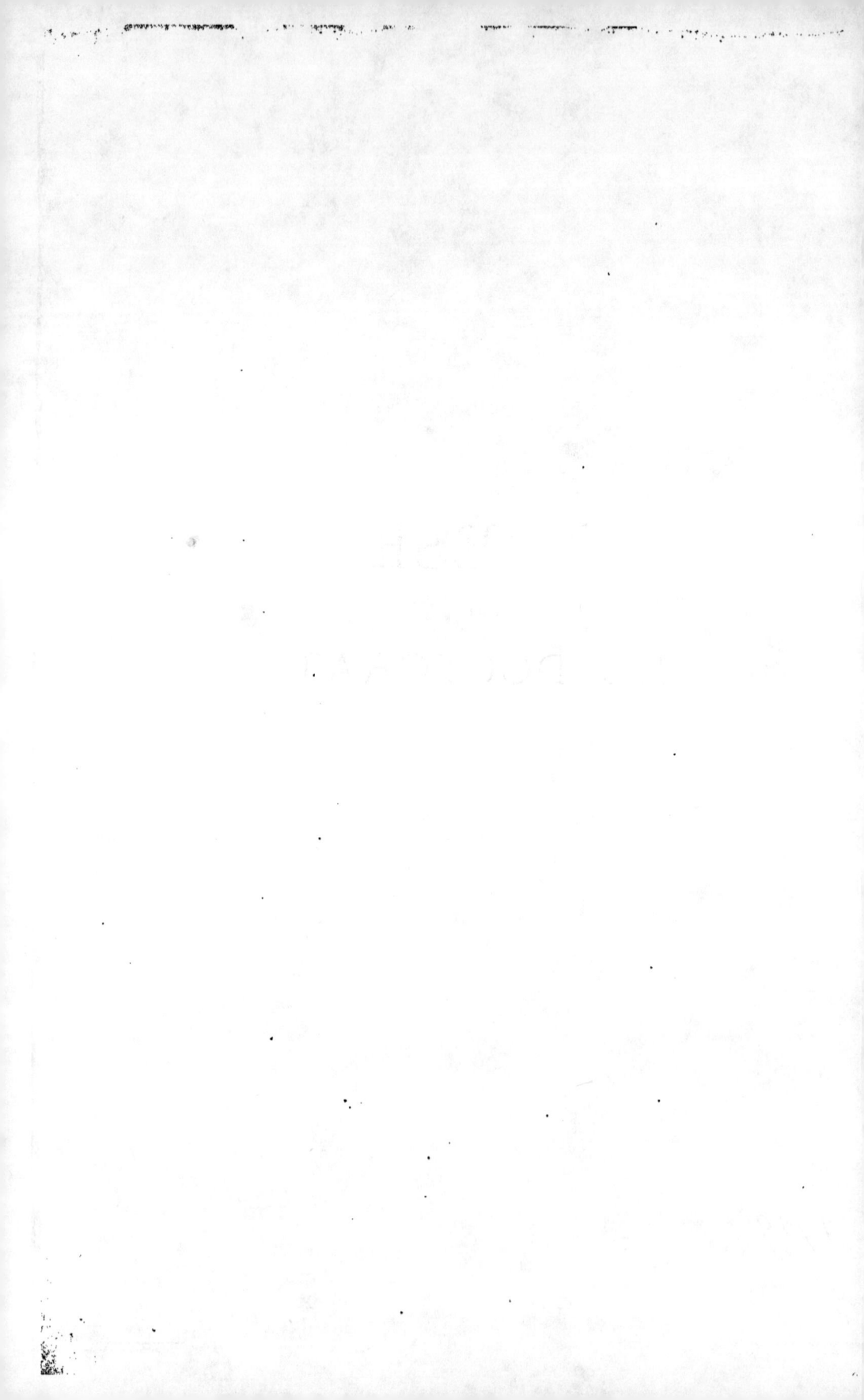

UNIVERSITÉ DE FRANCE — ACADÉMIE DE GRENOBLE

DE L'ACTION PAULIENNE

EN DROIT ROMAIN

DES DROITS DE LA FEMME

Dans la faillite de son mari

EN DROIT FRANÇAIS

THÈSE

POUR LE DOCTORAT

SOUTENUE DEVANT

LA FACULTÉ DE DROIT DE GRENOBLE

LE 20 DÉCEMBRE 1880

Par ÉLIE JUJAT

Avocat à la Cour d'appel.

GRENOBLE

TYPOGRAPHIE ET LITHOGRAPHIE DE MAISONVILLE ET FILS

Rue du Quai, 8

1880

FACULTÉ DE DROIT DE GRENOBLE

MM. GUEYMARD, doyen, professeur de droit commercial.
TROUILLER ✻, professeur de Code civil.
LAMACHE ✻, professeur de Droit administratif.
TESTOUD, professeur de Code civil.
GUÉTAT, professeur de Législation criminelle.
TARTARI, agrégé, chargé d'un cours de Droit romain.
PLANIOL, agrégé, chargé d'un cours de Droit civil.
FOURNIER, agrégé, chargé d'un cours de Droit romain.
RAMBAUD, chargé du cours d'Économie politique.
BEAUDOUIN, chargé d'un cours de Droit romain.
ROYON, secrétaire, agent-comptable.

SUFFRAGANTS

MM. TESTOUD, président.
GUEYMARD, doyen.
TROUILLER, professeur.
TARTARI,
FOURNIER, } agrégés.

A MES PARENTS

A MES AMIS

DROIT ROMAIN

DE L'ACTION PAULIENNE

INTRODUCTION

Notions historiques : Division générale.

Lorsqu'on s'est obligé envers une personne et qu'on est
devenu son débiteur, l'exécution de l'obligation qu'on a contractée est garantie quelquefois par la convention et toujours
par la loi elle-même. Les sociétés, en effet, ne pourraient pas
exister, si les engagements formés conformément aux lois
n'étaient pas exécutés ; le devoir du législateur est donc d'assurer
le respect des obligations, la fidélité due aux engagements librement contractés.

Aussi l'histoire nous montre-t-elle, chez tous les peuples et à
toutes les époques, les législateurs s'efforçant de garantir le plus
efficacement possible, l'exécution des obligations; elle nous
montre en même temps que les moyens employés pour arriver
à ce but ont varié avec le temps et avec les mœurs. Cependant,
une loi générale domine ces variations des législations : à mesure
que la civilisation pénètre dans un peuple, que ses mœurs

s'adoucissent, les moyens de contrainte deviennent aussi moins
sévères et plus doux ; et cette marche progressive, cet adoucis-
sement des voies d'exécution est plus ou moins rapide, suivant
que les peuples mettent plus ou moins de temps à se civiliser.

A l'origine, le moyen de sanction commun à presque tous les
peuples primitifs porte l'empreinte de la barbarie ; il consiste
en des voies d'exécution plus ou moins cruelles exercées sur la
personne du débiteur. Il faut que la civilisation d'un peuple soit
déjà bien avancée et que le principe de l'inviolabilité de la liberté
individuelle ait pénétré dans sa législation, pour que l'exécution
sur la personne, par laquelle la liberté et quelquefois même la
vie du débiteur répondaient de ses engagements, fasse place à
l'exécution sur les biens, jusqu'à ce qu'enfin elle disparaisse
complètement, ce qui est le dernier progrès de la civilisation.

L'exécution sur la personne, c'est-à-dire, non seulement l'emprisonnement, mais aussi l'esclavage pour dettes, paraît avoir été
le seul moyen de contrainte connu en Asie jusqu'à l'ère chré-
tienne. En Egypte, Diodore de Sicile (liv. 1, part. 2, ch. 3) nous
apprend que Sésostris, au commencement de son règne, délivra
plusieurs fois les prisonniers pour dettes, et que plus tard il
rendit une loi qui défendait l'exécution sur la personne ; cette
loi fut renouvelée par un de ses successeurs, Bocchoris. (Montesquieu, *Esprit des lois* : livre 20, ch. 15.)

D'après la loi de Moïse, le créancier ne pouvait pas réduire en
esclavage son débiteur récalcitrant ; il devait même lui laisser les
choses indispensables à sa subsistance, qui étaient déclarées
insaisissables ; mais le débiteur pouvait se mettre en servitude
afin de payer sa dette. (Eschbach : *Introduction générale à
l'histoire du droit*, page 510.)

En Grèce, jusqu'à Solon, le créancier eut le droit d'emprisonner son débiteur et de le réduire en esclavage; mais depuis Solon, l'exécution sur les biens est seule permise.

La législation romaine fut sans contredit une des plus barbares quant aux voies d'exécution. Le premier moyen imaginé par les jurisconsultes romains, pour contraindre un débiteur à l'exécution de ses engagements, fut la *manus injectio,* dont voici le mécanisme. Trente jours après la condamnation, le créancier met la main sur son débiteur, et si celui-ci ne fournit pas un *vindex,* un tiers qui plaide le procès à sa place, un décret du magistrat prononce contre lui l'*addictio,* il est *addictus* à son créancier, qui l'emmène *in carcere privato.* Pendant les soixante jours qui suivent l'*addictio,* le créancier doit, à trois jours de marché *(tertiis nundinis),* conduire le débiteur *addictus* sur le forum et proclamer à haute voix le montant de la condamnation, afin d'inviter ses amis à payer pour lui. Si au bout de ces soixante jours personne ne s'est présenté, le créancier a le droit de le tuer ou de le vendre comme esclave *trans Tiberim.* Et la loi des Douze Tables, prévoyant le cas où le débiteur avait plusieurs créanciers, leur permettait, après la mise à mort du débiteur, de couper son corps en morceaux et de se partager ses membres; peu importe, dit la loi, que ces parts soient égales ou non, il suffit que chaque créancier ait un morceau du corps de son débiteur.

Des interprètes ont nié ce droit pour les créanciers de mettre à mort leurs débiteurs et ont prétendu que le *partes secanto* des Douze Tables s'appliquait au partage des biens du débiteur; mais le texte suivant d'Aulu Gelle prouve suffisamment la fausseté de cette interprétation : « Nam de immanitate illa secandi partiendique humani corporis, si unus, ob debitam pecuniam judicatus addictus que sit pluribus, non libet meminisse, et piget dicere :

quid enim videri potest efferatius, quid ab hominis ingenio diver-
sius, quam quod membra et artus inopis debitoris brevissimo
laniatu distrahebantur, sicut nunc bona venum distrahun-
tur. » (*Nuits attiques*, XX, 1.) En outre, la fin du texte de la
loi des Douze Tables, d'après lequel il importe peu que les parts
soient égales ou inégales, ne peut s'appliquer qu'au partage des
membres du débiteur et non au partage de ses biens. Toutefois
Quintilien nous apprend, pour l'honneur de Rome, que la morale
publique refusa d'appliquer cette législation sanguinaire et que
le sol de la cité ne fut jamais souillé par de pareilles exécutions.

La sévérité de cette législation fit souvent retentir le Forum
des plaintes des débiteurs obérés, et les cruautés exercées sur
eux par les créanciers amenèrent plusieurs fois des séditions
populaires, qui mirent en péril la République romaine ; et le
récit de ces atrocités était un des grands moyens employés par
les tribuns pour exciter et animer la plèbe dans sa lutte séculaire
contre le patriciat. Aussi cette législation barbare, tempérée
d'abord par la loi *Petilia Papiria de Nexis*, qui, au dire de Tite-
Live, fut pour le peuple comme l'aurore d'une nouvelle liberté,
fut définitivement abrogée par la loi *Æbutia*, qui créa le système
formulaire (1).

Déjà sous le système des actions de la loi, à côté de la rigoureuse *manus injectio*, se trouvait une voie d'exécution sur les
biens, la *pignoris capio*, mais elle ne s'appliquait qu'à des cas
spéciaux et déterminés. Aussi ce n'est que sous le système for-

---

(1) La loi Petilia Papiria remonte à l'année 429 ou 440 de Rome. On
fixe généralement la date de la loi Æbutia à l'année 577 ou à l'année
583.

mulaire que les voies d'exécution sur les biens devinrent la règle générale. Cependant les lois *Æbutia* et *Juliæ judiciariæ*, tout en abolissant les *legis actiones*, permirent au créancier une voie d'exécution sur la personne : le créancier pouvait obtenir du préteur l'autorisation de détenir son débiteur chez lui et de l'y faire travailler pour son compte jusqu'à l'entier acquittement de sa dette. Les empereurs Zénon et Justinien punirent, comme crime de lèse-majesté, le fait de détenir un débiteur *in carcere privato*.

La *manus injectio* étant abolie, il fallut trouver une nouvelle voie d'exécution ; elle fut fournie par le droit prétorien, qui vint encore ici corriger la rigueur du *jus civile* et mettre la législation de Rome en rapport avec l'état de sa civilisation. L'honneur en revient au préteur Rutilius, que l'on croit être contemporain de Cicéron et qui inventa la *Bonorum venditio* (Gaïus, 4, § 35). Rutilius ne créa pas de toutes pièces la *Bonorum venditio*, il suivit au contraire un procédé familier aux préteurs, il emprunta au *jus civile* l'institution de la *Bonorum sectio* et se contenta de la généraliser.

D'après le droit civil, quand la confiscation ou une condamnation était prononcée au profit du trésor public, le préteur envoyait les questeurs en possession des biens confisqués ou des biens du débiteur condamné ; ces biens étaient vendus en bloc *sub hastà*, et l'adjudicataire, appelé *bonorum sector*, succédait comme héritier du droit civil au citoyen dont les biens avaient été ainsi vendus ; telle était la théorie de la *bonorum sectio* que généralisa le préteur Rutilius. Il permit à tous les créanciers de de faire vendre en masse les biens du débiteur.

Dans la *venditio bonorum*, les créanciers commencent par demander au préteur l'envoi en possession des biens de leur débiteur, puis le magistrat fait apposer des affiches (*proscriptiones bonorum*) ; ensuite, quinze ou trente jours après ces formalités, les créanciers nomment un *magister bonorum vendendorum* chargé de procéder à la vente, et ils rédigent le cahier des charges (*lex bonorum vendendorum*) après un nouveau délai, dont nous ne connaissons pas la durée. Enfin on procède à la vente, et l'adjudicataire est celui qui promet aux créanciers le plus fort dividende : le *bonorum emptor* était successeur prétorien du débiteur dont il avait acquis les biens.

Plus tard enfin on admit sous le nom de *distractio bonorum* la vente en détail des biens du débiteur, afin de le soustraire à l'infamie qui résultait toujours de la *bonorum venditio*.

Depuis l'introduction de la *bonorum venditio* les créanciers n'ont plus qu'un droit de gage général sur tout le patrimoine du débiteur, qui ne perd nullement l'administration ni la disposition de ses biens, et d'un autre côté, ils n'ont guère de droits sur sa personne. Il était donc à craindre que le débiteur, prévoyant la *bonorum venditio*, ne fît des aliénations ou des libéralités frauduleuses, alors qu'il avait encore l'administration et la disposition de ses biens, afin de soustraire à la poursuite de ses créanciers tout ou partie de son patrimoine.

Mais, puisque la loi avait adouci la situation du débiteur, elle devait aussi, par une juste réciprocité, donner des garanties sérieuses aux créanciers qui avaient suivi la foi de leur débiteur et qui n'avaient pas exigé de lui de sûretés réelles. On leur permit de faire rentrer dans le patrimoine de leur débiteur les biens que celui-ci en avait fait frauduleusement sortir. C'est encore au préteur que revient l'honneur de cette institution, c'est lui qui donna aux créanciers contre les actes frauduleux de leur débiteur l'action révocatoire ou Paulienne, ainsi nommée du nom du préteur Paulus qui l'a créée.

Nous croyons avec Cujas que l'introduction de l'action Paulienne remonte à l'époque de Cicéron, elle serait ainsi contemporaine de la *bonorum venditio*, à laquelle elle se rattache étroitement, car elle ne peut être intentée qu'après discussion des biens du débiteur. Le remède aurait ainsi suivi de près le mal, l'action paulienne serait vite venue remédier à la fraude que permettait l'exécution sur les biens.

C'est ce qui semble résulter d'une lettre de Cicéron à Atticus, en date de l'an 688 de Rome, et dans laquelle on peut facilement reconnaître la désignation de l'action paulienne. En voici le texte : « Cæcilius avunculus tuus, a P. Vario cum magna pecunia fraudaretur, agere cœpit cum ejus fratre Canisio Satrio de iis rebus, quas eum dolo malo mancipio accepisse de Vario diceret. Una agebant cæteri creditores.... » (Lettre 1). Cicéron dans cette lettre parle à Atticus d'un certain P. Varius, qui avait soustrait une somme considérable à ses créanciers; ceux-ci se réunissent et demandent au préteur de condamner Canisius Satrius, l'acquéreur de mauvaise foi, à leur restituer les biens frauduleusement aliénés par Varius. Dans la suite de cette lettre, il est question d'une vente de biens qui devait avoir lieu plus tard, nous pouvons supposer que Cicéron ne fait pas allusion à la vente en masse des biens du débiteur, car elle doit précéder l'exercice de l'action paulienne, mais bien à une vente des biens frauduleusement aliénés, afin que le prix en puisse être distribué aux créanciers.

L'action, dont parle Cicéron dans cette lettre, ne peut être que l'action paulienne, et nous croyons qu'il est impossible d'y voir, avec certains interprètes, une simple action de dol. En

effet l'action de dol n'est donnée que dans le cas, où par ses
manœuvres frauduleuses une personne en a amené une autre à
faire un acte juridique, et elle n'est jamais donnée qu'à la personne victime du dol et non à ses créanciers ; tandis que dans
l'espèce de la lettre de Cicéron l'action est donnée aux créanciers de P. Varius et non à Varius lui-même.

L'idée générale de l'action paulienne est donc de faire révoquer les actes faits par un débiteur en fraude de ses droits ; mais
la diversité de ces actes et les sous-aliénations possibles par les
tiers acquéreurs ayants cause du débiteur *fraudator* ont amené
les jurisconsultes romains à créer plusieurs moyens de droit pour
protéger efficacement les créanciers contre la fraude de leur
débiteur. Ces moyens sont : 1° L'action paulienne ; 2° L'*interdictum fraudatorium ;* 3° La loi *Elia Sentia* qui permet la révocation des affranchissements frauduleux ; 4° Et les actions
Favienne et Calvisienne par lesquelles le patron peut faire révoquer
les actes faits par son affranchi en fraude de ses droits.

Comme les textes du Digeste donnent à l'action paulienne le
caractère d'action personnelle, et que les Institutes lui donnent
le caractère d'action réelle, nous déciderons dans notre 1er chapitre, sur la nature de l'action paulienne, qu'il y avait à Rome
deux actions pauliennes, et nous nous demanderons laquelle des
deux a été créée la première. Dans les chapitres suivants, nous
ne parlerons que de l'action paulienne personnelle. Enfin dans
le dernier chapitre, nous parlerons de l'interdit fraudatoire, de
la Ælia Sentia et des actions Favienne et Calvisienne, et nous
déterminerons la date de leurs créations respectives.

CHAPITRE PREMIER.

Nature de l'action paulienne.

———

Dès le début de cette étude sur l'action paulienne, une grave question se présente à nous : Quelle est la nature de cette action ? Est-ce une action réelle ou une action personnelle ? Une grande controverse s'est élevée entre les interprètes du Droit romain sur la solution à donner sur cette question ; elle a son origine dans ce fait que tous les textes du Digeste qualifient cette action de personnelle (lois 9, 10, 23, 14. 17, *quæ in fraudem creditorum*, 428), tandis que les Instituts en font une action réelle qu'elles placent entre l'action publicienne et l'action hypothécaire (Inst. § 6 *de actionibus*, IV, 6).

Cinq systèmes ont répondu à notre question. Le premier système soutient que l'action paulienne est toujours réelle ; le deuxième système, qu'elle est toujours personnelle ; le troisième prétend que ce n'est pas de l'action paulienne qu'il est traité au § 6 *de actionibus* aux Instituts ; le quatrième soutient que notre action est tantôt réelle, tantôt personnelle ; enfin le cinquième affirme qu'il y avait deux actions pauliennes, l'une personnelle, dont il est traité au Digeste, l'autre réelle, aux Instituts.

PREMIER SYSTÈME. — Cujas soutient que l'action paulienne est toujours une action réelle (commentaire sur le § 6 des Instituts). En effet, Justinien aux Instituts, dans son énumération des actions réelles, après avoir parlé de la revendication, des actions confessoire et négatoire et de la publicienne, consacre un paragraphe à l'action paulienne avant d'aborder l'action hypothécaire. Ce paragraphe est ainsi concu : « Item, si quis in fraudem creditorum rem suam alicui tradiderit, bonis ejus a creditoribus ex sententia præsidis possessis, permittitur ipsis creditoribus rescissâ traditione eam rem petere, idest, dicere eam rem traditam non esse et ob id in bonis debitoris mansisse. » Les expressions *rescissâ traditione eam rem petere* prouvent bien qu'il s'agit d'une action réelle; ce qui d'ailleurs est encore prouvé par le mot *item* par lequel Justinien indique la relation qui existe entre l'action paulienne et l'action publicienne; en outre, ces deux actions doivent avoir le même caractère, car elles ont le même objet, l'une est *rescisoria usucapionis* et l'autre *rescisoria traditionis*.

Ce système invoque enfin l'autorité de Théophile, l'un des rédacteurs des Institutes, qui, dans sa paraphrase sur le § 6, parle d'une action *in rem* qui s'appelle Paulienne : « Porro est et alia actio in rem, a prætore inventa, velut in hac specie : quidam multis creditoribus obnoxius quædam ex suis bonis alienavit, et, ut dominus, scilicet per traditionem, dominium in accipientem trantsulit. Creditoribus, qui in bona debitoris ex sententia præsidis missi sunt, quum alienatio hæc in fraudem ipsorum facta sit, permissum est in rem agere, cum eo qui eam rem possidet. Quæ actio vocatur pauliana in eaque perinde ac si res tradita a debitore non fuisset, dicunt : si paret eam rem in bonis debitoris mansisse. » L'action paulienne est donc bien une action réelle.

Nous répondrons à ce premier système que des textes précis du Digeste parlent d'une action paulienne personnelle par laquelle on peut faire revivre un droit de créance (l. 17-42, 8), que cette action dont il est parlé au Digeste se donne pour obtenir la cession d'une action (l. 14) et qu'enfin cette action ne se donne pas contre tout possesseur et se donne au contraire contre certains non possesseurs ainsi que contre l'acquéreur de mauvaise foi, lors même qu'il ne possède pas la chose frauduleusement aliénée (l. 9).

Deuxième système. — Vinnius (comm. sur le § 6) soutient que l'action paulienne n'est jamais qu'une action personnelle ; d'après lui il ne faut voir dans la place qu'occupe cette action aux Institutes parmi les actions réelles qu'une des inconséquences familières aux rédacteurs des Institutes, qui, oubliant le caractère principal des actions dont ils traitaient, se sont laissés séduire par la ressemblance qui existe entre l'objet de l'action paulienne et celui de l'action publicienne dont ils venaient de s'occuper.

Vinnius invoque à l'appui de son système plusieurs arguments : 1° L'*intentio* de la formule de l'action paulienne lui fournit un premier argument ; dans cette *intentio*, le demandeur ne dit pas *rem suam esse* comme dans les actions réelles, il dit *rem in bonis debitoris mansisse*. Nous répondons que la rédaction de cette formule n'a pas d'importance ; il importe peu que le créancier ne revendique pas la chose comme *rem suam* ; l'action paulienne n'en est pas moins réelle, car tout droit réel n'est pas un droit de propriété, toute action réelle n'est pas une action en revendication ; ainsi l'action hypothécaire qui, dans l'énumération des Institutes, suit immédiatement l'action paulienne, est bien une action réelle, et cependant dans sa formule le créancier ne dit pas *rem suam esse*.

2° Les actions réelles ne sont dirigées que contre les possesseurs, l'action paulienne au contraire n'atteint pas indistinctement tous les possesseurs, elle atteint même des non-possesseurs. L'action paulienne n'étant pas réelle, elle ne peut être que personnelle; c'est ce que prouvent les textes en la désignant comme une action *in factum*.

3. En outre, l'action favienne et l'action paulienne se donnent *ex eadem causâ* : *faviana, si quid in fraudem patroni, pauliana, si quid in fraudem creditorum alienatum sit;* or l'action favienne est certainement une action personnelle, l'action paulienne doit donc être aussi personnelle.

4° Enfin la loi 38 § 4 *de usuris* qualifie formellement l'action paulienne de personnelle; dans cette loi, Paul dit qu'il va traiter des divers cas où les fruits peuvent être dus sur l'exercice d'une action personnelle, et il cite parmi ces actions, l'action paulienne.

Si on objecte à ce système que si l'action paulienne est personnelle, il faut qu'elle naisse d'une obligation, et qu'on ne voit pas de quelle obligation elle peut naître. Vinnius répond ainsi : « Ex maleficio, in quam, et ejus nimirum, cum quo agitur, sive is fraudis particeps fuit sive non fuit. Nam et qui ab initio dolo malo caret, improbe facit, si postquam cognovit, rem in fraudem creditorum alienatam esse, eam tamen et tantum lucri causâ, retinere tentet. » Cependant, malgré tous les arguments de Vinnius, le texte des Institutes parle trop formellement de l'action paulienne comme étant une action réelle, pour qu'il soit possible de la considérer comme étant essentiellement et exclusivement une action personnelle.

TROISIÈME SYSTÈME. — Ces deux premiers systèmes étant rejetés comme trop absolus en présence des textes formels, soit du Digeste, soit des Institutes, un autre a été proposé par Voët (*Pandect. hoc titulo, n° 12*), et soutenu par Donneau (h. t.). L'action paulienne, dont il est traité au Digeste, disent les auteurs, est bien une action personnelle, et dans le § 6 aux Institutes ce n'est pas de l'action paulienne que parle Justinien, mais bien d'une action hypothécaire spéciale, garantissant le droit de gage prétorien qui appartient aux créanciers envoyés en possession des biens du débiteur. Voët, en effet, s'exprime ainsi : « post missionem res a debitore translatæ sunt in alium sed fraudis haud conscium, atque tunc sola locum invenit actio rescisoria ex jure in re seu pignore prætorio, non item regulariter pauliana actio. »

Pour justifier cette interprétation, Voët est obligé de modifier la ponctuation généralement admise dans le § 6 aux Institutes et de tranposer quelques mots, il le lit ainsi : « item, si quis in fraudem creditorum rem suam alienri tradiderit, bonis ejus a creditoribus possessis ex sententia præsidis permittitur ipsis creditoribus, rescissa traditione eam rem petere; » au lieu de : « bonis ejus a creditoribus ex sententia præsidis possessis, permittitur rescissa traditione eam rem petere. » En rattachant les mots *ex sententia præsidis* au verbe *permittitur*, il laisse supposer que Justinien n'a entendu parler que d'une aliénation postérieure à l'envoi en possession, tandis que, d'après la ponctuation ordinaire, Justinien dit que les créanciers ne peuvent exercer l'action paulienne qu'après l'envoi en possession.

Voët entre ensuite dans de nombreuses distinctions pour montrer la différence qui existe entre l'action *rescisoria in rem* et l'action paulienne ; nous ne le suivrons pas, nous nous contenterons de réfuter son système, qui ne tend à rien moins qu'à créer une troisième action hypothécaire, alors que Justinien n'en cite que deux : la servienne et la quasi-servienne, qu'il distingue nettement de l'action paulienne du § 6.

D'ailleurs l'action paulienne, dont parlent les institutes, diffère profondément de l'action hypothécaire, elle est fictice ; l'action hypothécaire au contraire est une action *in factum*, qui admet l'aliénation de la chose hypothéquée et ne tend pas à faire rescinder cette aliénation ; l'action hypothécaire prétend seulement que l'hypothèque existe après comme avant l'aliénation, car l'*accipiens* n'a reçu la chose que grevée du droit d'hypothèque comme elle l'était chez le *tradens*.

En outre, la condition de fraude est exigée par le § 6 pour l'exercice de l'action paulienne, tandis qu'elle ne l'est jamais en matière d'action hypothécaire. — Enfin le texte de la paraphrase de Théophile que nous avons cité plus haut prouve d'une façon péremptoire que c'est bien de l'action paulienne qu'il est traité au § 6 des institutes.

QUATRIÈME SYSTÈME. — Schrader a soutenu que l'action paulienne était tantôt une action réelle, tantôt une action personnelle suivant les cas, et qu'elle était toujours une action fictice. Elle serait réelle lorsqu'elle tendrait à attaquer une aliénation, personnelle, lorsqu'elle serait dirigée contre tout autre acte qu'une aliénation. Nous réfuterons ce système, en prouvant bientôt que l'action paulienne du digeste est une action *in factum* et non une action fictice, et en établissant le système que nous adoptons.

CINQUIÈME SYSTÈME. — Nous croyons avec l'immense majorité des interprètes modernes qu'il y avait à Rome deux actions pauliennes, l'une personnelle au Digeste, l'autre réelle aux institutes. En effet, les textes de ces deux ouvrages sont trop formels et trop précis pour qu'il soit possible de nier l'existence de deux actions distinctes. Nous le prouverons encore en établissant par les textes les caractères spéciaux de chacune de ces deux actions.

Les deux actions pauliennes présentent des caractères communs.

1. Elles sont *prétoriennes*, car elles ont été introduites par le préteur dans la législation romaine.

2. Elles sont *annales*, car elles doivent être exercées dans le délai d'une année utile, comme la plupart des actions prétoriennes rescisoires ou pénales. Le caractère d'action annale nous est prouvé par la loi 1 pr. 48, 2 qui reproduit les termes de l'édit du préteur : « intra annum quo experiundi potestas fuerit, actionem dabo. » Le point de départ de cette année utile est fixé au jour de la vente des biens du débiteur, c'est-à-dire au jour où a été officiellement constatée l'insolvabilité du débiteur, qui est, comme nous le verrons, une des conditions d'exercice de l'action paulienne : « hujus actionis annum computamus utilem, dit Ulpien, quo experiundi potestas fuit, ex die factæ venditionis. »

Certains auteurs (de Fresquet, tome 2, page 509) prétendent que l'année utile court du jour de l'aliénation frauduleuse, car, disent ils, les mots : *ex die factæ venditionis* de la loi 6, § 14 précitée se rapportent à l'aliénation frauduleuse et non à la *venditio bonorum*. Mais la réponse à cette opinion se trouve dans la loi 10, § 8 à notre titre, qui prouve que le délai court du jour de la *venditio bonorum*, du jour de la constatation de l'insolvabilité : « annus hujus in factum actionis computatibur ex die venditionis bonorum. » En outre, pourquoi faire dater avec

2

M. de Fresquet, le délai de l'action paulienne du jour d'une aliénation frauduleuse, au lieu de le faire courir du jour de tout acte
frauduleux, autre qu'une aliénation? le système adverse est donc
inadmissible. Cependant, après l'expiration de l'année utile, les
créanciers ne seront pas dépourvus de tout moyens de recours,
ils pourront encore exercer l'action paulienne, mais seulement
dans la limite de l'enrichissement du défendeur: « hæc actio
post annum, de eo quod ad eum pervenerit, adversus quem actio
competit. » (l. 10, § 24, h. t.). Ce délai déjà si court d'une
année utile était encore abrégé dans l'hypothèse de la loi 10,
§ 23, que nous étudierons plus loin, c'est-à-dire dans le cas où
l'acte frauduleux est une acceptilation s'appliquant à une obligation sanctionnée par une action temporaire. Justinien a porté
le délai d'une année utile à quatre années continues.

3. Elles sont *subsidiaires*, c'est-à-dire qu'elles ne peuvent être
intentées qu'après discussion préalable des biens du débiteur
par la *venditio bonorum* ; ce n'est qu'après cette discussion qu'il
sera possible de savoir si l'acte attaqué par les créanciers leur a
porté préjudice.

4. Elles sont *arbitraires*, c'est-à-dire que lorsque l'*intentio* de
ces actions se trouve vérifiée et que le défendeur a ainsi perdu
son procès, le juge pose un *arbitrium* par lequel il fixe au défendeur la satisfaction qu'il devra fournir s'il veut éviter la condamnation, et dans son *jussus*, il lui ordonne de fournir cette satisfaction. De là vient le nom d'actions arbitraires. Si le défendeur ne
fournissait pas la satisfaction arbitrée par le juge, il était condamné,
et le *jussus judicis* pouvait toujours s'exécuter *manu militari*
dans l'action paulienne réelle, et, dans l'action personnelle, alors
seulement que le concours des deux volontés du demandeur et
du défendeur n'était pas indispensable. En effet, l'action pau-

lienne réelle suppose la résolution du droit de propriété du tiers
acquéreur, car elle se donne à la suite d'une *restitutio in inte-*
grum, et alors, la translation de propriété par le *fraudator* au
tiers acquéreur étant annulée, il n'y a pas besoin d'une retranslation qui exigerait un acte de volonté de la part du défendeur,
aussi le *jussus judicis* est-il dans ce cas susceptible d'exécution
manu militari.

L'action personnelle, au contraire, ne suppose pas la résolution du droit de propriété du tiers acquéreur, le *jussus*
judicis a pour objet la retranslation de propriété imposée au
défendeur ; il n'est donc pas susceptible d'exécution forcée ;
alors si le défendeur refuse de retransférer la propriété, d'exécuter l'*arbitrium*, il sera condamné à une indemnité pécuniaire,
qui sera fixée, s'il est de mauvaise foi, par le *jusjurandum*
actoris in litem, et qui, s'il est de bonne foi, sera déterminée
par le juge en se basant sur l'estimation de la chose.

L'action paulienne réelle est certainement une action arbitraire,
car toutes les actions réelles sont arbitraires, quand elles
s'intentent *per formulam petitoriam*, or l'action paulienne réelle
est contemporaine de l'introduction du système formulaire,
nous le démontrerons tout à l'heure, elle n'a donc jamais dû
exister que sous la forme pétitoire. L'action paulienne personnelle est aussi arbitraire, les textes nous le prouvent, ainsi
Vénuléius Saturninus vous dit dans la loi 8 à notre titre : « **Ex** his
colligi potest, ne quidem portionem emptori reddendam ex
pretio ; posse tamen dici, eam rem apud arbitrium ex causâ
animadvertendam : si nummi soluti in bonis extent, jubeat eos
reddi, quia ea ratione nemo fraudatur. » D'après cette loi, il y
a lieu à un *arbitrium*, car le juge peut ordonner aux créanciers
de restituer à l'acquéreur le prix qu'il a payé, si ce prix est

encore aux mains du débiteur *fraudator*. En outre, la loi 25,
§ 1er à notre titre, nous dit que la formule de l'action paulienne
contient la clause : *nisi restituat,* qui est le signe caractéristique
des actions arbitraires ; cette loi s'exprime ainsi : « Ideoque
absolvi solet reus, si restituerit. »

Etudions maintenant les caractères spéciaux de chaque action
paulienne.

L'action paulienne du Digeste est une action *personnelle,
in factum, pœnæ persecutoria ex parte rei, et rei persecutoria ex
parte actoris.*

1. Elle est personnelle ; en effet, une action est réelle ou
personnelle suivant la nature du droit qu'elle fait valoir, réelle
quand elle fait valoir un droit réel que le demandeur prétend
avoir sur une chose, personnelle quand elle fait valoir un droit
d'obligation que le demandeur prétend avoir contre le défendeur.
Or, lorsque les créanciers exercent l'action paulienne contre les
tiers qui ont traité avec le débiteur *fraudator,* ils se fondent sur
un droit d'obligation, sur l'obligation qui est née à la charge
de ces tiers, soit par la fraude dont ils ont été les complices,
soit par l'enrichissement qu'ils ont réalisé au préjudice des
créanciers fraudés. L'action paulienne est donc une action
personnelle, d'ailleurs nous l'avons prouvé à l'aide des textes,
notamment de la loi 38, pr. et § 4 *de usuris,* en exposant
le 2e système sur la question de la nature de l'action paulienne.

2. Cette action est *in factum.* Ce caractère lui vient de sa
formule, dont l'*intentio* est conçue *in factum* et non *in jus.* Dans
les actions *in factum,* qui sont toutes des actions prétoriennes,
le magistrat ne pose pas au juge une question de droit, mais
une question de fait ; il attache la condamnation à la solution
affirmative d'une question où il pose les faits allégués par le

demandeur. L'action *in factum* a été pour le préteur un de ces moyens ingénieux et puissants, par lesquels il est arrivé à tempérer les rigueurs du droit civil et à combler ses lacunes.

3. L'action paulienne du Digeste est *rei persecutoria ex parte actoris* et *pœnæ persecutoria ex parte rei*, c'est une action pénale unilatérale. Lorsqu'une action ne tend à procurer au demandeur que son bien ou la valeur de son bien, sans appauvrir le défendeur, elle est *rei persecutoria*. Quant au contraire elle tend à infliger au défendeur une peine pécuniaire qui profite au demandeur, elle est *pœnæ persecutoria*. L'action est mixte, *tam rei quam pœnæ persecutoria*, quand elle tend à procurer au demandeur, outre sa chose, le paiement par le défendeur d'une certaine somme à titre de peine. Enfin, comme le but de l'action peut s'envisager différemment suivant que l'on se place au point de vue du demandeur, ou au point de vue du défendeur, l'action peut être pénale quant au défendeur et *rei persecutoria*, quant au demandeur, c'est lorsqu'elle tend à faire recouvrer au demandeur une valeur, dont il a été injustement dépouillé, sans que cette valeur ait enrichi le défendeur, de sorte que, lorsque le demandeur la recouvre, il ne reçoit que l'équivalent de sa chose, tandis que le défendeur subit un appauvrissement : cette action est alors pénale unilatérale.

L'action paulienne personnelle est une action pénale unilatérale, car alors les créanciers n'obtiennent qu'une indemnité ; la chose aliénée ou son équivalent, tandis que le défendeur peut être condamné à payer une somme supérieure à son enrichissement. La loi 10 § 25 et la loi 11 à notre titre appliquent à l'action paulienne une des conséquences importantes du caractère d'action pénale unilatérale : l'action paulienne, comme toute action *rei persecutoria ex parte actoris*, passe aux héritiers du demandeur, mais, comme elle est en même temps pénale *ex parte rei*, elle n'est transmissible contre les héritiers du défendeur que *quatenus locupletiores facti sunt*.

Les jurisconsultes romains avaient exagéré le principe de la personnalité des peines, en décidant que les héritiers de l'auteur d'un délit ne seraient tenus sur l'exercice de l'action pénale que dans la limite de leur enrichissement. Si le principe de la personnalité des peines est équitable lorsqu'il est appliqué aux peines corporelles et aux amendes, il devient inique lorsqu'on l'applique aux réparations civiles, car les héritiers continuent la personnalité civile du défunt, ils succèdent aux obligations nées des contrats passés par lui, ils devraient succéder aussi aux obligations nées de ses délits. Quoi qu'il en soit, cette règle inique existait à Rome, il s'ensuivait que celui qui avait une action pénale unilatérale pour obtenir la réparation du préjudice causé par un délit, se trouvait privé de cette réparation s'il n'intentait son action qu'après la mort de l'auteur du fait dommageable et contre ses héritiers, dans le cas où ces derniers ne se trouveraient point enrichis par suite du fait dommageable commis par leur auteur.

Mais pour l'application de cette règle il fallait que l'auteur du fait préjudiciable fut mort avant la *litis contestatio* sur l'action pénale unilatérale, car si la *litis contestatio* avait eu lieu avant sa mort, elle aurait produit une obligation *quasi ex contractu* transmissible contre les héritiers de l'obligé. Si donc il y a eu *litis contestatio* entre le défendeur défunt et les créanciers demandeurs à l'action paulienne, cette action se transmettra contre les héritiers du défendeur comme contre ce défendeur lui-même, et ils pourront être condamnés même au delà de leur enrichissement.

L'action paulienne des Institutes est une action *réelle*; nous l'avons prouvé plus haut en exposant le premier système sur la question de la nature de l'action paulienne, et nous avons cité le § 6 aux Institutes et la paraphrase de Théophile sur ce texte, qui lui reconnaissent formellement le caractère d'action *in rem*. Cette action est *fictice*, c'est-à-dire qu'elle repose sur une fiction. Le préteur, voulant permettre aux créanciers fraudés de revendiquer aux mains des tiers la chose frauduleusement aliénée par le débiteur, imagine une fiction, il suppose que cette chose n'a pas été aliénée, il annule le mode d'acquérir employé et donne l'action en revendication aux créanciers qui l'exercent à la place du débiteur. Elle est aussi quelquefois pénale ainsi quand elle est intentée contre un *fictus possessor*.

Nous constatons ainsi l'existence en Droit romain de deux actions pauliennes, dont les caractères sont établis par les textes, l'une réelle fictice aux Institutes, l'autre personnelle *in factum* au Digeste. L'histoire du Droit romain nous permet d'expliquer cette dualité ; on pense qu'il faut attribuer des dates différentes à la création de ces deux actions, mais une grande controverse s'est élevée sur le point de savoir laquelle de ces deux actions a précédé l'autre. Nous allons exposer successivement les deux systèmes qui se partagent les interprètes du Droit romain.

Premier système. — (Bonjean, traité des actions; tome 2, page 163. — Tambour, tome 1, page 321. — Capmas, page 14 — Demangeat, tome 2, page 257. —Van Wetter, tome 1, § 222, page 811). L'action personnelle a précédé l'action réelle. Ce système s'appuie sur plusieurs arguments.

1. On est frappé de ce fait singulier que dans tous les recueils de Justinien l'action paulienne réelle ne soit mentionnée

qu'une seule fois et aux Instituts. On ne peut expliquer le silence du Digeste que par cette considération que l'action paulienne réelle est de création récente et postérieure en date aux écrits des grands jurisconsultes classiques dont des fragments composent le Digeste. Cette considération devient plus évidente encore lorsqu'on se rappelle que les Instituts de Justinien ont été calquées et souvent copiées sur les commentaires de Gaïus, or Gaïus ne parle pas de l'action paulienne réelle, c'est donc que cette action ne date réellement que de l'époque comprise entre le règne de Dioclétien et celui de Justinien.

2. Les jurisconsultes de l'époque classique n'aimaient pas donner le caractère d'action *in rem* aux actions rescisoires, ils n'admettaient pas qu'elle pût être transférée *ad tempus*, sous une condition résolutoire, de manière à s'éteindre de plein droit dans la personne de l'acquéreur pour revenir à l'aliénateur par le seul fait de l'accomplissement de la condition et sans l'intervention d'un mode d'acquérir, car c'eût été permettre de transférer la propriété par un contrat contrairement à la règle : *traditionibus et usucapionibus non nudis pactis tranferuntur dominia rerum.* Or l'action paulienne réelle suppose une résolution de la propriété, elle a pour objet d'anéantir la propriété du tiers acquéreur pour la faire revenir à l'aliénateur dans l'intérêt des créanciers de celui-ci, sans faire intervenir un nouveau mode de transférer la propriété ; il n'est donc pas possible que les jurisconsultes classiques aient admis l'action paulienne réelle.

Cependant parmi ces jurisconsultes, il en est un, Ulpien, le grand novateur, qui a soutenu, timidement il est vrai, dans la loi 41 *de rei vindicatione* et dans la loi 29 *de mortis causa donationibus*, la possibilité de la translation de la propriété *ad tempus*, mais son opinion ne prévalut pas d'abord, ce qui est prouvé par un rescrit des empereurs Dioclétien et Maximilien en date de l'année 286 et qui forme le § 283 des fragments du Vatican. Ce n'est que sous Justinien que le retour *ipso jure* de la propriété par le seul effet de la condition résolutoire fut admis dans la législation romaine ; nous en trouvons la preuve dans la constitution 2 au code, *de donationibus quæ submodo*, dans laquelle les compilateurs de Justinien ont copié le rescrit de Dioclétien, dont ils ont conservé religieusement la date, tout en changeant entièrement le sens de ce rescrit pour l'approprier à la doctrine nouvelle. Ce n'est donc que du règne de Justinien, ou au plus tôt du règne de Dioclétien que date la paulienne réelle.

3. L'action réelle doit être postérieure à l'action personnelle, car elle réalise sur celle-ci un progrès considérable. En effet, par l'action personnelle, les créanciers du débiteur *fraudator* se voyaient forcés de subir le concours des créanciers du tiers acquéreur et n'avaient ainsi qu'un recours insuffisant au cas où ce tiers était insolvable. Au contraire, par l'action réelle, ils obtenaient la reprise intégrale de la chose aliénée sans concourir avec les créanciers du tiers acquéreur.

4. Enfin la création de l'action personnelle avant l'action réelle est plus conforme à la marche suivie ordinairement par le préteur dans ses réformes. Il n'a pas dû commencer par déclarer nul et non avenu un acte valable en Droit civil, il a dû commencer par le paralyser sans l'annuler, il a dû l'empêcher d'abord de produire son effet au moyen du *jussus judicis* ; et ce n'est que plus tard qu'il sera arrivé à tenir l'acte pour nul et non avenu.

DEUXIÈME SYSTÈME. — (Ducaurroy, tome 2, n° 1,200. — Ortolan, tome 3, n° 2,056. — Labbé-Thézard).

L'action réelle a précédé l'action personnelle. En effet :

1. L'action paulienne personnelle a été introduite par le préteur dans le but de généraliser l'action réelle, car le progrès est du côté de l'action personnelle, puisqu'elle est donnée contre tous les actes frauduleux du débiteur, de quelque nature qu'ils soient, tandis que l'action réelle ne s'applique qu'aux aliénations. Il est vrai que, sur l'exercice de l'action paulienne personnelle, et en cas d'insolvabilité du tiers acquéreur, les créanciers du débiteur *fraudator* subissent le concours des créanciers personnels de l'acquéreur, mais ce n'est que justice, car ils ont à se reprocher d'avoir suivi la foi de leur débiteur.

2. Qu'on ne nous objecte pas que la marche ordinaire du préteur est de commencer par l'action personnelle pour arriver ensuite à l'action réelle, car le véritable procédé du préteur est d'aller du simple au composé. Il n'est pas étonnant de voir le préteur annuler un acte valable en droit civil ; il se sert pour cela d'une fiction, il suppose, par exemple, que l'aliénation n'a pas eu lieu et donne l'action en reprise ; mais il commence par n'appliquer ce moyen radical qu'aux actes les plus fréquents et aussi les plus dangereux, c'est-à-dire aux aliénations, et ce n'est que plus tard et à mesure que les moyens de fraude se multiplient, qu'il donne l'action personnelle contre tous les actes frauduleux en général. Il n'y a dans ce procédé rien qui répugne aux habitudes du préteur.

3. On nous objecte, il est vrai, que les jurisconsultes de l'époque classique étaient peu disposés à admettre les résolutions de plein droit de la propriété, et que par conséquent l'action réelle doit être postérieure à l'époque classique. Mais les prudents ne répugnaient qu'aux résolutions de propriété qui se produisent de plein droit en vertu de l'avénement d'une condi-

tion résolutoire apposée au contrat. Dans l'action paulienne
réelle, au contraire, il ne s'agit pas d'une condition résolutoire
apposée par la volonté des parties à une acquisition de la propriété, il ne s'agit que d'une rescision de cette acquisition en
vertu d'une fiction, d'une *restitutio in integrum* Or, nous
savons que les *restitutiones in integrum* remontent au moins
au dernier siècle de la République romaine, à l'époque de
Cicéron, car nous trouvons en 685 un préteur nommé Publicius
auquel on attribue la création de l'action publicienne et qui
donnait l'action réelle rescisoire, improprement appelée contre-
publicienne, à celui dont les biens avaient été usucapés au
profit d'un absent. (Cicéron : *pro cluentio*, n° 45.) Nous trouvons a insi une action *in rem* rescisoire d'un droit de propriété
antérieure de deux siècles environ à l'époque classique ; il n'est
donc pas absurde de supposer l'existence de l'action paulienne
réelle à l'époque Cicéron et de la déclarer antérieure à l'action
paulienne personnelle.

4. On nous oppose encore le silence du Digeste sur l'action
paulienne réelle, mais ce silence peut très bien s'expliquer par
cette considération qu'à l'époque classique l'action personnelle,
en raison de ses immenses avantages sur l'action réelle, avait
pris une telle extension, qu'elle avait fini par la supplanter ;
l'action réelle étant tombée en désuétude, il est naturel que le
Digeste n'en ait pas parlé. Il est vrai que les Institutes en parlent, mais c'est simplement afin de ne pas passer sous silence,
dans l'énumération des actions *in rem* prétoriennes, une des
plus importantes et des plus utiles.

5. Enfin, si l'action paulienne rée'le datait de l'époque impé-
riale, nous retrouverions dans le code de Justinien ou dans le
code théodosien la constitution qui l'aurait créée ; et si elle

était une innovation de Justinien, celui-ci n'aurait pas manqué d'en faire parade et de s'adresser à ce sujet les plus pompeux éloges soit dans son code, soit dans ses Instltutes : or, il n'y en a aucune trace. Ce paragraphe 6 des Instltutes ne vise donc qu'une institution ancienne et tombée en désuétude, que Justinien n'a rappelée peut-être que pour ne pas déranger la symétrie d'une vieille énumération des actions prétoriennes, de même qu'il a éprouvé le besoin de parler d'un contrat *litteris* pour conserver l'ancienne division quadripartite des contrats.

L'action réelle a donc été créée la première, et nous démontrerons plus tard qu'elle n'est que le développement de l'interdit fraudatoire, qui fut sans doute le premier pas du préteur dans cette réforme, et par lequel les créanciers obtenaient la possession de la chose frauduleusement aliénée ; et ce n'est que plus tard que le préteur créa l'action paulienne personnelle, qui est de beaucoup la plus importante et la plus connue, grâce aux textes nombreux qui lui sont consacrés au Digeste. L'action paulienne personnelle est la seule dont nous parlerons dans les chapitres suivants, aussi, avant de les aborder, nous allons exposer rapidement les différences qui la séparent de l'action réelle, dont nous ne parlerons plus désormais.

1. L'action paulienne personnelle a un cercle d'application plus large que l'action paulienne réelle, elle est donnée contre tous les actes frauduleux du débiteur, quels qu'ils soient ; en outre, elle se donne contre tout tiers acquéreur *conscius fraudis*, alors même qu'il aurait cessé sans dol de posséder. L'action réelle, au contraire, ne s'applique qu'aux aliénations, elle ne se donne que contre celui qui possède ou qui, par son dol, a cessé de posséder.

2. A un autre point de vue, l'action paulienne personnelle

offre aux créanciers moins d'avantages que l'action réelle. Ils sont obligés, sur l'exercice de l'action personnelle, de venir en concours avec les créanciers du tiers acquéreur sur le prix de la chose aliénée. Par l'action réelle, au contraire, ils ont un droit de préférence contre les créanciers du tiers acquéreur.

3. L'action paulienne personnelle ne supposant pas la rescision du droit de propriété du tiers acquéreur sur la chose aliénée, le *jussus judicis* a pour objet la retranslation de la propriété de cette chose imposée au défendeur, c'est-à-dire un fait juridique à l'accomplissement duquel il ne peut pas être contraint *manu militari*. L'action réelle, au contraire, se donne à la suite d'une *restitutio in integrum*, l'aliénation est réputée non avenue, et alors le *jussus judicis* n'a plus pour objet que la livraison matérielle de la chose aliénée, fait purement physique et susceptible d'être exécuté *manu militari*, si on admet que le *jussus judicis* puisse être exécuté de cette manière.

4. L'action personnelle est soumise à la règle de compétence : *actor sequitur forum rei :* Tandis que d'après une constitution des empereurs Théodose, Arcadius et Valentinien, l'action paulienne réelle peut, comme toutes les actions réelles, être intentée devant le tribunal de la situation de la chose litigieuse, devant le *forum rei sitæ*. (Const. 3, **C** , *ubi in rem actio*, 3, 19.)

Nous rejetons une cinquième différence résultant de ce que l'action personnelle ne peut être exercée que contre le tiers donataire ou acquéreur à titre onéreux de mauvaise foi, tandis que l'action réelle pourrait réussir contre tout possesseur indistinctement. En effet, l'action réelle est toujours donnée à la suite d'une *restitutio in integrum*, que le préteur n'accordait jamais que *causâ cognitâ*, et qu'il ne devait accorder que lorsqu'elle ne blessait pas l'équité. C'est dire qu'il ne l'accordait jamais, pas plus que l'action paulienne personnelle, contre un tiers acquéreur à titre onéreux de bonne foi. C'est ce que prouve la loi 3 de *in integrum restitutionibus*, 4, 1, dans laquelle Modestin s'exprime ainsi : « omnes in integrum restitutiones, causâ cognitâ a prætore promittuntur : scilicet, ut justitiam earum causarum examinet, an veræ sint, quarum nomine singulis solverit. »

CHAPITRE II.

Conditions d'exercice de l'action paulienne.

———

L'action paulienne est donnée aux créanciers pour les protéger contre les actes frauduleux de leur débiteur : la fraude est
donc la condition essentielle de notre action. Or la fraude est
complexe, elle se compose de deux éléments : l'un matériel, le
préjudice causé aux créanciers, l'*eventus damni*; l'autre moral,
l'intention de nuire, le *consilium fraudis*. Nous allons étudier
séparément ces deux éléments de la fraude, ces deux conditions
sont essentielles à l'exercice de notre action. Nous verrons en terminant ce chapitre que les textes exigent une troisième condition :
la complicité du tiers acquéreur, mais pour l'application de
cette troisième condition, nous verrons qu'il faut distinguer
entre les actes à titre gratuit et les actes à titre onéreux.

§ 1.

PRÉJUDICE. *Eventus damni.*

La maxime : pas d'intérêt pas d'action est commune à toutes
les législations, mais elle est particulièrement observée dans la
législation romaine. Pour exercer l'action paulienne, les créanciers devront donc prouver que l'acte qu'ils veulent attaquer leur
a causé un préjudice réel; ils le prouveront en montrant qu'il
ne reste plus dans le patrimoine de leur débiteur de quoi les

désintéresser. Ils devront donc, avant toutes poursuites, se rendre compte des ressources du débiteur en discutant ses biens, c'est-à-dire en procédant à la *bonorum venditio.* C'est ce que dit la loi 10, § 4, h. t.: « Ita demum revocatur, quod fraudandorum creditorum causâ factum est, si eventum fraus habuit, scilicet si hi creditores quorum fraudandorum causâ fecit, bona ipsius vendiderint. » Ils doivent pour cela commencer par demander au préteur l'envoi en possession des biens de leur débiteur, mais il suffit qu'un seul d'entre-eux l'ait obtenu pour que les autres puissent s'en prévaloir.

Il faut donc obtenir la *missio in possessionem,* puis procéder à la *venditio bonorum* ou à la *distractio bonorum* qui l'a remplacée plus tard. C'est ce que décide la constitution 5, au Code, de Dioclétien et Maximilien, à notre titre: *De Revocandis his,* 7, 75 : « Bonis possessis, itemque distractis, per actionem in factum contrà emptorem qui sciens fraudem comparavit et eum qui ex lucrativo titulo possidet, scientiæ mentione detracta, suis creditoribus esse consultum. »

Si la vente est impossible, faute de biens à vendre, il suffit de constater que le débiteur ne possède rien, de dresser ce que nous appelons aujourd'hui un procès-verbal de carence.

Il ne suffit pas de constater, au moyen de la *venditio bonorum,* l'insolvabilité du débiteur, pour attaquer par l'action paulienne un acte frauduleux, il faut encore démontrer que cet acte a créé et augmenté cette insolvabilité.

Le préjudice est une condition essentielle à l'exercice de l'action paulienne, aussi n'y a-t-il que les créanciers qui en ont souffert, qui puissent exercer cette action; nous verrons dans notre troisième chapitre quels sont ces créanciers. Il faut donc que le préjudice existe ; s'il vient à disparaître, si par exemple le débiteur acquiert de nouveaux biens, l'action paulienne ne pourra plus être exercée.

Il faut que les biens du débiteur lui-même soient insuffisants à désintéresser ses créanciers, et non pas seulement ceux de son héritier ; ainsi supposons qu'un *de cujus* ait fait des aliénations en fraude de ses créanciers, et que néanmoins il soit mort solvable, mais que son héritier se trouve insolvable par suite du concours de ses créanciers avec ceux du *de cujus*, l'action paulienne ne pourra pas être exercée. Elle ne pourra pas l'être non plus au cas d'*addictio bonorum libertatum conservandarum causa ;* ainsi, lorsqu'après le décès d'un débiteur *fraudator*, qui est mort insolvable après avoir fait des affranchissements testamentaires, quelqu'un se présente pour demander l'*addictio*, les créanciers ne pourront pas exercer l'action paulienne, car ils ne souffrent aucun préjudice, puisque l'*addictio* n'est accordée que moyennant une caution qui leur garantit leur paiement (l. 19 § 17. h. t.).

§ 2.

INTENTION DE NUIRE. *Consilium fraudis.*

Le but de l'action paulienne n'est pas seulement de réparer le préjudice causé aux créanciers, il est aussi de punir la mauvaise foi du débiteur qui a voulu leur nuire. De là vient la nécessité de notre troisième condition, il faut que le débiteur ait eu l'intention de nuire, en commettant l'acte dommageable ; il faut qu'il ait su que cet acte allait porter préjudice à ses créanciers, car un acte fait de bonne foi ne peut jamais être attaqué par l'action paulienne, quelque soit d'ailleurs le préjudice que

3

cet acte ait pu causer aux créanciers. C'est ce qu'exprime fort
bien Papinien dans la loi 79 *de regulis juris* : « fraudis inter-
pretatio semper in jure civili, non ex eventu duntaxat, sedex
consilio quoque desideratur. » Heineccius (pandect : ad. h. tit.
n° 2) reproduit cette pensée en disant : « *Affectus affectum præ-
cedere debet.* »

Il n'est pas nécessaire que le débiteur ait eu en vue, comme
mob le direct et principal de son acte, le dessin de nuire à ses
créanciers, il suffit qu'il ait su que cet acte allait créer ou accroître
son insolvabilité ; sans cela l'action paulienne perdrait une grande
partie de son utilité pratique, car il est bien rare qu'un homme
se rende insolvable dans le seul but de frustrer ses créanciers. Il
suffit que le débiteur ait su, que cet acte qu'il allait faire, dans
le but d'en retirer un profit pour lui ou pour un tiers, devait en
même temps nuire à ses créanciers, et qu'il n'ait pas été arrêté
par cette considération. C'est ce que décide Julien dans la loi
17, § Ier, h. t. : « Quamvis non proponatur consilium fraudandi habuisse, tamen qui creditores habere se scit et universa
bona sua aliénavit, intelligendum est fraudandorum creditorum
consilium habuisse. »

Peu importe d'ailleurs le mobile principal de cet acte, fût ce
même un mobile louable ! ainsi pour prendre l'exemple de
Julien dans la loi précitée : un débiteur transmet tous ses biens
à ses affranchis qui sont en même temps ses enfants naturels, il
obéit à des raisons élevées en laissant sa fortune à ses enfants,
cependant comme il ne pouvait pas ignorer qu'en donnant tous
ses biens à ses enfants il portait préjudice à ses créanciers,
ceux-ci pourront exercer l'action paulienne.

Le *consilium fraudis* est donc toujours exigé. Nous trouvons
cependant à cette règle deux exceptions. Dans la loi 6, § 13, h. t.

Ulpien, supposant qu'une succession a été reconnue insolvable postérieurement au paiement des legs par l'héritier nécessaire, décide d'après Proculus que les créanciers héréditaires pourront par l'action paulienne répéter ce qu'ont touché les légataires, et cela sans exiger le *consilium fraudis*.

De même dans la loi 23, D. 42, 8, Sœvola, dans l'hypothèse où un testateur a légué à ses esclaves la liberté et des aliments et est mort insolvable, décide ainsi : « Libertates quidem, si in fraudem creditorum datæ non essent, competere : legata vero, si solvendo hereditas non esset, non deberi. » Le legs de liberté sera maintenu pourvu qu'il n'ait pas été fait *in fraudem creditorum*, car la loi Ælia Sentia n'annule que les affranchissements frauduleux. Au contraire pour invalider le legs d'aliments, il suffira que la succession soit reconnue insolvable, sans que le *consilium fraudis* ait existé chez le testateur. Ces décisions sont évidemment fondées sur ce motif que tous les biens existants au jour du décès du *de cujus* sont le gage de ses créanciers : « *Nemo liberalis nisi liberatus.* »

Il est de principe en droit que la fraude ne se présume jamais, aussi les créanciers devront-ils démontrer que le débiteur connaissait le préjudice qu'il allait leur causer. Nous trouvons cependant dans la loi 17 précitée un cas de présomption de fraude, mais ce cas est une exception, et en outre la preuve contraire est admise contre cette présomption, car l'homme est souvent porté à exagérer ses ressources, *sæpe enim de facultatibus suis, amplius quam in his est sperant homines*, et on peut, avec la meilleure foi du monde, faire donation de tout son patrimoine, sans croire léser ses créanciers, dans l'espérance de recueillir des bénéfices, qui plus tard ne se trouvent pas réalisés.

Il y a cependant des cas où l'action paulienne s'applique, bien que la fraude n'existe pas chez le débiteur lui-même; ainsi, lorsqu'un pupille s'est obligé *cum auctoritate tutoris*, il suffit que l'intention frauduleuse ait existé chez son tuteur, car le pupille, ne pouvant pas connaître l'état de ses affaires, il serait impossible de prouver sa mauvaise foi et ses créanciers se trouveraient à la merci de son tuteur, *qui fidem exhibere debet*.

Marcellus s'est demandé ce qu'il faudrait décider au cas où un fils de famille, qui a reçu de son père la libre administration de son pécule, l'a dissipé en faisant des aliénations en fraude de ses créanciers, et il répond qu'en général il n'y aura pas besoin de recourir à l'action paulienne, car le père n'est pas censé avoir autorisé la fraude de son fils, qui a alors agi en dehors de son mandat, et le père n'est pas tenu. Et même si le père avait consenti à cette fraude, les créanciers auraient contre lui l'action de *peculio*, et l'action paulienne ne serait utile que dans le cas où le *pater familias* serait insolvable (l. 12, h. t.).

Il suffit, pour l'exercice de l'action paulienne, que le débiteur ait connu le préjudice qu'il allait causer à un de ses créanciers, bien qu'il ait ignoré que ses autres créanciers seraient aussi lésés. Mais pour que la fraude puisse être reprochée au débiteur, il faut que les créanciers n'aient pas consenti à l'acte qui leur est préjudiciable : *nemo enim videtur fraudare eos qui sciunt et consentiunt* (l. 6, § 9, h. t.).

§ 3.

COMPLICITÉ DES TIERS.

Lorsque le préteur crée une institution juridique, il commence d'abord par en poser le principe, et ce n'est que plus tard, lorsqu'il a tranché de nombreuses questions de fait, qu'il formule les règles complètes de cette institution. C'est ainsi qu'il a procédé pour l'action paulienne ; il a commencé par exiger dans tous les cas la complicité des tiers qui ont contracté avec le débiteur *fraudator*, c'est ce que nous démontre le passage de l'édit du préteur cité dans la loi 1 pr. h. t., dans lequel le préteur ne fait aucune distinction : « Quæ fraudationis causâ gesta sunt, *cum eo qui fraudem non ignoraverit*, dehis actionem dabo. » Puis, dans certains cas tout particuliers, qui lui ont paru les plus favorables, il a cessé d'exiger la complicité des tiers ; nous en trouvons la preuve dans un second passage de l'édit du préteur rapporté par Ulpien (l. 10 pr. h. t.) et dans lequel le préteur promet l'action même en cas de non complicité des tiers, mais seulement dans des hypothèses qu'il ne précise pas et *causa cognita :* « Interdum causa cognita, et si scientia non sit, in factum actionem permittam. » Il négligeait sans doute la condition de complicité des tiers dans les cas où, par exemple, le tiers était un acquéreur à titre gratuit, car ce tiers, fût-il de bonne foi, ne méritait pas de passer avant les créanciers.

Enfin le préteur a formulé plus tard la règle bien connue : « que la complicité des tiers n'est exigée que dans les actes à titre onéreux et non dans les actes à titre gratuit. Ulpien, dans la loi 6, § 11, h. t., indique nettement la distinction devenue classique entre les actes à titre gratuit et les actes à titre onéreux, et il en donne le motif : « Si cui donatum est, non esse quærendum an sciente eo, cui donatum est, gestum sit ; sed hoc tantum, an fraudentur creditores ? Nec videtur injuriâ affici, is qui ignoravit, cum lucrum extorqueatur non damnum infligatur. »

Cette distinction repose sur un puissant motif d'équité. Dans le cas où l'acte est à titre gratuit, les tiers gratifiés par le *fraudator certant deluero captando*, et alors, qu'ils soient ou non de bonne foi, ils doivent être sacrifiés aux créanciers, qui eux *certant de danmo vitando*. Lorsqu'au contraire l'acte est à titre onéreux, les tiers ont fourni au *fraudator* l'équivalent de ce qu'ils ont reçu de lui et comme les créanciers ils *certant de danno vitando ;* il ne faut alors préférer les créanciers aux tiers contractants que si ceux-ci sont de mauvaise foi, car s'ils sont de bonne foi ils sont aussi dignes d'intérêt que les créanciers, et comme en outre ils possèdent les biens aliénés, ils doivent être préférés : *in pari causâ melior est causa possidentis.*

Les créanciers pour exercer l'action paulienne contre des acquéreurs à titre onéreux devront donc prouver leur complicité. Mais quand y aura-t-il complicité du tiers contractant ? Il ne suffira pas pour cela qu'il ait su que celui avec lequel il traitait avait des créanciers, il faudra en outre qu'il ait participé à la fraude : pour cela, bien entendu, il n'est pas nécessaire qu'en contractant son but principal ait été de léser les créanciers de son co-contractant, il suffit qu'il ait su que l'acte auquel il prenait part devait faire naître ou augmenter l'insolvabilité du débiteur : « quod ait protor *sciente,* sic accipimus, te consico et fraudem participante : non enim si simpliciter scio illum creditores habere, hoc sufficit ad contendendum teneri eum in factum actione, sed si fraudis particeps est. » Il suffit d'ailleurs d'après Ulpien qu'il ait eu conscience du préjudice causé à un seul des créanciers du débiteur, et si ce créar...er vient à être désintéressé les autres ne pourront pas intenter l'action, mais ils pourront la continuer s'il y a eu *litis contestatio .* « illud certe sufficit et si unum scit creditorem fraudari, cæteros ignoraverit, fore locum actioni. » (l. 10, § 7).

Il y a un cas où les créanciers n'auront pas à prouver la complicité des tiers, c'est quand ils les auront avertis de ne pas traiter avec le débiteur : « si quis particeps quidem fraudis non fuit, verumtamen vendente debitore, testato conventus est a creditoribus ne emeret, an in factum actione teneatur si comparaverit? et magis est ut teneri debeat. » (l. 10, § 5, h. t.)

Examinons maintenant l'hypothèse où le tiers contractant est un pupille ou un fou ; pour plus de simplicité, supposons un pupille. Si le pupille, qui a passé l'acte, a été autorisé par son tuteur, ce n'est pas chez lui que doit exister la complicité, mais chez son tuteur. Si le tuteur a été complice de la fraude, les créanciers intenteront l'action paulienne contre le pupille, mais seulement *quatenus quid ad eos pervenerit*, car s'il ne doit pas profiter de la fraude de son tuteur, il ne doit pas non plus en souffrir.

Quid dans le cas où le pupille a traité avec le *fraudator sine auctoritate tutoris?* Dans cette hypothèse, il s'est élevé une controverse sur le point de savoir si la loi 6, § 10, d'Ulpien s'applique aux actes à titre onéreux comme aux actes à titre gratuit. Dans ce texte, Ulpien déclare l'acte rescindable sans exiger la complicité du pupille : « Si quid cum pupillo gestum est in fraudem creditorum, Labeo ait omnino revocandum, si fraudati sunt creditores quia pupilli ignorantia quæ per ætatem contingit non debet esse ipsi lucrosa. » Pothier pense qu'il faut restreindre ce texte au cas d'une aliénation à titre gratuit, mais il n'y a pas de raison de distinguer là où la loi ne distingue pas, et même la loi 6 nous semble repousser toute distinction par les mots *omnino revocandum*. Avec Donneau, nous appliquons ce texte même aux actes à titre onéreux, car il est impossible de prouver la mauvaise foi du pupille, et sans cela un débiteur pourrait, en fraude de ses créanciers, vendre tous ses biens à un pupille. Cependant, comme sa complicité n'est pas prouvée, le pupille ne sera tenu que *quaternis locupletior factus est*. Les mêmes principes sont applicables au maître et à l'esclave.

Nous avons vu qu'en matière d'actes à titre gratuit la complicité du tiers n'était pas exigée pour l'exercice de l'action paulienne, cependant s'il est de bonne foi il ne sera poursuivi que *quaternis locupletior factus est;* s'il est de mauvaise foi il sera tenu *in solidum :* « in hos tamen qui ignorantes ab eo qui solvendo non sit, libertatem (ou liberalitatem) acceperunt, hactenus actio erit danda, quatenus locupletiores facti sunt ; ultra non. » (l. 6. § 11.)

Nous arrivons ainsi à une question célèbre : *La constitution de dot est-elle un acte à titre onéreux ou un acte à titre gratuit ?*

Si elle est un acte à titre onéreux, les époux ne pourront être poursuivis par l'action paulienne que s'ils ont été complices de la fraude ; cette condition ne sera pas exigée si c'est un acte à titre gratuit.

A l'égard du mari, la constitution de dot était généralement reconnue comme un acte à titre onéreux, car le mari n'a reçu la dot qu'à condition de subvenir aux charges du ménage : « Si a socero fraudatore sciens gener accepit dotem, tenebitur hac actione » (l. XXV § 1.) Plus loin Venuléius donne le motif de sa décision : « In maritum autem qui ignoraverit, non dandam actionem, non magis quam in creditorem, qui a debitore, quod ei deberetur acceperit : cum is indotatam uxorem ducturus non fuisset. »

Mais que décider à l'égard de la femme? Les jurisconsultes romains décident généralement que la constitution de dot est à son égard un acte à titre gratuit. Cette distinction entre la femme et le mari avait à Rome sa raison d'être. En effet, les charges du mariage n'incombaient qu'au mari et presque jamais à la femme, la dot était pour le mari une compensation de ces charges; en outre, à cause de l'organisation de la famille romaine, les enfants, à la dissolution du mariage, restaient toujours dans la famille du mari. Quant à la femme, la dot ne lui était donc pas donnée pour subvenir aux charges du ménage, et si elle lui était restituée à la dissolution du mariage, ce n'était pas pour lui permettre de nourrir et d'élever ses enfants, car ils restaient dans la famille du mari, c'était pour lui faciliter un second mariage : « *Reipublicæ interest mulieres salvas dotes habere propter quas nubere possunt.* » On ne peut pas voir une charge dans cette destination de la dot; rien n'empêche donc de considérer la constitution de dot à l'égard de la femme comme un acte à titre gratuit. Cependant les interprètes du droit romain n'admettent pas tous cette solution, et la controverse est encore aujourd'hui très vive sur cette question.

PREMIER SYSTÈME. — La constitution de dot est, à l'égard de la femme, un acte à titre onéreux En effet :

1. Si le constituant de la dot est bien réellement un donateur, il n'est pas aussi certain que la femme soit une donatrice, car elle peut dire, comme le mari, qu'elle ne s'est mariée qu'à condition de recevoir la dot qui lui a été promise et payée. En outre, les lois romaines favorisaient tellement le mariage, qu'elles avaient fait du devoir moral pour le père de doter ses enfants une véritable obligation civile; aussi la constitution de dot était-elle moins une libéralité que l'accomplissement d'un devoir, que l'acquittement d'une dette. Alors même que la dot était constituée par un étranger, elle était pour la femme un acte à titre onéreux, l'accomplissement envers elle d'une obligation.

car, à Rome, la dot était considérée comme une nécessité sociale· Enfin le mot *item*, qui relie le § 1 de la loi 25, dans lequel Vénuléius parle de la dot constituée par le père, au § 2, dans lequel il suppose la dot constituée par un étranger, montre bien que ce jurisconsulte met ces deux constitutions de dot sur la même ligne, qu'elles sont toutes deux d'ordre public.

2. Le texte de la loi 25, § 1, est formel en ce sens : « Tenebitur maritus si scierit, æque mulier, nec minus et pater si non ignoraverit. » Vénuléius exige pour le mari et pour le père la connaissance de la fraude, et il met la femme sur la même ligne qu'eux ; c'est donc qu'à son égard, la constitution de dot est un acte à titre onéreux : il faut donc sous-entendre après *æque mulier* les mots : *si scierit* et exiger chez la femme la complicité de la fraude. Le mot *æque* exige cette interprétation, car il ne peut se rapporter qu'au membre de phrase qui le précède ou à celui qui le suit ; or, dans tous les deux, la complicité est exigée, il doit donc en être de même pour la femme. En outre, Vénuléius dit : « Nec minus et si pater non ignoraverit : ita ut caveat si ad se dos perveneat restitui eam. » L'action paulienne, dans le cas où la dot est constituée par une *extraneus*, n'est donnée contre le père que s'il a connu la fraude ; il n'y a aucune raison d'être plus sévère à l'égard de la fille, puisque le père comme la fille ont reçu la dot sans fournir aucun équivalent.

Si le second système objecte avec M. Tambour (page 27) que le père de la femme peut être considéré comme un acquéreur à titre onéreux, car la restitution de la dot adventice ne lui procure pas un profit personnel, puisqu'il doit la conserver afin de faciliter un nouvel établissement à sa fille, à laquelle il doit une nouvelle dot si elle veut se remarier, et qu'il y a ainsi une raison de distinguer entre le père et la fille qui reçoit la dot à titre gratuit. Le premier système répond que si on ne donne l'action contre le père qu'autant qu'il est complice de la fraude, c'est que la restitution de la dot ne lui est pas faite dans son intérêt, mais dans l'intérêt de sa fille, à laquelle cette dot facilitera un second mariage : si donc on exige la complicité du père, c'est que la loi veut à tout prix conserver à la femme sa dot. Mais cette raison tirée de l'intérêt de la femme, qui soustrait à l'action paulienne le père qui n'a pas été complice de la fraude, doit *a fortiori* y soustraire la femme lorsque celle-ci est de bonne foi et que c'est à elle que la dot est restituée. (Naquet, page 33, thèse de doctorat.)

3. La loi 14, h. t. s'exprime ainsi : « Ergo et si fraudator pro filiâ suâ dotem dedisset scienti fraudari creditores, filia tenetur ut cedat actiones de dote adversus maritum. » Si on prend ce texte à la lettre, Ulpien semble dire que la fraude a été commise par le père avec la complicité de son gendre ; mais tel n'est pas le vrai sens de ce texte, car Ulpien ne s'occupe ici que de l'action paulienne dirigée contre la femme : *filia tenetur ;* or, pour poursuivre la femme, la complicité du mari n'est nullement nécessaire. Ulpien n'a donc pas voulu supposer la complicité du mari, qui serait un élément inutile dans la question qu'il traite ; pour donner un sens à ce texte, il faut lui faire subir une correction et remplacer *scienti* par *sciente*. Une correction aussi légère, puisqu'il ne s'agit que de mettre un point sur un i, donne à cette phrase un sens en rapport avec le reste du texte, aussi il est impossible de la rejeter.

4. Dans la loi 25, § 2, Vénuléius dit que certains auteurs n'exigeaient pas la complicité de la femme pour la soumettre à l'action paulienne, sans dire en propres termes quel est son avis, mais l'expression dont il se sert : *Quidam nihilominus*

existimant, semble bien indiquer qu'il cite en passant une opinion qu'il ne partage pas.

5. Enfin, à Rome, la constitution de dot a toujours été entourée de faveurs, elle était considérée comme d'ordre public : « *reipublicæ interest mulieres salvas dotes habere.* » Parmi ces faveurs, il faut certainement compter celle-ci : que la femme n'est soumise à l'action paulienne que si elle a reçu sa dot de mauvaise foi.

DEUXIÈME SYSTÈME. — La constitution de dot est à l'égard de la femme un acte à titre gratuit :

1. Nous rappelons ici les motifs par lesquels nous avons légitimé notre distinction entre le mari et la femme au point de vue de la dot; le mari seul supporte les charges du ménage, la femme n'en supporte point, elle reçoit donc la dot à titre gratuit.

Si on nous oppose que la constitution de dot ne peut pas être une libéralité, puisqu'elle est pour le père une obligation sanctionnée par le droit civil et que la fille reçoit sa dot non de son père, mais de la loi, nous répondons que malgré cela la constitution de dot est une libéralité, car elle n'impose à la fille aucun équivalent à fournir en retour; quant aux charges du ménage qui pourront éventuellement grever la dot aux mains de la femme, il ne faut pas s'y arrêter, elles sont trop éventuelles et trop incertaines.

2. Dans la loi 25, § 1, Vénuléius s'exprime ainsi : « Quod si ignoraverit, filia autem scierit, tenebitur filia ; si vero uterque scierit, uterque tenebitur, aut si neuter scierit, quidam existimant nihilominus in filiam dandam actionem, quia intelligitur, quasi ex donatione aliquid ad eam pervenisse. » Dans cette hypothèse, Vénuléius suppose la dot constituée par le père en fraude

de ses créanciers et il donne les décisions suivantes : Si le mari a été de bonne foi et la femme de mauvaise foi, la femme seule sera soumise à l'action paulienne ; s'ils ont été tous les deux complices de la fraude, ils seront tous les deux passibles de l'action paulienne. Puis il ajoute que si les deux époux ont été de bonne foi, certains auteurs pensent que la femme sera tenue de l'action paulienne malgré sa bonne foi, car la femme dotée est considérée comme ayant reçu une donation.

Venuléius se contente de citer l'opinion de ces auteurs, mais quelle est sa propre opinion ? Malgré les mots : *Quidam existimant*, nous croyons qu'il était de l'avis de ces auteurs et nous en trouvons la preuve dans la suite du texte ; dans le § 2, qu'invoquent nos adversaires, il suppose que la dot a été constituée par un *extraneus* et il dit : « Tenebitur maritus si scierit : æque mulier : nec minus et pater si non ignoraverit. » Ainsi, d'après ce texte, la femme est tenue de l'action paulienne comme son père et son mari, mais pour elle, Venuléius n'exige pas comme pour eux cette condition, *si scierit, si non ignoraverit ;* c'est donc que Venuléius n'exigeait pas la complicité de la femme. Nos adversaires, pour invoquer ce texte en leur faveur, ont été obligés d'y sous-entendre des expressions qui ne s'y trouvent pas ; nous prenons le texte tel qu'il est, tandis que nos adversaires le prennent tel qu'ils voudraient qu'il fût. D'ailleurs, ce n'est pas la seule correction de texte qu'ils soient obligés de faire, ils corrigent encore la loi 14 ; aussi sommes-nous fondés à dire qu'il ne faut accorder aucune créance à un système qui ne s'appuie que sur deux textes qu'il est obligé de corriger pour leur faire dire ce qui lui plaît.

Nos adversaires tirent encore de la loi 25 § 2 une autre objection : d'après ce texte, disent-ils, le père ne sera soumis à l'ac-

tion paulienne que s'il a été complice de la fraude, sa fille dotée
n'y doit être soumise aussi que sous la même condition de
complicité, car il n'y a aucune différence entre la situation du
père et celle de la fille. Nous répondons d'abord avec M. Tambour, comme nous l'avons déjà fait, que ces deux situations ne
sont pas identiques, mais comme ce motif de distinguer est
contesté par nos adversaires, nous allons en donner un autre.
Pour cela précisons l'hypothèse de la loi 25 § 2 sur laquelle
nous argumentons : Venuléius suppose que l'action paulienne
est exercée pendant le mariage, car il termine en disant « nec
minus et pater si ignoraverit, ut caveat, si ad se dos pervenerit,
restitui eam » ; que veulent donc les créanciers du constituant?
ils veulent obtenir du père la promesse de leur rendre la dot,
dans le cas où elle tombera entre ses mains, c'est donc que le
père n'a pas encore la dot, qu'elle est encore aux mains de son
gendre et que le mariage n'est pas dissous. On comprendra
alors facilement pourquoi on exige la complicité du père ; on ne
peut exercer l'action paulienne contre un tiers qu'à la condition
que ce tiers soit tenu de l'obligation que suppose cette action,
et cette obligation ne peut naître que de deux causes, ou de
l'enrichissement procuré à ce tiers par l'acte frauduleux, ou de
sa complicité; or pendant le mariage le père ne se trouve nullement enrichi par la constitution de dot faite à sa fille, il n'en
retirera un profit qu'au jour de la dissolution du mariage, on
ne peut donc intenter contre lui l'action paulienne pendant le
mariage de sa fille, que s'il a été complice de la fraude du tiers
constituant. La femme au contraire retire de la dot un profit
actuel pendant le mariage, car s'il est vrai que les biens dotaux
appartiennent au mari, il est non moins vrai, comme le dit
M. Pellat (*Textes sur la dot*, n° 48) que le mari supporte les

charges du ménage et parmi elles l'entretien de la femme, qui jouit ainsi indirectement de la dot en vertu de sa qualité de femme mariée. La femme retire de la dot pendant le mariage un profit actuel et gratuit, cela suffit pour qu'elle soit soumise à l'action paulienne, sans exiger en outre sa complicité.

3. Nos adversaires invoquent encore le texte de la loi 14, mais en la modifiant, en remplaçant *scienti* par *sciente* se rapportant à *filia*, et alors Ulpien paraît exiger la complicité de la femme. Et, disent-ils, si on admet le mot *scienti* et la complicité du mari, pourquoi Ulpien ne donne-t-il pas l'action paulienne contre le mari complice de la fraude, au lieu d'obliger simplement la femme à céder aux créanciers du constituant son action de dot? Nous répondons que la pensée d'Ulpien a du être celle-ci : la dot sera saisie par les créanciers, et la femme perdra son action de dot. Nous évitons ainsi une correction de texte que rien ne justifie.

Nous faisons remarquer en terminant qu'il serait souvent difficile, pour ne pas dire impossible, pour les créanciers de prouver la fraude de la femme, car ordinairement elle ignore l'état des affaires de son père, et celui-ci, si la complicité de sa fille était nécessaire pour exercer contre elle l'action paulienne, aurait bien soin de lui cacher sa fraude, afin d'assurer son avenir en facilitant son mariage. Aussi les créanciers du père n'auraient dans l'action paulienne qu'un moyen de recours illusoire contre la femme, dont ils ne pourraient pas prouver la complicité.

CHAPITRE III.

A qui appartient l'action paulienne ?

————

Elle appartient à tous les créanciers victimes de la fraude du débiteur, mais non à ceux qui n'ont pas été fraudés. Cependant, en fait, l'action n'était pas intentée à Rome par les créanciers eux-mêmes, mais par le *curator distrahendorum bonorum*, qui l'exerçait dans l'intérêt de la masse ; cependant, au fond, l'action appartient aux créanciers, le *curator* n'est qu'un instrument. De ce que le *curator* peut exercer l'action paulienne, il résulte évidemment qu'il suffit pour qu'il puisse l'exercer qu'un seul créancier ait été lésé ; nous en concluons que le bénéfice de l'action devait être partagé entre tous les créanciers, même non fraudés ; cela nous est prouvé par la loi 10, § 6, dans laquelle Ulpien décide que si un seul créancier a souffert de la fraude du débiteur et qu'il soit désintéressé, les autres créanciers ne pourront pas intenter l'action paulienne : « Quid ergo, si ei quem quis scit, satisfactum est ; num quid deficiat actio, quia qui supersunt non sunt fraudati ? et hoc puto probandum. »

Pour que la question que se pose Ulpien puisse soulever le moindre doute, il faut admettre que le bénéfice obtenu sur l'exercice de l'action paulienne doit être partagé entre tous les créanciers même non victimes de la fraude. Il y a d'ailleurs au Digeste d'autres exemples de personnes qui profitent de l'exercice d'une action qu'elles n'auraient pas pu intenter elles-mêmes : « Sœpe enim, dit Paul, quod quis ex sua persona non habet, hoc per extraneam petere potest. » (l. 3, *quæ res pignori.*)

Mais le débiteur *fraudator*, pour éviter l'action, ne peut pas forcer le créancier victime de la fraude à se laisser désintéresser; s'il y a plusieurs créanciers fraudés, ils devront tous être désintéressés , pour qu'il soit impossible d'exercer l'action paulienne.

Pour que l'action paulienne appartienne à un créancier, il ne suffit pas que l'acte frauduleux lui ait porté préjudice, il faut que le débiteur ait eu l'intention de lui nuire (l. 10, § 1). La loi 15 nous fournit une application de cette règle : Julien suppose qu'un testateur fait un legs de liberté à ses esclaves en fraude de son créancier, puis il désintéresse ce créancier et meurt après avoir contracté une nouvelle dette, le nouveau créancier n'aura pas l'action paulienne, car le testateur n'a pas pu avoir l'intention de lui porter préjudice par ce legs de liberté antérieur à sa créance.

Cette action n'appartient donc qu'aux créanciers antérieurs à l'acte frauduleux, car seuls ils ont eu un droit sur le bien aliéné, seuls ils ont été lésés par cet acte. Il y a cependant à cette règle une exception fondée sur l'équité et mentionnée par la loi 16 : Les créanciers postérieurs à l'acte frauduleux pourront exercer l'action paulienne, si c'est avec leurs propres deniers que les créanciers antérieurs ont été désintéressés; il s'opère en leur faveur une cession tacite d'actions. On suppose qu'ils n'ont prêté leurs deniers au débiteur qu'à condition d'être mis au lieu et place du créancier antérieur, qui est censé leur avoir cédé ses actions. Cette cession tacite d'actions ne nuit pas au tiers contractant, car il lui importe peu que l'action soit exercée par tel ou tel autre créancier; en outre, elle profite au second créancier

4

qui est de bonne foi et auquel on ne peut pas préférer les tiers contractants complices de la fraude.

L'action paulienne appartient à tous les créanciers fraudés, quelle que soit la cause de leur créance ; cependant, ce n'est qu'après controverse qu'on a donné cette action à celui qui n'est créancier qu'en vertu d'un *fideicommis* (l. 27, *qui et a quibus ;* l. 1, *qui. man. vend.*, 7, 11). Les créanciers conditionnels ont aussi cette action, à moins que leur créance n'ait pour cause un legs conditionnel : on ne voit pas bien clairement le motif de cette distinction ; cependant, nous pouvons l'expliquer par la répugnance des jurisconsultes romains à donner cette action aux créanciers *ex lucrativa causa*, répugnance qui est indiquée par la difficulté qu'il y avait eu à donner notre action aux créanciers *ex causa fideicommissi*.

Cette action appartient certainement aux créanciers chirographaires, mais appartient-elle aussi aux créanciers hypothécaires ? On leur a refusé cette action en disant qu'à cause de leur droit de suite, ils n'y ont aucun intérêt ; or, pas d'intérêt, pas d'action. Nous accordons l'action paulienne aux créanciers hypothécaires, en effet, ils y ont intérêt ; ainsi, quand la chose aliénée n'était pas hypothéquée à leur créance, ils sont quant à elle de simples créanciers chirographaires. Ils ont intérêt à exercer l'action paulienne même lorsqu'ils ont hypothèque sur la chose aliénée ; d'abord, sur cette action, ils n'ont pas besoin de prouver leur hypothèque, ensuite ils peuvent la diriger *in solidum rei pretium* contre un acquéreur de mauvaise foi qui s'est libéré de l'action hypothécaire en revendant la chose, au lieu de diriger l'action hypothécaire contre des tiers détenteurs qui peuvent leur être d'autant plus facilement inconnus qu'à Rome l'hypothèque pouvait porter sur des meubles. Enfin, la vigilance des créanciers qui ont stipulé une hypothèque à leur profit ne doit pas leur faire perdre un bénéfice, dont jouissent les créanciers moins diligents.

Le débiteur *fraudator* ne peut évidemment pas demander lui-même la révocation de son acte frauduleux, son héritier ne le peut pas non plus, car *nemo auditur propriam turpitudinem allegans* ; il en résulte qu'un créancier fraudé perdrait son action en devenant l'héritier du débiteur *fraudator*. Les créanciers perdent encore leur action s'ils acceptent pour débiteur l'héritier du *fraudator*, car ils n'ont plus dans ce cas de droit propre sur le patrimoine du *de cujus fraudator*, ils sont créanciers de son héritier et n'ont que les droits de cet héritier, qui, lui, ne peut pas exercer l'action paulienne. Les créanciers ont certainement accepté pour débiteur l'héritier du *fraudator* quand ils se sont fait envoyer en possession de ses biens, ou qu'ils les ont fait vendre, ou lorsqu'ils lui ont fait remise d'une partie des intérêts dus par le *de cujus* (l. 10, § 9 et § 10).

Si les créanciers ont accepté l'héritier pour débiteur, et si celui-ci se fait plus tard restituer contre son adition, ils recouvrent l'action paulienne contre le patrimoine du *de cujus*, car ils n'avaient accepté l'héritier pour débiteur qu'à condition qu'il serait héritier (l. 10, § 4).

Les créanciers auront-ils accepté l'héritier pour débiteur par le seul fait que celui-ci se sera immiscé dans la succession? Nous distinguerons avec Labéon et Ulpien : Si les créanciers étaient présents et ont connu l'immixtion, ils ont, par leur silence, accepté l'héritier pour débiteur; mais il en sera autrement s'ils étaient absents ou s'ils étaient (*paciscentes*) en pourparlers avec l'héritier, car dans ce cas, ils n'ont pas pu empêcher son immixtion

(l. 10, § 9) (1). Si les créanciers du *de cujus fraudator* ont demandé la séparation des patrimoines contre l'héritier, ils auront l'action paulienne non seulement contre les actes frauduleux du *de cujus*, mais aussi contre ceux de son héritier (l. 10, § 11).

L'action paulienne appartient enfin aux héritiers des créanciers fraudés (l. 10, § 15). On a prétendu trouver une application de cette règle dans l'espèce suivante de la loi 21, h. t. : Un débiteur a hypothéqué son champ à son créancier, puis il fait avec son voisin un pacte frauduleux au sujet des limites de ce champ ; le créancier vend le fonds en vertu de son droit d'hypothèque, Scœvola se demande alors si l'acquéreur du champ pourra agir par l'action *finium regundorum* pour faire rétablir les véritables limites, et il dit que oui, que l'acquéreur ne sera pas repoussé par une exception tirée du pacte intervenu entre le débiteur et son voisin à l'insu du créancier. Mais si ce pacte n'est pas opposable à l'acquéreur, ce n'est pas parce qu'il est frauduleux, c'est parce qu'il a été fait à l'insu du créancier au-

---

(1) Ce pacte auquel fait allusion la loi 10 § 10, est celui dont il est parlé dans la loi 7, § 17 *de pactis :* Quand une personne est morte insolvable et que son héritier hésite à faire adition, ses créanciers, obligés de vendre en bloc son patrimoine, ne peuvent obtenir qu'une satisfaction incomplète ; aussi Marc Aurèle a décidé que dans ce cas les créanciers, réunis sous la présidence du magistrat, peuvent consentir une remise partielle des dettes, à la majorité déterminée non par le nombre des créanciers, mais par le chiffre des sommes dues; alors l'héritier qui n'a consenti à faire aditione que moyennant cett remise, pourra opposer ce concordat même aux créanciers qui ne l'ont pas voté (Maynz, 2ᵉ volume. page 612). Seulement, dans notre hypothèse, on ne donne qu'une action paulienne utile parce que, à cause de la rescision de l'acceptation tacite de l'héritier sien et nécessaire, il y a bien eu un héritier, mais il est considéré comme ne l'ayant jamais été.

quel il n'est pas plus opposable qu'à l'acquéreur. Ce texte n'a donc pas trait à notre action, ce sont les mots : *in fraudem creditorum* qu'il contient qui l'ont fait insérer par erreur dans notre titre par les compilateurs du Digeste.

CHAPITRE IV.

Contre qui est donnée l'action paulienne?

————

Elle est d'abord donnée, malgré l'avis du jurisconsulte Méla, contre le débiteur *fraudator* lui-même : « Hæc actio etiam in ipsum fraudatorem datur ; licet Mela non putabat in fraudatorem eam dandam, quia nulla actio in eum ex ante gesto, post bono-rum venditionem daretur, et iniquum esset actionem in eum dari, cui bona oblata essent. Si vero quædam disperdidisset, si nulla restitutione recuperari possent nihilominus actio in eum dabitur et prætor, non tantum emolumentum actionis intueri videtur in eo, qui exutus est bonis, quam pœnam. » (l. 25, § 7, h. t.)

Le doute n'est pas permis sur ce point en présence des termes formels de l'édit du préteur : « Id que etiam adversus ipsum qui fraudem fecit servabo. » (l. 1 pr., h. t.) Mela refusait de donner l'action paulienne contre le débiteur *fraudator*, parce que l'exercice de cette action suppose la *venditio bonorum* préa-lable, et alors il est inutile de la donner contre le débiteur qu'on a dépouillé de tous ses biens. Mais Vénuléius répond à cette objection que le but poursuivi par l'action paulienne n'est pas de faire condamner le *fraudator* au paiement d'une somme qu'il ne possède pas, mais bien de lui infliger une *pœna*.

De graves difficultés se sont élevées sur le point de savoir quélle est cette *pœna* dont parle Vénuléius.

Bien que M. Naquet (page 59) ait prétendu que cette *pœna* était une peine purement morale, consistant dans le déshonneur qui résultera pour le débiteur de l'exercice contre lui de l'action paulienne basée sur la fraude nous pensons avec Voët et Cujas que cette peine est l'emprisonnement l'*addictio* pour le montant de la dette et la déchéance du bénéfice de compétence. (Voët, tome 2, page 684.) Mais l'*addictio* n'exige nullement la fraude (l. 1 c., *qui bonis cedere*, 7, 71), il suffit, pour que le débiteur y soit soumis, qu'il refuse de payer sa dette ou que ce paiement lui soit impossible. Et alors on se demande à quoi sert l'action paulienne contre le *fraudator*.

Les auteurs, qui avec M. Charles Giraud (des *nexi*), soutiennent que de droit commun l'*addictio* ne peut être prononcée contre le débiteur qu'en vertu de condamnations pour dettes de somme d'argent, disent que l'action paulienne servira à faire prononcer l'emprisonnement contre le *fraudator*, quoiqu'il ne soit pas débiteur d'une somme d'argent. Bien que nous admettions l'opinion de M. Ch. Giraud sur le *nexum*, nous croyons que telle n'était pas la seule utilité de l'action paulienne contre le débiteur, et qu'il est possible de lui en trouver une autre, même dans le système des auteurs qui pensent avec M. Ortolan (vol. 3, page 500) que l'*addictio* pouvait être prononcée pour toute condamnation en matière d'obligation. Dans ce système, on a trouvé plusieurs cas où l'*addictio* serait possible contre le débiteur *fraudator*.

Certains auteurs (Tambour pages 311 et 312, et Demangeat, tome 2, page 520), partant de ce principe qu'un débiteur qui a subi la *bonorum venditio* a, par là même, perdu sa personnalité juridique et ne peut plus être poursuivi *ex ante gesto* tant qu'il n'a pas acquis de nouveaux biens, supposent que le débiteur a acquis de nouveaux biens et les a dissipés; alors l'action paulienne permet d'obtenir contre lui l'*addictio*. Mais cette explication nous semble bien compliquée ; d'autres auteurs, partant du même principe, disent qu'il a été fait exception à ce principe en ce qui concerne l'action paulienne et affirment que le débiteur *fraudator* peut être soumis à l'*addictio* sur l'exercice de notre action, bien qu'il n'ait pas acquis de nouveaux biens depuis la *venditio bonorum*.

Nous croyons au contraire que l'explication du mot *pœna* employée par Vénuléius se trouve dans l'histoire du droit romain : l'action paulienne permet de faire prononcer contre le débiteur une *pœna* qui est l'*addictio*, bien que le débiteur ait déjà subi la *venditio bonorum ;* en effet, nous avons établi que l'action paulienne avait été créée à la même époque que la *venditio bonorum*, ou plutôt peu de temps après, et certainement aussi postérieurement à l'introduction du système formulaire ; or, la loi Æbutia qui a remplacé l'exécution sur la personne par l'exécution sur les biens, a cependant conservé l'*addictio* pour des cas exceptionnels, nous disent les auteurs ; tout nous porte à croire que l'action paulienne est un de ces cas exceptionnels pour lesquels l'*addictio* a été conservée, et nous trouvons ainsi une utilité incontestable à exercer l'action paulienne contre le *fraudator*.

L'action paulienne se donne surtout contre le tiers qui a traité avec le débiteur *fraudator* et nous avons déjà vu qu'il est toujours passible de cette action s'il a traité à titre gratuit, tandis que s'il a traité à titre onéreux on exige sa complicité. L'acquéreur qui a cessé de posséder la chose aliénée reste cependant soumis à l'action paulienne s'il est de mauvaise foi. Ainsi un père constitue une dot à sa fille en fraude de ses créanciers ; son gendre, complice de sa fraude, sera soumis à l'action paulienne, alors même qu'il aurait restitué la dot à sa femme divorcée avant la poursuite des créanciers de son beau-père. Le mari n'aura de recours contre sa femme dans aucune hypothèse ; en effet : il n'aura pas de recours s'il a été condamné à rendre la dot sur la réclamation de sa femme en justice, car l'autorité de la chose jugée l'empêchera d'attaquer cette restitution de dot par la *conditio indebiti* ; il n'aura pas de recours non plus s'il a restitué la dot sans attendre que sa femme la lui ait réclamée en justice, car la *conditio indebiti* n'est pas donnée à celui qui a payé en connaissance de cause, et dans l'espèce, le mari complice de la fraude de son beau-père savait bien que la révocation était possible.

L'action paulienne se donne enfin contre les ayants cause de celui qui a traité avec le *fraudator*, c'est-à-dire contre ses sous-acquéreurs et ses héritiers. Les sous-acquéreurs sont soumis à cette action sous les mêmes conditions que le premier acquéreur ; ils en sont toujours tenus s'ils ont acquis à titre gratuit, et s'ils ont acquis à titre onéreux, ils n'en sont tenus que s'ils ont connu la fraude ; cela malgré une controverse qui nous est indiquée par Paul (l. 9, h. t.). « Is qui a debitore, cujus bona possessa sunt, sciens rem emit, iterum alii bona fide ementi vendidit : quæsitum est an secundus emptor conveniri potest ? sed verior est sabini sententia, bona fide emptorem non teneri : quia dolus ei duntaxat nocere debeat, qui eum admisit : quem admodum dicimus non teneri eum, si ab ipso debitore ignorans emerit. » Lorsque le second acquéreur est de bonne foi, le premier acquéreur devra, s'il est de mauvaise foi, restituer aux créanciers non pas seulement le prix qu'il aura reçu du second acquéreur, mais la valeur réelle de la chose, si cette valeur est supérieure au prix de revente.

Pour qu'on puisse exercer l'action paulienne contre le sous-acquéreur il faut que cette action soit née contre le premier

acquéreur, ainsi lorsque le premier acquéreur a traité à titre
onéreux et de bonne foi avec le *fraudator* et a ensuite revendu
la chose à un sous-acquéreur qui connaît la fraude du débiteur,
ce sous-acquéreur de mauvaise foi ne sera pas soumis à l'action
paulienne, car le contrat inattaquable dans la personne du premier contractant ne peut pas devenir revendable par suite des
transmissions successives de la chose.

L'action paulienne, une fois qu'elle est née, peut être exercée
contre les héritiers de celui qui a traité avec le *fraudator* :
« sed et in hœredes similes que personas datur. » Seulement
elle n'est exercée contre eux que dans la limite de leur enrichissement, à moins qu'il n'y ait eu *litis contestatio* contre leur
auteur, cas auquel ils seraient tenus comme lui *in solidum*.
(l. 11. h. 1.)

L'action paulienne se donne enfin contre des personnes qui
ont profité de l'acte frauduleux sans y avoir participé ni directement ni indirectement. Venuléius dans la loi 25 nous en
fournit trois hypothèses.

1. Pour frauder ses propres créanciers, Primus qui est lui-
même créancier de Secundus, fait une acceptilation gratuite à
Tertius qui a cautionné la dette de Secundus comme fidéjusseur :
si Secundus et Tertius ont connu la fraude ils seront tous les
deux soumis à l'action paulienne, si l'un d'eux seulement l'a
connue, celui-là seul y sera soumis. Venuléius se demande ensuite si en cas d'insolvabilité du fidéjusseur Tertius l'action paulienne ne devrait pas être donnée contre le débiteur principal
Secundus, alors que Tertius seul a été complice de la fraude ;
nous croyons que Secundus y est soumis malgré sa bonne foi,
car il est libéré à titre gratuit par l'acceptilation que Primus
a faite au fidéjusseur.

2. Le débiteur *fraudator* Primus fait acceptilation à Secundus qui est tenu envers lui *corréaliter* avec Tertius, l'action paulienne peut être exercée contre Tertius malgré sa bonne foi et sa non-participation à l'acceptilation frauduleuse, car il a été libéré à titre gratuit.

3. Primus a fait acceptilation à son débiteur principal Secundus *conscius fraudis;* le fidéjusseur Tertius ne sera soumis à l'action paulienne que s'il est de mauvaise foi, car s'il est de bonne foi, il n'est pas complice et n'a rien acquis à titre gratuit, l'acte frauduleux l'a exonéré d'une perte éventuelle sans rien lui faire acquérir, il ne trouve à l'acceptilation frauduleuse faite au débiteur principal que l'avantage de n'être pas exposé à supporter son insolvabilité.

Dans le § 3 de la même loi 25, Vénuléius prévoit une hypothèse où l'action paulienne peut être dirigée contre le tiers qui a figuré à l'acte juridique fait avec le débiteur *fraudator*, bien que ce tiers ne soit en aucune façon intéressé à cet acte et n'en ait pas profité ; c'est le cas où le débiteur *fraudator* a traité avec un mandataire du tiers contractant, le mandataire complice de la fraude sera soumis à l'action paulienne, bien qu'il n'ait pas fait l'acte pour son propre compte ; Vénuléius semble dire que le mandant, n'y sera pas soumis ; Ulpien, au contraire (l. 10, § 5), dit que le mandant peut être poursuivi, mais seulement dans la limite de son enrichissement ; en effet, le pupille est tenu de notre action dans cette limite, en cas de fraude de son tuteur, et cependant ce n'est pas lui qui a choisi son tuteur, le mandant doit donc en être tenu *a fortiori*, puisque c'est lui qui a choisi son mandataire.

CHAPITRE V.

Quels actes peuvent donner lieu à l'action paulienne ?

L'édit du préteur cité dans la loi 1 pr. s'exprime dans les termes les plus généraux : « Quæ fraudationis causa gesta erunt... de his... actionem dabo. » L'action paulienne est donnée contre tous les actes qui peuvent être faits en fraude des créanciers, non seulement contre les aliénations, mais aussi contre tous les contrats (l. 1, § 2). Tous les actes frauduleux par lesquels le débiteur cherche à diminuer son patrimoine au préjudice de ses créanciers peuvent être attaqués par l'action paulienne : ces actes peuvent être de simples inactions de la part du débiteur tout aussi bien que des faits actifs : « In fraudem facere videri etiam, eum qui non facit quod debet facere, intelligendum est. » (l. 1, h. t.)

Il ne faut cependant pas exagérer la portée des termes si généraux de l'édit : l'action paulienne n'est donnée que contre les actes par lesquels le débiteur diminue son patrimoine et non contre ceux par lesquels il néglige de l'augmenter. C'est Ulpien qui pose cette distinction dans la loi 6 pr. : « Quod autem, quum possit aliquid quærere, non id agit, ut adquirat, adedictum non pertinet : pertinet enim edictum ad deminuentes patrimonium suum, non ad eos qui id agunt ne locupletentur. » Nous suivrons dans cette étude la division indiquée par Ulpien.

SECTION I.

Actes par lesquels le débiteur diminue son patrimoine.

———

Ces actes sont les seuls qui tombent sous le coup de l'action paulienne, s'ils sont faits en fraude des créanciers ; ces actes peuvent être des faits actifs ou des inactions.

§ 1.

FAITS ACTIFS DU DÉBITEUR.

1. *Aliénations.* — Le plus fréquent des actes frauduleux du débiteur est l'aliénation, c'est aussi le plus dangereux. Quand l'aliénation est à titre gratuit, le préjudice causé aux créanciers est évident ; le préjudice peut aussi exister dans l'aliénation à titre onéreux, bien que le débiteur reçoive quelque chose comme équivalent de ce qu'il aliène. Le préjudice existe d'abord lorsque le prix touché par le débiteur ou la chose reçue en échange par lui ont une valeur inférieure à celle de l'objet aliéné, le gage du créancier est alors diminué de la différence qui existe entre ces deux valeurs ; il y a préjudice pour les créanciers, même si le débiteur a reçu en échange de l'objet aliéné le prix réel de cet objet, lorsque ce débiteur l'a dissipé afin d'en priver ses créanciers.

Citons, parmi les aliénations les plus dangereuses, la *cessio in jure* d'une hérédité faite après l'adition par un héritier *ab intestat ;* en effet, par cet acte, le cessionnaire devient proprié-

taire des objets corporels compris dans la succession, mais les
créances héréditaires s'éteignent, car elles ne peuvent pas passer
au cessionnaire puisqu'elles sont incessibles, et le cédant, bien
que resté seul héritier, n'en peut pas exiger le paiement, puisqu'il a cédé tout l'émolument qu'il pourrait retirer de l'hérédité.
Et cependant le cédant reste tenu des dettes, car il est resté héritier et n'a pas pu se libérer des dettes héréditaires par cette *cessio
in jure*, qui n'est pas un mode d'extinction des obligations. (Gaïus,
II § 35 ; III § 85.) L'action paulienne ne se donne pas seulement
contre les aliénations totales émanées du débiteur *fraudator*,
mais aussi contre les aliénations partielles, telles que des constitutions de servitudes, d'usufruit ou de droit réels prétoriens.

2. *Les remises de dette* faites à titre gratuit par le débiteur, soit
par acceptilation, soit par pacte *de non petendo* donnent lieu
à l'action paulienne, si elles ont été faites en fraude des créanciers. (l. 1 § 2 h. t.) Sur l'exercice de cette action, le tiers débiteur du débiteur *fraudator* est contraint de se remettre vis à vis
de lui dans les liens de l'obligation « omnes debitores qui in
fraudem creditorum liberantur, per hanc actionem revocantur
in pristinam obligationem. » (L. 17 pr.) La loi 10 § 14 nous
fournit une application remarquable de cette règle ; dans cette
loi Ulpien n'hésite pas à permettre la révocation d'une constitution de dot, malgré les faveurs dont la législation Romaine
entourait cet acte ; il suppose qu'une femme a épousé son débiteur et que, dans le but de frauder ses créanciers, elle s'est
constitué en dot la somme qui lui était due par celui-ci et lui en
a fait acceptilation ; Ulpien déclare que cette acceptilation pourra
être révoquée sur l'exercice de l'action paulienne et que les
créanciers pourront exiger du mari la somme dont il était débiteur
envers sa femme, sans que celle-ci ait contre lui l'action de dot.

3. *La remise dè gage* faite par le *fraudator* à un de ses débiteurs est aussi prévue par les textes. (L. 2 h. t.) En apparence,
par cet acte, le *fraudator* ne se dépouille d'aucune partie de son
patrimoine, car en faisant remise du gage il n'a pas perdu le droit
d'exiger le montant de sa créance : cependant son patrimoine est
réellement diminué, car, si le débiteur libéré du gage est insolvable, le *fraudator* et par suite ses créanciers n'obtiendront
qu'un dividende, tandis que sans cette remise ils auraient pu
obtenir leur paiement intégral sur la chose livrée en gage.

Dans la loi 18 h. t. Papinien applique l'action paulienne à la
remise de gage faite par un époux à son conjoint. Il remarque
d'abord que, malgré une controverse sur ce point, cet acte ne
constitue pas une donation, car s'il y a appauvrissement du conjoint donateur, il n'y a pas enrichissement du conjoint donataire,
cet acte n'est donc pas prohibé entre époux, puisque l'époux
débiteur reste toujours débiteur et ne voit pas augmenter son
patrimoine.

4. *Les obligations* contractées par un débiteur en fraude de
ses créanciers sont aussi révocables par l'action paulienne :
« sive se obligavit fraudandorum creditorum causâ... palam est
edictum locum habere. » (L. 3 h. t.) En effet, en contractant de
nouvelles obligations le débiteur diminue le dividende qui sera
attribué à chacun de ses créanciers, car il augmente le nombre
de ceux qui se partageront ses biens.

Faut-il donner la même solution au cas où le débiteur
fraudator a accepté une hérédité insolvable et donner l'action
paulienne contre cette acceptation frauduleuse ? il semble que
oui, car dans ce cas aussi le débiteur augmente le nombre de
ses créanciers, cependant la loi 1 § 5 *de separationibus* refuse
aux créanciers tout recours contre cette acceptation frauduleuse :

« nullum remedium est proditum : sibi enim imputent qui cum
tali contraxerunt ; nisi si extrà ordinem putamus prœtorem
adversus calliditatem ejus subvenire qui talem fraudem com-
mentus est : quod non facile admissum est. » Ulpien en donne
pour motif que les créanciers du *fraudator* ne doivent s'en prendre qu'à eux-mêmes de ce qu'ils ont choisi un si mauvais débiteur, mais ce motif ne vaut rien car les créanciers héréditaires
ont aussi à se reprocher d'avoir contracté avec un insolvable et
cependant ils bénéficient de l'acceptation faite par le débiteur
fraudator. Le véritable motif de cette décision se trouve dans
l'importance qu'attachaient les Romains à laisser un héritier
continuateur de leur personne, aussi ne permettaient-ils que
très difficilement la rescision de l'acceptation d'une hérédité et
seulement au moyen d'une *restitutio in integrum*.

5. *Le paiement* fait par un débiteur à un de ses créanciers en
fraude des autres peut-il être attaqué par l'action paulienne? A
cette question nous répondrons par des distinctions : nous distinguerons suivant que le paiement est antérieur ou postérieur
à la *missio in possessionem*, et dans chacun de ces cas si la dette
est ou non échue; ces distinctions d'ailleurs sont indiquées par
les textes (l. 6, § 7, h. t.).

Première hypothèse. — Le paiement est antérieur à la missio in
possessionem.

A. Nous supposons d'abord que la dette était échue : dans ce
cas, trois systèmes se partagent les interprètes :

PREMIER SYSTÈME. — Le paiement fait à l'échéance, mais avant
l'envoi en possession, peut être attaqué par l'action paulienne
comme tout acte à titre onéreux, sous la double condition de la

fraude du débiteur et de la complicité du créancier qui a reçu le paiement.

En effet :

1. Dans la loi 25, § 1, h.t., Vénuléius dit que l'action paulienne n'est pas plus donnée contre le mari qui a reçu de bonne foi une dot constituée par son beau-père *in fraudem creditorem*, que contre un créancier qui a reçu de bonne foi ce qui lui était dû par un débiteur *fraudator*, qui par ce paiement cherchait à nuire à ses autres créanciers. Il faut, dit-on dans ce système, assimiler le créancier au mari ; or, le mari qui aurait reçu la dot de mauvaise foi serait tenu de l'action paulienne, le créancier doit aussi en être tenu s'il est de mauvaise foi. Mais nous répondons à cet argument que, de ce fait, que le mari de bonne foi n'est pas plus tenu de l'action paulienne qu'un créancier de bonne foi, il ne faut pas conclure que le créancier de mauvaise foi en serait tenu comme un mari de mauvaise foi. D'ailleurs, on ne peut pas admettre la possibilité de la mauvaise foi chez le créancier ; on l'a cependant essayé en s'appuyant sur la loi 96 *de solutionibus*, qui prévoit l'hypothèse suivante : Le débiteur d'un pupille paie le créancier du tuteur sur la délégation de celui-ci, le pupille pourra attaquer ce paiement par l'action paulienne s'il y a eu fraude de la part du tuteur ; or, disent les adversaires, il y a bien dans cette hypothèse un paiement fait à un créancier de mauvaise foi. Mais dans l'hypothèse de cette loi, le débiteur paie son créancier avec des deniers qui ne lui appartiennent pas, la mauvaise foi consiste alors en ce que le créancier sait que les deniers qu'il reçoit n'appartiennent pas à son débiteur, tandis que la mauvaise foi exigée pour l'exercice de l'action paulienne consiste pour ce créancier à savoir que par ce

5

paiement le débiteur porte préjudice à ses autres créanciers.

2. On argumente en outre des termes généraux de l'édit qui s'appliquent à tous les actes du débiteur, pourvu qu'il y ait eu fraude de la part de celui-ci et complicité du tiers. Nous répondons que ce créancier qui reçoit son paiement au détriment des autres ne peut pas être de mauvaise foi, car il a reçu ce qui lui était dû, il a été diligent en se faisant payer, la diligence n'est pas de la mauvaise foi, et les autres créanciers n'avaient qu'à faire comme lui. Il manque donc une condition à l'exercice de l'action paulienne, la complicité du tiers créancier.

DEUXIÈME SYSTÈME. — Le paiement fait *per gratificationem* par un débiteur à son créancier est soumis à l'action paulienne comme une libéralité, sans qu'il y ait à s'inquiéter de la bonne ou de la mauvaise foi du créancier. Le paiement est au contraire toujours maintenu s'il n'a pas été fait *per gratificationem*, pour favoriser un créancier. Ce système est le plus généralement adopté par les interprètes allemands, qui lui ont donné le nom de *Gratificationa-théorie*.

Ce système s'appuie sur la loi 6 §§ 1 et 2 *de rebus auctoritate judicis*, 42-5, et sur la loi 24 à notre titre; ces deux textes prévoient la même hypothèse : un pupille héritier sien de son père use du bénéfice d'abstention après avoir payé un des créanciers héréditaires ; les biens composant la succession sont vendus et Scœvola se demande si ce paiement doit toujours être révoqué « ne melioris conditionis sit, quam cæteri creditores, » et il répond qu'il faut distinguer et ne permettre la révocation de ce paiement que s'il a été fait *per gratificationem*, et non s'il est le résultat de la poursuite du créancier payé, « quoniam alii creditores suæ negligentiæ expensum ferre debeant. »

Mais Scœvola et Julien, dans ces deux textes, prévoient une hypothèse qui n'est pas la nôtre. Dans ces deux lois, il s'agit de savoir si l'on doit maintenir les actes faits par un pupille héritier sien entre le moment du décès du *de cujus* et le moment où cet héritier sien s'est abstenu. Il est de principe en cette matière que tous les actes faits par l'héritier dans cette période doivent être annulés, à moins que la bonne foi de l'héritier ne soit constante (l. 44 *de ad quir, vel omit. hered.*). Or, comme un paiement fait *per gratificationem* par le pupille n'a certainement pas été fait de bonne foi, il doit nécessairement être révoqué; les textes précités de Julien et de Scœvola ne sont qu'une application de cette loi 44. On ne s'inquiète donc pas, dans ces deux lois, de la fraude telle qu'elle est exigée pour l'exercice de l'action paulienne, on se contente de ce fait que le pupille, ou plutôt son tuteur, en payant un des créanciers de préférence aux autres, n'a été guidé que par un sentiment de faveur pour ce créancier, on n'exige pas, comme pour notre action, la complicité du créancier qui a reçu le paiement. Il n'y a donc aucun argument à tirer de ces deux lois et ce système se trouve ainsi réfuté.

TROISIÈME SYSTÈME. — Nous pensons que le paiement fait à un créancier, pour une dette échue, et avant la *missio in passionem*, échappe dans tous les cas à l'action paulienne. En effet, ainsi que nous l'avons déjà remarqué, le créancier qui reçoit son paiement à l'échéance et avant l'envoi en possession ne reçoit que ce qui lui est dû, alors même qu'à ce moment le débiteur soit insolvable et que le créancier le sache, car le créancier « *sibi vigilavit*, » les autres n'avaient qu'à faire comme lui.

On objecte que, s'il n'a pas poursuivi le débiteur, celui-ci lui a fait une faveur en le payant de préférence aux autres ; mais cela n'a aucune importance, on ne peut pas faire un grief à un débiteur d'avoir payé un de ses créanciers afin d'éviter des poursuites. D'ailleurs les textes sont formels en notre sens ; la loi 129 *de regulis juris* dit : « nihil dolo creditor facit qui suum recipit » ; de même Scœvola dans la loi 24 *in fine* à notre titre met ces paroles dans la bouche du créancier désintéressé : « mihi vigilavi, meliorem conditionem mcam feci, jus civile vigilantibus scriptum est, ideoque non revocatur id quod percepi. » De même enfin Ulpien nous dit dans la loi 6 § 6 « apud Labeonem scriptum est eum qui suum recipiat, nullam videri fraudem facere, hoc est eum qui quod sibi debetur receperat, » et dans le § 7 « sciendum Julianum scribere, eoque jure nosuti, ut qui debitam pecuniam recipit, antequam bona debitoris possideantur, quamvis sciens prudens que solvendo non esset recipiat, non timere hoc edictum, sibi enim vigila-vit. »

B. — Supposons maintenant que le paiement a bien été fait avant la *missio in possessionem*, mais *que la dette n'était pas encore échue* ; ici le créancier qui a reçu le paiement est par trop vigilant et ce paiement ne doit pas être maintenu pour le tout. Mais que devra rendre aux autres créanciers celui qui a reçu ce paiement anticipé ? Il faut distinguer : si l'échéance de la dette devait être antérieure à l'envoi en possession, le créancier désintéressé devra rendre aux autres, sur l'exercice de notre action, l'*inter usurium*, l'intérêt qu'aurait rapporté la somme qu'il a reçu entre le jour où le paiement a été effectué et le jour de l'échéance. Si au contraire l'échéance de la dette ne devait arriver qu'après l'envoi en possession, comme le créancier n'aurait pu recevoir à l'échéance qu'un dividende, il devra restituer aux autres créanciers tout ce qui excède ce dividende.

Deuxième hypothèse. — *Le paiement est postérieur à la missio in possessionem.*

Ulpien annule ce paiement, tandis qu'il valide le paiement fait avant l'envoi en possession : « qui vero post bona possessa debitum suum recepit, hunc in portionem vocandum exæquandumque cæteris creditoribus : neque enim debuit præcipere cæteris post bona possessa, cum jam per conditio omnium creditorum facta esset. » (l. 6, § 7, h. t.) En effet, comme le dit Ulpien, à partir de l'envoi en possession, la situation de tous les créanciers doit être la même, ils doivent tous venir au marc le franc sur le prix des biens de leur débiteur, et si l'un d'eux reçoit de ce débiteur le paiement intégral de sa créance, ce paiement doit être réduit au dividende auquel son droit se trouve limité par le concours de ses créanciers. En outre, les créanciers acquierrent par l'envoi en possession un droit de gage général, le *pignus prætorium,* sur tous les biens de leur débiteur et si l'un d'eux reçoit un paiement supérieur à son dividende, ce paiement doit être réduit parce qu'il porte atteinte au *pignus prætorium* des autres créanciers.

Il ne faut pas là assimiler *datio in solutum* au paiement en espèces, il faut y voir une véritable aliénation à titre onéreux et le traiter comme telle.

6. *Constitution de gage.* Le débiteur peut encore favoriser un de ses créanciers au détriment des autres en lui constituant un gage ; cette constitution de gage pourra être annulée par l'action paulienne si elle a été faite par le débiteur *in fraudem*

creditorum et à un créancier complice de sa fraude. Ulpien nous dit dans la loi 10 § 13 « si cui solutum quidem non fuerit sed in vetus creditum pignus acceperit, hac actione tenebitur. » Ce texte nous prouve que la constitution frauduleuse de gage n'est révoquée que si elle garantit une dette antérieure. Si au contraire le gage garantit une dette nouvelle, si l'obligation et la constitution de gage sont concomitantes, celle-ci ne pourra être attaquée par l'action paulienne qu'avec l'obligation et seulement au cas où l'obligation est frauduleuse, car ces deux actes ne font qu'une seule opération juridique, qui ne peut pas être divisée : on ne peut pas annuler le gage sans annuler l'obligation, car le créancier n'a consenti au prêt qu'en vue de la garantie du gage. Il faut appliquer à la constitution d'hypothèque ce que nous venons de dire de la constitution de gage.

§ 2.

INACTIONS DU DÉBITEUR.

Pour que les inactions du débiteur puissent donner lieu à l'action paulienne, il faut qu'elles entraînent pour lui la perte d'un droit, qu'elles diminuent son patrimoine. Paul dans la loi 4 h. t. dit formellement que l'action paulienne se donne contre les inactions du débiteur : « in fraudem facere videri etiam eum qui non facit quod facere debet, intelligendum est ».

Ulpien dans la loi 3 § 1 applique ce principe à plusieurs hypothèses : « Gesta fraudationes causâ accipere debemus, non solum ea quæ contrahens gesserit aliquis, verum etiam si forte datâ operâ *ad judicium non adfuit*, vel *litem mori patiatu,* vel *a debitore non petit ut tempore liberetur*, aut *usum fructum vel servitutem amittit.* Etudions rapidement les quatre hypothèses que cite Ulpien.

1. *Ad judicium non adfuit.* Ulpien suppose que, sous le système formulaire, un débiteur ne se présente pas *in judicio*, qu'il se laisse condamner par défaut par le *judex.* Les créanciers, en prouvant que le débiteur avait des moyens suffisants pour ne pas se laisser condamner, et que c'est par sa fraude (*datâ operâ*) qu'il a négligé de les faire valoir, peuvent au moyen de leur chose, faire tomber la sentence et rétablir les choses dans leur état primitif. L'action paulienne joue ici le rôle de la tierce opposition dans la procédure française.

2. *Litem mori patiatur.* Ulpien suppose que le débiteur *fraudator* demandeur dans une instance la laisse périmer, pour frauder ses créanciers, en ne faisant pas prononcer la sentence dans le délai fatal, qui est de dix-huit mois depuis la *litis contestatio* pour les *judicia legitima* et qui pour les *judicia imperio continentia* ne dépasse pas l'expiration des pouvoirs du magistrat qui a délivré la formule. Passé ces délais, le droit déduit *in judicio* était perdu, jusqu'à Justinien du moins; l'action paulienne permettait de le faire revivre.

3. *A debitore non petit ut tempore liberetur.* Le débiteur *fraudator*, pour nuire à ses créanciers, laisse prescrire la créance qu'il a contre un tiers; Ulpien donne l'action paulienne pour faire revivre cette créance. Comment expliquer cette solution, lorsqu'on remarque qu'à l'époque d'Ulpien la prescription extinctive des obligations n'existait pas, puisque la prescription libératoire de trente ans est une création de Théodose II? Il faut, pour expliquer ce texte, supposer qu'Ulpien a eu en vue la perte d'une créance garantie par une action prétorienne annale.

4. *Usumfructum vel servitutem amittit.* Le débiteur *fraudator* laisse perdre un droit d'usufruit ou de servitude par le non usage qui est de deux ans avant Justinien et qui, depuis ce prince, est de dix à vingt ans.

S'il l'a fait pour frauder ses créanciers, l'action paulienne sera donnée pour faire revivre ce droit (l. 4 h. t.). Un autre exemple d'inaction du débiteur entraînant la perte d'un droit se trouve dans la loi 28 *de verborum significatione*, 50, 16, qui suppose le cas où un débiteur *fraudator*, propriétaire d'un bien possédé par un tiers *in causâ usucapiendi*, s'abstient d'interrompre l'usucapion en fraude de ses créanciers ; ceux-ci pourront faire rescinder cette usucapion, qui, d'après Paul, est une véritable aliénation. « Alienationis verbum etiam usucapionem continet : vix est enim ut non videatur alienare qui patitur usucapi. »

SECTION II.

Actes par lesquels le débiteur néglige d'augmenter son patrimoine.

Ces actes ne donnent jamais lieu à l'action paulienne, c'est ce qui est prouvé par la loi 6 pr. h. t., la loi 18 *de verborum significatione* et la loi 134 pr. *de reguli juris* dans laquelle Ulpien nous dit : « Non fraudantur creditores quum quid non adquiritur a debitore, sed quum quid de bonis diminuitur. » Mais à quel signe reconnaître ces actes par lesquels le débiteur ne diminue pas son patrimoine et ne fait que négliger de l'augmenter ? Nous pensons que ces actes sont ceux qui ne lui font perdre que des droits qui ne lui étaient pas définitivement acquis, c'est-à-dire des droits dont l'existence était subordonnée à sa volonté. C'est du moins le *criterium* qui nous paraît résulter des hypothèses prévues par les textes et que nous allons passer en revue.

La loi 6 § 1 h. t. suppose une stipulation faite sous condition potestative de la part du débiteur *fraudator* stipulant qui fait défaillir cette condition en fraude de ses créanciers ; Ulpien leur refuse l'action paulienne.

La loi 6 § 2 prévoit l'hypothèse ou le *fraudator* héritier externe répudie une succession à laquelle il est appelé ; ses créanciers n'auront pas l'action paulienne contre cette répudiation, car il a simplement négliger d'acquérir. En Droit français au contraire, l'article 788 du Code civil permet aux créanciers d'attaquer la renonciation frauduleuse de leur débiteur, car en France l'héritier saisi a un droit actuel à la succession, et s'il renonce il diminue son patrimoine. Si l'action paulienne n'est pas donnée à Rome contre une renonciation frauduleuse, ce n'est pas, comme on le dit souvent, parce que l'héritier externe n'acquiert l'hérédité que par l'adition et qu'en répudiant il n'aliène rien, car à Rome le légataire *per vindicationem* a comme l'héritier français un droit né et actuel à son legs du jour où l'effet du testament est assuré (telle était du moins l'opinion des sabiniens, et c'est elle qui a prévalu), et cependant la répudiation du legs *per vindicationem* ne pouvait pas être révoquée par l'action paulienne (l. 6, § 4 h. t.). Le motif de cette solution romaine est que les jurisconsultes romains ne comprenaient dans le patrimoine que les droits définitifs et indépendants de la volonté du titulaire.

Nous trouvons dans la loi 20 h. t. l'hypothèse suivante :
Un débiteur héritier fiduciaire restitue toute l'hérédité en vertu
du senatus-consulte Trébellien, au lieu de retenir le quart des
biens en vertu du senatus-consulte Pégasien ; les créanciers
n'ont pas l'action paulienne pour reprendre cette quarte, car le
droit à la quarte dépendait de la volonté du fiduciaire, qui a pu
ne pas la retenir sans cependant diminuer son patrimoine :
« Placet non videri in fraudem creditorum alienasse portionem
quam retinere potuisset, sed magis fideliter facere. » Le débiteur
n'a pas diminué son patrimoine, il a voulu exécuter aussi fidè-
lement que possible les volontés du testateur en restituant toute
l'hérédité.

Deux autres hypothèses sont encore citées par la loi 67, § 1
et 2 *ad senatus consulte Trebellianum* 36, 1. Le § 1 nous montre un héritier externe grevé de fidéicommis qui pour frauder
ses créanciers refuse de faire adition, alors le fidéicommissaire
l'oblige en vertu du senatus-consulte Pégasien à faire adition
pour son compte à lui fidéicommissaire et à lui restituer toute
l'hérédité, tandis que si l'héritier fiduciaire avait fait adition de
son plein gré, il aurait pu retenir le quart de l'hérédité. Valens
refuse aux créanciers l'interdit fraudatoire, car le fiduciaire pouvait répudier l'hérédité tout entière, il a donc pu sans diminuer
son patrimoine ne l'accepter que sur la réquisition du fidéicommissaire.

La solution que nous venons de constater pour la répudiation
paraît avoir été aussi appliquée par les jurisconsultes romains à
l'abstention de l'héritier sien, quoique dans cette dernière
hypothèse la succession appartînt réellement au *filius familias*
jusqu'au moment où il avait usé du *jus abstinendi*, cette solution
vient de ce que les jurisconsultes romains assimilaient générale-

ment l'abstention à la répudiation, cela résulte de la loi 67, § 2
ad. S. C. Trebel. 36, 1 dans laquelle Valens repousse l'application de l'interdit fraudatoire « *vix fraudatorio inter-
dicto locus erit*, » dans l'hypothèse où un fils de famille héritier
sien, chargé de restituer l'hérédité paternelle, ne fait adition que
jussu prætoris et se prive ainsi de la quarte.

La même solution s'applique encore à l'héritier qui pour
frauder ses créanciers ne retient pas la quarte falcidie.

Pour faire tomber les legs et les donations à cause de mort
faits par leur débiteur en fraude de leurs droits, les créanciers
n'avaient pas besoin de l'action paulienne, ces libéralités étaient
nulles de plein droit en vertu de la règle : *non sunt bona nisi
deducto ære alieno* (l. 1, § 1 *si quid in fraudem patroni*, 38,
5). Néanmoins les créanciers pouvaient employer l'action
paulienne *utilitatis causà* pour répéter les legs qui auraient été
induement payés (l. 6, § 13, *quo in fraudem*, 48, 8).

Ainsi pour que les créanciers puissent exercer l'action paulienne, il faut que le débiteur ait diminué son patrimoine et n'ait
pas seulement négligé de l'augmenter. Cependant il y avait un
créancier privilégié *le fisc*, qui d'après Paul pouvait attaquer les
actes par lesquels son débiteur avait négligé d'augmenter son
patrimoine (l. 45, *dejure fisci*). Cependant la loi 26 *de jure fisci*
semble contredire cette règle. Ulpien suppose qu'un père accusé
d'un crime capital émancipe son fils auquel une succession est
déférée, afin que son fils puisse profiter de cette institution, qui
échappera ainsi à la confiscation prononcée contre le père, et
Ulpien décide que le fisc ne pourra pas attaquer cette émancipation. Cujas essaye de concilier ces deux textes en disant que la
loi 26 fait exception à la loi 45, en ce que dans cette hypothèse
le père a moins eu pour but de frauder le fisc que d'enrichir son

fils, qui d'ailleurs aurait pu ne pas faire adition et empêcher ainsi le fisc de recueillir cette succession, mais tel n'est pas le motif qu'Ulpien donne de sa solution, il s'appuie simplement sur ce qu'il n'y a pas eu aliénation. Nous pensons que d'après la loi 45, qui pose la règle générale, les débiteurs du fisc ne peuvent pas en fraude de ses droits négliger d'acquérir, et que si le fisc ne peut pas attaquer l'émancipation prévue par la loi 26, c'est que dans cette hypothèse le fisc *non certat de damno vitando sed de lucro captando.*

CHAPITRE VI.

Effets de l'action paulienne.

———

Nous avons vu en étudiant les caractères de l'action paulienne qu'elle était arbitraire ; aussi par son *jussus* le juge permet au défendeur d'échapper à la condamnation en fournissant la satisfaction fixée dans son *arbitrium*; le juge lui ordonne, s'il veut être absous, de rétablir les choses dans l'état où elles seraient si l'acte frauduleux n'avait pas eu lieu. C'est ce que dit Ulpien dans la loi 10, § 22, 42, 8 « Præterea generaliter sciendum est, ex hac actione restitutionem fieri oportere in pristinum statum sive res fuerunt, sive obligationes, » et dans la loi 14p. t. à notre titre « hac in factum actione non solum dominia revocantur, verum etiam actiones restaurantur. » Ainsi d'après ces textes l'action paulienne amènera la révocation de tous les actes frauduleux du débiteur, les translations de propriété comme les obligations ou les acceptilations.

Si le *fraudator* a contracté une obligation frauduleuse envers un nouveau créancier, celui-ci sur l'exercice de l'action paulienne devra lui en faire remise, et s'il refuse, le préteur, au lieu de paralyser simplement son action par une exception ne lui délivrera pas la formule d'action, tout comme s'il s'agisait d'une nullité de droit civil. Nous allons étudier les effets de l'action paulienne dans les actes les plus importants que puisse faire un débiteur en fraude de ses créanciers : les aliénations et les remises de dette.

§ 1.

ALIÉNATIONS.

Ulpien dans la loi 10, § 19, nous indique ce que doit comprendre la restitution en cas d'aliénation consentie frauduleusement par le débiteur : « per hanc actionem res restitui debet eum suà causà. » Le tiers acquéreur devra donc restituer *rem cum suà causà*. Il devra restituer d'abord la chose et pour cela employer un des modes de transférer la propriété, car le jugement qui donne gain de cause aux créanciers ne résout pas de plein droit la propriété du tiers acquéreur, il faut employer un *modus adquirendi*. Il devra restituer *rem cum suà causà*, c'est-à-dire la chose avec tous ses accessoires comme l'alluvion et tous ses produits, même ceux qui ne sont pas des fruits comme le *partus ancillæ*, car notre action a pour but de rétablir les choses dans l'état où elles seraient en faisant abstraction de l'acte frauduleux.

La restitution des fruits en matière d'action paulienne présente des règles spéciales, il convient, avant de les exposer, de rappeler brièvement les règles de la restitution des fruits sur l'action en revendication à l'époque classique. Le possesseur de mauvaise foi restitue sur l'action en revendication tous les fruits qu'il a perçu et même ceux qu'il a négligé de percevoir depuis le jour où a commencé sa possession (1.27 § 3, *de rei vind.*; 1.25, § 2, 4, *de hered. pet.*) Le possesseur de bonne foi restitue tous les fruits qu'il a perçus et même ceux qu'il a négligé de percevoir depuis la *litis contestatio* ; il garde définitivement tous les fruits perçus avant la *litis contestatio*, qu'il les ait consommés ou non, car d'après l'opinion généralement reçue ce n'est que postérieurement à l'époque classique que la distinction entre les *fructus extantes* et *fructus consumpti* a été introduite dans le droit romain par des constitutions impériales.

Nous allons rechercher maintenant si ces règles du Droit commun s'appliquent à l'action paulienne ; pour cela nous distinguerons : 1° les fruits pendants par branches et par racines au jour de l'aliénation ; 2° les autres fruits perçus avant la *litis contestatio* ; 3° les fruits produits depuis la *litis contestatio*.

1. Les fruits qui *alienationis tempore terræ cohærebant* ont été aliénés par le débiteur *fraudator* avec le fonds lui-même, ils devront donc être restitués avec lui, *quia in bonis fraudatoris fuerunt*, car à ce jour ils ne faisaient tous avec le fonds qu'une seule et même chose (l. 25, § 4 h. t.).

Faut-il distinguer entre le cas où ces fruits étaient mûrs au moment de l'aliénation et pouvaient par conséquent être perçus régulièrement, et celui où ils ne l'étaient pas encore ? Nous ne le pensons pas, car lorsque le fonds a été aliéné, les fruits de quelque nature qu'ils fussent, et quel que fût leur état, ne faisaient avec lui qu'un seul et même tout « nam quum fundus alienaretur, quod ad eum fructusque ejus attineret, unam quandam rem fuisse, id est fundum, cujus omnis generis alienationem fructus sequi. » (L. 25, § 6 D. 42. 8.)

2. Les fruits non pendants par branches et par racines au jour de l'aliénation et qui ont été perçus avant la *litis contestatio* ne doivent certainement pas être restitués par le possesseur de bonne foi pas plus que sur l'action en revendication, la loi 25 § 4 est formelle, seulement cette loi est conçue

en termes généraux, elle ne distingue pas entre le possesseur de bonne foi et le possesseur de mauvaise foi : « medio autem tempore perceptos in restitutionem non venire. » Aussi une vive controverse s'est-elle élevée entre les interprètes pour savoir si le possesseur de mauvaise foi est tenu de restituer ces fruits.

PREMIER SYSTÈME. — Voët (*Commentarius apud pandectas*, tome 4, page 217, *quæ in fraud. cred.*, n° 11), soutient que le défendeur de mauvaise foi doit restituer tous les fruits produits par la chose entre l'aliénation et la *litis contestatio* et qui n'étaient pas pendants par branches et par racines au jour de l'aliénation. En effet : 1° c'est la règle admise pour l'action en revendication et on doit appliquer cette règle à toutes les actions qui tendent à la restitution d'une chose frugifère. 2° Deux textes prescrivent la restitution de tous les fruits, ils ne peuvent, en présence de la loi 25, § 4, s'appliquer qu'au possesseur de mauvaise foi. Ces textes sont la loi 10, § 20, h. t. d'Ulpien « et fructus non tantum qui percepti sunt, verum etiam hi qui percepi potuerunt fraudatore veniunt, » et la loi 38, § 4, *de usuris* : « in favianâ quoque actione et paulianâ, per quam quæ in fraudem creditorum alienata sunt restituantur, fructus quoque restituuntur, non prœtor id agit, ut perinde omnia sint atque si nihil esset alienatum. »

DEUXIÈME SYSTÈME. — Nous pensons, au contraire, avec Cujas et Pothier (Cujas, *Opera*, tome 8, p. 699 : *comm. ad. leg.*, 78, *de regulis juris*. Pothier, *Pandectas : quæ in fraud. credit.*, n° 30, 31), que le tiers acquéreur, même de mauvaise foi, n'a pas à restituer sur l'action paulienne les fruits non adhérents au sol lors de l'aliénation et produits avant la *litis contestatio.*

En effet : 1° Il ne faut pas appliquer à l'action paulienne la distinction entre le possesseur de bonne foi et le possesseur de mauvaise foi admise en matière de revendication, car cette distinction n'est admise qu'en matière d'actions *in rem,* or, nous ne nous occupons ici que de l'action paulienne du Digeste, qui est une action personnelle.

2. La loi 25 § 4 h. t. est aussi générale que possible, elle ne fait aucune distinction entre le possesseur de bonne foi et le possesseur de mauvaise foi, elle dit que les fruits perçus *medio tempore* ne sont jamais restitués, et elle nous en donne le motif, c'est que ces fruits n'ont pas été aliénés avec le fond lui-même, car ils n'étaient pas adhérents au sol au jour de l'aliénation ; le débiteur ne les aura donc réellement pas fait sortir de son patrimoine, il n'a fait que manquer des les acquérir, et la loi 134 *de régulis juris* nous apprend que l'action paulienne ne s'applique pas « quum quid non adquiritur à debitore, sed quum. quid de bonis diminuitur. »

Les textes sur lesquels Voët prétend appuyer la distinction qu'il propose ne prévoient pas formellement l'hypothèse sur laquelle nous discutons, ils peuvent tout aussi bien s'appliquer aux fruits adhérents au sol au jour de l'aliénation ou aux fruits produits après la *litis contestatio.*

3. Les fruits produits par la chose frauduleusement aliénée, depuis la *litis contestatio* devront toujours être restitués par le possesseur de bonne foi et le possesseur de mauvaise foi, alors même qu'ils auraient négligé de les percevoir, car les créanciers ne doivent pas souffrir des lenteurs de la justice.

La part de l'esclave, qui n'est pas considéré comme un fruit, doit être restitué ou non suivant les mêmes distinctions que les

6

fruits : il doit être restitué si l'esclave était enceinte lors de l'aliénation, car il a été vendu avec elle, mais il ne doit pas être
restitué si la conception et l'accouchement ont eu lieu entre
l'aliénation et la *litis contestatio* : Nous en trouvons la preuve
dans la loi 25 § 5 de Venuleius : « Proculus aït, si mulier post
alienationen conceperit, et antequam ageretur pepererit, nullam
esse dubitationem quin fructus restitui non debeat ; si vero quum
alienaretur prægnans fuit, posse dici quoque restitui oportere. »

Le défendeur doit donc restituer une portion des fruits, mais
comme l'action paulienne ne doit pas excéder les bornes de
l'équité, le préteur ajoute à la formule l'exception de dol, qui
permet au juge de tenir compte au défendeur des dépenses
qu'il a faites sur la chose. Il ne restituera la chose avec ses fruits
que sous la déduction de ses impenses nécessaires et de celles
qu'il a faites avec l'assentiment des créanciers « non prius co-
gendus est, rem restituere quam si impensas necessarias censequa-
tur, idem que erit dicendum, et si alios sumptus ex voluntate
fidejussorum (1) creditorumque fecit ». (l. 10 § 20 h. t.) Le
possesseur de bonne foi pourra en outre se faire rembourser ses
impenses utiles dans la limite de la plus-value qu'elles ont
données au fonds ; si la loi 10 § 20 n'en parle pas, c'est qu'elle
ne s'occupe que des possesseurs de mauvaise foi.

Que doit-on décider dans le cas d'une aliénation à titre onéreux ? Le tiers acquéreur obligé de rendre la chose peut-il se
faire restituer ce qu'il a donné en échange ? Ce tiers est peu sym-
pathique, car il a été complice de la fraude ; aussi Paul décide-t-il,

(1) On ne voit pas à quelle hypothèse peut se rapporter ce mot *fidejussorum*.

conformément à l'avis de Proculus, qu'il n'a pas droit à la restitution du prix qu'il a payé (l. 7, D. 42, 8). Vénuléius décide, dans la loi 8 à notre titre, que l'acheteur pourrait cependant se faire rendre son prix, si les écus qu'il a payés existent encore en nature dans le patrimoine du *fraudator* « posse tamen dici eam rem apud arbitrium, ex causa animadvertendam, ut si nummi soluti in bonis exstent jubeat eos reddi. »

Cette décision est rigoureuse, elle s'applique facilement au cas où l'aliénation à titre onéreux est un échange, mais au cas de vente, elle nous paraît inique. Il aurait été plus juste et plus naturel d'obliger à rendre à l'acheteur tout ce dont le prix payé a augmenté le patrimoine du débiteur et d'étendre à cette hypothèse la théorie admise pour le cas où un mineur se fait restituer *in integrum ob ætatem* contre une vente par lui faite (l. 32, § 4, *de adm. et peric. tut.*).

Lorsque le tiers acquéreur se trouve dans l'impossibilité de restituer la chose frauduleusement aliénée, la loi 14, h. t. décide qu'il devra rendre la valeur de cette chose ou céder ses actions, et cette loi fait elle-même deux applications de la règle qu'elle vient de poser :

1. Le débiteur *fraudator* vend une chose à Secundus, mandataire de bonne foi de Primus qui est de mauvaise foi; celui-ci ne peut pas restituer la chose dont son mandataire ne lui a pas encore transféré la propriété, le *judex* lui ordonne alors de céder aux créanciers son action *mandati* par laquelle ils obtiendront de Secundus la translation de la propriété de la chose.

2. Lorsqu'un débiteur a fait à sa fille une constitution de dot frauduleuse, celle-ci devra céder aux créanciers l'action en restitution de dot qu'elle aura contre son mari à la dissolution du mariage : « Ergo et si fraudator pro filia sua dotem dedisset

scienti fraudari creditores : filia tenetur ut cedat actione de dote adversus maritum. »

§ 2.

LIBÉRATIONS.

Si le débiteur *fraudator* a libéré ses propres débiteurs en fraude de ses créanciers, les débiteurs libérés se verront contraints sur l'exercice de l'action paulienne de se remettre dans les liens de l'obligation, car les choses doivent être rétablies dans l'état où elles étaient avant l'acte frauduleux ; c'est ce que décide Julien dans la loi 17 pr. : « Omnes debitores qui in fraudem creditorum liberantur, per hanc actionem revocantur in pristinam obligationem. » Le débiteur y sera contraint par le *jussus judicis*, s'il veut éviter la condamnation.

L'obligation renaîtra telle qu'elle était auparavant, affectée des mêmes modalités : « Si conditionalis fuit obligatio cum sua conditione : si in diem cum suo die restauranda est. » (l. 10, § 23). Ulpien suppose dans la suite de ce texte que l'obligation dont le *fraudator* a libéré son propre débiteur était munie d'une action temporaire (obligations prétoriennes, obligations du *sponsor* ou du *fidepromissor*), dans ce cas, l'action paulienne ne peut être exercée que pendant un temps égal à celui qui restait à courir pour la prescription de l'action qui sanctionnait cette obligation, car après l'exercice de l'action paulienne, les créanciers ne doivent pas se trouver dans une situation meilleure qu'avant l'acte frauduleux. Donc si, par exemple, au moment de l'acceptilation frauduleuse, il ne restait plus que deux mois à courir pour la prescription de l'action contre le débiteur, les créanciers ne pourront exercer l'action paulienne que dans le délai de deux mois et non dans le délai d'un an depuis la *venditio bonorum*.

Le débiteur frauduleusement libéré doit restituer les intérêts, qui auraient couru depuis le jour de la libération frauduleuse, et qui, sans cet acte, auraient augmenté le patrimoine du débiteur *fraudator*. Il n'en est ainsi que lorsque l'obligation éteinte portait intérêt, soit par une stipulation formelle soit à cause de son caractère de bonne foi et de la mise en demeure intervenue (l. 10, § 22).

Cette solution, quant aux intérêts *medii temporis*, n'est pas conforme à celle de la loi 25, § 4 sur les fruits produits *medio tempore*, qui ne sont pas restitués par le tiers acquéreur, tandis que les intérêts *medii temporis* sont toujours restitués.

La raison de cette différence est que les fruits n'existaient pas lors de l'aliénation, tandis que le droit aux intérêts existait déjà juridiquement lors de l'acte frauduleux, c'est ce que dit Pothier (Pandect, quæ in fraudem, n° 35 note 9) « Ratio disparitatis est, quod fructus medii temporis nullatenus existebant cum fundus alienatus est; adeoque ipsi non possunt videri in fraudem alienari. Verum, cum nomen alienatum est, existebat jus quo non solum sors, sed et usuræ in diem solutionis debebantur ; et tam sortis quam usurarum obligatio alienata est. »

Nous avons vu dans le chapitre troisième que l'action paulienne ne profite pas au débiteur *fraudator*, mais seulement à ses créanciers, il en résulte que les effets de cette action doivent être restreints dans la mesure de l'intérêt de ces créanciers. Ainsi le débiteur a donné 100 à un tiers et les créanciers n'ont besoin que de 75 pour être complètement désintéressés, la donation ne sera pas nulle pour le tout, le débiteur ne reprendra pas les 25 sur lesquels les créanciers n'ont aucun droit, ces 25 resteront au donataire, la donation ne sera révoquée que pour 75.

L'action paulienne opère révocation des actes frauduleux au profit de la masse, c'est-à-dire au profit de l'ensemble des créanciers, il n'y a donc aucune cause de préférence pour le premier créancier poursuivant comme cela existe dans l'action *de peculio*. Alors si la condamnation fait obtenir aux créanciers une somme d'argent, ils se la partagent au marc le franc : si au contraire les biens sont restitués en nature, ils doivent être vendus suivant les formes ordinaires afin que le prix en soit distribué aux créanciers.

APPENDICE.

Mesures de protection autres que l'action paulienne prises en faveur des créanciers.

---

§ 1.

INTERDIT FRAUDATOIRE.

L'interdit fraudatoire est, croyons-nous, le plus ancien des moyens de recours accordés aux créanciers contre les actes frauduleux de leur débiteur. Comme l'action paulienne, il est l'œuvre de la législation prétorienne. Ulpien nous a conservé le texte de l'édit du préteur qui a créé l'interdit fraudatoire : « Aït prætor : quæ Lucius Titius fraudandi causa sciente te in bonis, quibus de ea re agitur fecit : ea illis si scientia non sit, actionem in factum permittam. » (l. 10 pr. h. t.)

Nous sommes bien ici en présence d'un interdit, car l'interdit est un décret rendu sur la demande d'une partie par le préteur pour ordonner ou défendre quelque chose à l'autre partie ; nous trouvons dans ce texte l'ordre du préteur au tiers détenteur de restituer ce qu'il a acquis au débiteur *fraudator*. Cet ordre est renfermé dans le mot : *restituas* : La violation de l'ordre donné par le préteur entraîne la naissance de cette action *in factum* dont parle la fin de notre texte. D'ailleurs, d'autres fragments du Digeste mentionnent l'interdit fraudatoire et confirment son existence ; ce sont : la loi 67 pr. et § 1 *ad S. C. Trebellianum*, la loi 96 *de solutionibus* du Digeste et la loi 1 *de in integrum restitutionibus* au Code Théodosien.

Les textes du Digeste parlent donc à la fois de l'interdit fraudatoire et de l'action paulienne; comment expliquer la coexistence de ces deux modes de recours?

PREMIER SYSTÈME. — Certains auteurs pensent que l'interdit et l'action n'ont pas le même but, l'interdit n'a pour objet que la possession, tandis que le juge de l'action aura à trancher une question de propriété. L'interdit fraudatoire a donc sur l'action paulienne cet avantage énorme qu'il fera obtenir aux créanciers demandeurs la possession des choses frauduleusement aliénées, à la seule condition de prouver que ces objets avaient été possédés par le *fraudator*; au contraire, en intentant l'action paulienne, les créanciers devraient, pour triompher, prouver que le *fraudator* avait eu la propriété des objets aliénés.

Ce système a été enseigné par Cujas (*Opera*, t. IV, page 1319; *in lib* XI, resp. Papin.) qui l'énonce ainsi : « Actio pauliana vindicatio est rei.. ; interdictum autem fraudatorium revocat possessionem. » Il appuie cette solution sur un argument dont on trouverait facilement la réfutation dans plusieurs passages de ses œuvres : En principe, dit-il, les interdits n'ont trait qu'à la possession. Quand les créanciers voudront faire révoquer les actes frauduleux de leur débiteur, ils commenceront par se faire mettre, au moyen de l'interdit, en possession des objets frauduleusement aliénés, la question de propriété ne sera tranchée que plus tard sur l'exercice de l'action paulienne : « Interdicta omnia sunt de possessione non de proprietate, dit Cujas, ergo interdictum fraudatorium est de possessione. » Pothier soutient la même théorie. (Pandect, liv, 42, tit. 13, art. 4.)

Nous repoussons ce système avec M. Machelard (*Interdits*, p. 55). En effet : 1. lorsque les créanciers ont démontré que leur débiteur a fait une aliénation frauduleuse, il n'y a aucune raison de distinguer s'il avait la propriété de l'objet aliéné ou s'il n'en avait que la possession. Ils ne doivent pas être obligés de rechercher quelles sont les choses qui appartenaient réellement au débiteur et celles dont il n'avait que la possession, afin d'agir en révocation de ces aliénations tantôt par l'action paulienne, tantôt par l'interdit fraudatoire. L'action paulienne qui fait rescinder les aliénations émanées du vrai propriétaire ne doit pas être impuissante contre l'acte émané d'un simple possesseur, et lorsque les créanciers intentent l'action paulienne, le tiers acquéreur *conscius fraudis* ne doit pas pouvoir repousser leur action en disant que parce qu'il a traité avec un *non dominus*, sa complicité ne peut être démontrée que sur l'exercice d'un interdit et non sur l'exercice de l'action paulienne.

2. Il n'est pas vrai, comme l'affirme Cujas, que tous les interdits n'aient trait qu'à la possession, il y en a, au contraire, qui soulèvent une question de propriété, qui touchent au fond même du droit ; nous en trouvons la preuve dans la loi 2 § 2 *de interdictis* (43, 1) « quædam interdicta rei persecutionem continent, veluti de itinere actuque privato ; nam proprietatis causam continet hoc interdictum. Sed et illa interdicta quæ de locis sacris et de religiosis proponuntur veluti proprietatis causam continent. Item illa de liberis exhibendis quæ juris tuendi causà diximus competere, ut non sit mirum si quæ interdicta ad rem familiarem pertinent, proprietatis non possessionis causam habeant. »

L'interdit fraudatoire est certainement un de ces interdits qui soulèvent une question, et ce qui le prouve d'une façon péremp-

toire, c'est qu'il peut s'exercer relativement à des choses qui
ne sont pas susceptibles de possession ; c'est ce qui nous est
démontré par la loi 96 pr. *de solutionibus* , dont voici
l'espèce que nous connaissons déjà : le débiteur d'un pupille a
payé à un créancier du tuteur la somme qu'il devait au pupille,
et cela sur la délégation du tuteur, il ne sera pas libéré s'il a agi
frauduleusement de concert avec le tuteur, et dans ce cas l'interdit fraudatoire lui sera applicable, et cependant il n'y a ici
aucune question de possession, puisqu'il s'agit d'une obligation,
chose insusceptible de possession comme toutes les choses in-
corporelles en Droit romain ; donc, l'interdit fraudatoire peut,
comme l'action paulienne, toucher au fond du droit, à une
question de propriété et avoir en vue un résultat définitif.

Enfin, aucun texte n'exige que les créanciers qui intentent
l'action paulienne fassent la preuve de la propriété du débiteur,
ce qui rend impossible toute différence entre l'interdit et l'action
au point de vue de la preuve, différence qui d'ailleurs, suivant
la remarque de M. Naquet (page 79) eût donné à l'interdit un tel
avantage qu'il eût absorbé l'action au lieu d'être absorbé par
elle.

DEUXIÈME SYSTÈME. — Nous pensons que l'interdit et l'action
ont le même but ; seulement l'interdit a dû précéder l'action,
et il a été abandonné lorsque les règles de l'action paulienne
ont été complétement déterminées. Ce procédé est d'ailleurs
familier au préteur et conforme à la marche ordinaire de la
procédure romaine. Le préteur commençait par trancher la
difficulté qui lui était soumise, il la réglait entre les parties,
inter duas dicebat (de-là vient le mot *interdit*) ; il ordonnait dans
chaque affaire particulière que les droits des créanciers ne fussent

point lésés ; puis, si la même difficulté se renouvelait, il pro-
mettait dans son édit un interdit aux créanciers, et plus tard
enfin il leur donnait une action ; telle est la marche que le
prêteur a vraisemblablement voulu suivre dans la création de
l'interdit fraudatoire et de l'action paulienne.

Mais pourquoi l'interdit a-t il continué d'exister dans la législation romaine à côté de l'action paulienne ? Les interprètes du
droit romain sont divisés sur cette question.

M. Unterholzner *(Schuldrerh.* tome 11, page 141) soutient, par
analogie avec l'interdit *quorum bonorum,* que l'interdit fraudatoire ne pouvait comme lui atteindre que les objets corporels, et
que l'action paulienne peut seule faire révoquer l'aliénation
d'un droit, la remise d'une dette. Nous repoussons ce système,
car on ne peut pas étendre à l'interdit fraudatoire un caractère tout
particulier de l'interdit *quorum bonorum* et qui tient à la nature
primitive de la *bonorum possessio* : en outre la loi 96 *de solut.*
(46.3) applique l'interdit fraudatoire à l'aliénation d'un droit de
créance.

M. Schmidt (*Das Interdtiktenverf,* page 309) pense que l'action
paulienne ne pouvait être intentée que par le *curator distrahendorum bonorum* au nom des créanciers, tandis que l'interdit fraudatoire pouvait être exercé par un créancier isolé (ll. 1 pr. 10 pr,
quæ in fraudem). Mais la loi l. pr. nous prouve que l'action
paulienne pouvait être intentée par un créancier agissant isolé-
ment « curatori bonorum, vel ei cui de eare actionem dare
oportebit » ; en outre, de ce que les textes ne parlent pas de
l'interdit exercé par le *curator* il ne s'en suit pas qu'ils lui en
refusent l'exercice.

Nous pensons que si l'interdit a continué d'exister à côté de
l'action paulienne c'est d'abord et surtont à cause du profond

respect des Romains pour leurs institutions anciennes : quand
une institution avait fait son temps, ils l'abrogeaient rarement ;
ils se contentaient de créer à côté d'elle une institution nouvelle,
qui finissait par absorber l'ancienne dont il ne restait quelquefois
que le nom.

Il y a encore un autre motif à la coexistence de l'interdit et de
l'action, c'est qu'il y avait sans doute entre eux des différences
qu'il est aujourd'hui difficile de préciser. Ainsi, il y avait, au
point de vue de la procédure, les différences qui existent généralement entre les actions et les interdits ; dans la période de
transition entre le système des actions de la loi et le système
formulaire, les actions s'intentaient *per sponsionem*. La *sponsio*,
dit M. Pailhé (page 599) était la copie du *sacramentum*, c'était
une gageure qui intervenait entre les parties *in jure*, la formule
était construite sur cette gageure et le *judex* n'avait plus qu'à
décider quel était la *sponsio justa*. Dans les actions réelles la
sponsio était unilatérale et préjudicielle, elle ne servait qu'à en-
gager l'instance, le perdant n'était pas obligé d'en payer le
montant au vainqueur. Dans l'interdit fraudatoire la *sponsio*
était *pœnalis* si les parties n'avaient pas demandé *in jure* au
préteur la nomination d'un *arbiter ;* elle était *pœnalis*, c'est-à-
dire que le perdant était obligé de payer au gagnant la somme
pariée. L'action paulienne contemporaine de l'introduction du
système formulaire n'a jamais dû s'exercer *per sponsionem*.

Il y avait encore une autre différence entre l'interdit et l'action, qui au point de vue de la restitution des fruits donne à
l'action paulienne une grande supériorité sur l'interdit. Nous
avons admis que d'après la loi 15 § 4 le défendeur même de
mauvaise foi à l'action paulienne ne devait restituer que les
fruits pendants par branches et par racines au moment de l'alié-

nation ; et ceux produits depuis la *litis contestatio* ; au contraire
en matière d'interdits, la loi 3 de *interdictis* décide que le défendeur à l'interdit ne doit restituer que les fruits produits postérieurement à l'émission de l'interdit ; il n'y a à cette règle
qu'une seule exception en faveur de l'interdit *unde vi* (l. 1 § 40
unde vi.)

§ 2

LOI ÆLIA SENTIA.

La loi *Ælia Sentia* date du règne d'Auguste ; Suétone nous
apprend qu'elle fut rendue sous le consulat d'Ælius Cato et de
C. Sentius Saturnius en 757. Ce plébiscite contenait, au dire
d'Heinecius, seize chapitres ; quatre d'entre eux nous sont seuls
parfaitement connus, ils apportaient des restrictions à la liberté
d'affranchir : nous ne nous occuperons que du quatrième chapitre qui a trait aux affranchissements frauduleux ; cette loi
avait surtout un caractère politique et social.

Auguste voulait diminuer le nombre toujours croissant des
affranchissements, car vers la fin de la République les maîtres
affranchissaient leurs esclaves dans l'intérêt de leur passion politique ou pour satisfaire leur vanité personnelle ; ils jetaient
ainsi sur le pavé de Rome des citoyens indignes de ce nom, qui
corrompirent ses mœurs primitives et amenèrent sa décadence.

Jusqu'à la loi Ælia Sentia un débiteur pouvait impunément
se rendre insolvable en affranchissant ses esclaves au préjudice
de ses créanciers, qui n'avaient aucun moyen légal d'attaquer
ces affranchissements, qui à cause de leur irrévocabilité échappaient à l'action paulienne : « libertas semel dota non revo-

catur. » La loi Ælia Sentia, tout en maintenant intact le principe de l'irrévocabilité de l'affranchissement, le tourna en
décidant que l'affranchissement fait *in fraudem creditorum* n'avait
jamais existé ; il n'y avait donc pas lieu de révoquer une liberté
qui n'avait jamais été concédée.

Nous voyons ainsi la différence des moyens dont se servaient
le législateur et le préteur pour atteindre le même but. Pour
prémunir les créanciers contre les actes frauduleux de leur débiteur, le législateur annule directement l'acte frauduleux, il le
déclare inexistant : « Is qui in fraudem creditorum manumettit,
nihil agit, quia lex sentia impedit libertatem » (Inst., l. 1,
tit. 6, pr.) ; le préteur, au contraire, tout en déclarant l'acte
frauduleux valable en lui-même, donne cependant un moyen de
l'annuler ; il ne heurte jamais de front un principe du droit
civil, il le laisse debout et se contente de le paralyser par un
moyen détourné ; c'est de ce procédé qu'est né le célèbre dua-
lisme du droit prétorien et du droit civil, de l'*ipsum jus*.

Ici se présente une question historique importante : la loi
Ælia Sentia a-t-elle précédé ou suivi la création de l'action paulienne ? Nous savons que cette loi a été promulguée sous le règne
d'Auguste, et nous avons constaté, d'autre part, l'existence de
l'action paulienne à l'époque de Cicéron, la loi *Ælia Sentia* est
donc postérieure à l'action paulienne.

Mais tous les auteurs ne sont pas de notre avis, plusieurs interprètes soutiennent que l'action paulienne n'a été que la géné-
ralisation du principe de la loi *Ælia Sentia*. En effet, disent-ils,
si l'action paulienne était antérieure à la loi *Ælia Sentia*, il faudrait dire, contrairement aux enseignements de l'histoire, que le
droit civil était destiné à compléter le droit prétorien, tandis que
la mission du préteur a toujours été de tempérer, de compléter

le vieux droit civil « adjuvendi, vel supplendi, vel corrigendi juris civilis gratia ; » dans cette tâche, le préteur se servait ordinairement d'une institution du droit civil qu'il généralisait, afin de mettre la législation en rapport avec les nécessités sociales et les progrès de la civilisation ; c'est ainsi sans doute que trouvant la loi *Elia Sentia*, qui annulait les affranchissements faits en fraude des créanciers, il la généralisa et permit aux créanciers d'attaquer au moyen de l'action paulienne tous les actes frauduleux de leur débiteur.

Les auteurs, qui soutiennent ce système, invoquent encore un autre argument qu'ils formulent ainsi : Si l'édit qui a créé l'action paulienne et dont les termes généraux *quæ fraudationis causa gesta erunt* s'appliquent à tous les actes frauduleux du débiteur, et parmi eux, aux affranchissements, est antérieur à Auguste, le chef de la loi *Elia Sentia* qui annule les affranchissements frauduleux aurait fait un double emploi avec l'action paulienne, il aurait été inutile.

Mais ce système ne s'appuie sur aucun texte, et nous croyons avoir démontré par des textes les dates respectives de l'action paulienne et de la loi *Elia Sentia* : l'action paulienne est antérieure à l'année 688 de Rome, et la loi *Elia sentia* a été promulguée en 757. Nous répondons aux partisans du système adverse que le préteur n'osa pas déclarer nul un affranchissement valable en droit civil et replonger en servitude un homme qui avait été libre. Seulement plus tard, en face du nombre toujours croissant des esclaves et des affranchis, le législateur dut intervenir pour faire ce que n'avait pas osé faire le préteur : la loi *Ælia Sentia* déclara nuls les affranchissements faits *in fraudem creditorum* et compléta les garanties que le préteur avait données aux créanciers contre les actes frauduleux de leur débiteur.

Nous allons exposer maintenant les règles posées par la loi *Ælia Sentia*.

Nous avons vu qu'on exigeait pour l'exercice de l'action paulienne, la double condition de l'*erentus damni* et du *consilium fraudis* ; la nullité édictée par la loi *Ælia Sentia* ne fut d'abord subordonnée qu'à la seule condition de l'*erentus*, du préjudice constaté par la *renditio bonorum*, c'est ce que prouve la loi 10 *qui et a quibus manumissi* (40, 9), dans laquelle Gaïus nous donne le motif de cette décision : « Si in fraudem creditorum manumittere videtur, qui vel jam eo tempore quo manumittit, solvendo non est, vel datis libertatibus desiturus est solvendo esse ; sæpe enim de facultatibus suis amplius sperant homines quam in his est : quod frequenter accidit his, qui transmarinas negotiationes, et aliis regionibus, quam in quibus ipsi morantur, per servos et libertos exercent, quod sæpe atriti istis negotiationibus longo tempore id ignorant, et manumittendo sine fraudis consilio indulgent servis suis libertatem. »

Mais à la fin de l'époque classique, Ulpien et Papinien exigeaient déjà le *consilium fraudis*, et leur théorie fut consacrée par Justinien qui, après avoir reproduit aux Instituts le texte précité de Gaïus, ajoute : « Itaque tunc intelligimus impediri libertatem, quum utroque modo fraudantur creditores, id est, et consilio manumittentis, et ipsa re eo quod bona ejus non sunt suffectura creditoribus » (Inst., l. 4, tit. 6, § 3) ; et chose curieuse, il donne à sa solution le motif que donnait Gaïus à la solution contraire.

On a cependant essayé de soutenir que Gaïus exigeait aussi le *consilium fraudis*, et pour cela, on s'est fondé sur la loi 57 *de manumissis testamento* (40, 4) ; dans cette loi, Gaïus nous rapporte que Julien annulait l'affranchissement testamentaire ainsi conçu : *Quum æs alienum solutum erit, Stichus liber esto*, et il se demande comment Julien, qui exigeait le *consilium fraudis*, a bien pu annuler cet affranchissement par lequel le testateur n'a certainement pas voulu porter préjudice à ses créanciers; mais il est impossible de conclure de là que Gaius exigeait aussi le *consilium fraudis*.

La nullité ne peut être demandée que par les créanciers antérieurs à l'affranchissement frauduleux, car ceux-là seuls ont été lésés; les créanciers postérieurs ne peuvent la demander que si leurs deniers ont servi à désintéresser les créanciers aux droits et actions desquels ils ont été subrogés.

Elle ne peut pas être invoquée non plus par le *manumissor* ni par ses héritiers. Cependant, on s'est demandé si, en cas d'affranchissement testamentaire, l'héritier du *manumissor* ne pourrait pas invoquer la nullité de la loi *Ælia Sentia*. D'abord, dit M. Accarias (tome 1, page 135, note 3), il faut savoir que les affranchissements testamentaires restent nuls malgré la solvabilité de l'héritier qu'on ne considère pas comme produisant l'effet d'un supplément de fortune survenu à la succession ; on maintient la nullité pour ne pas détourner l'héritier de faire adition. Deux situations peuvent alors se présenter : ou l'héritier est insolvable et les créanciers, après avoir demandé la *bonorum separatio*, invoquent la nullité des affranchissements testamentaires ; ou au contraire l'héritier est solvable, et alors si les créanciers, sûrs d'être payés, ne demandent pas la nullité des affranchissements, l'héritier aura intérêt à la demander et nous le lui permettons, parce qu'il importe aux créanciers qu'il fasse adition, et il pourrait refuser de faire adition, s'il ne lui était pas permis d'invoquer la nullité prescrite par la loi *Ælia Sentia*.

7

Dans quel délai les créanciers doivent-ils invoquer la nullité ? D'après MM. Ortolan et Demangeat, dans leurs ouvrages, Gide et Labbé à leurs cours, le délai est de 10 ans au plus, du jour où l'esclave a vécu *in libertatem* ; ces auteurs se fondent sur la loi 16 § 3 *qui et a quibus...*, qui limite à 10 ans le délai pendant lequel le fisc peut agir contre un affranchissement fait en fraude de ses droits, et ils étendent par *a fortiori* cette décision à tous les créanciers.

M. Accarias (page 136) soutient, avec raison, que la décision de Paul est exceptionnelle et toute de faveur pour l'esclave contre le fisc ; et alors de deux choses l'une, ou les créanciers n'ont pour agir qu'une année utile comme pour l'action paulienne, ou ils ont une action perpétuelle, ce qui est plus probable, car seul parmi tous les actes, l'affranchissement *in fraudem credito-rum* est nul de plein droit, est inexistant, il ne peut donc pas être validé par un laps de temps : *quod initio vitiosum est, tractu temporis convalescere non potest.*

Nous remarquons avec M. Tartari à son cours, que dans la constitution 2 au Code *de prescriptione longi tempori* (7.22), Dioclétien décide que, lorsqu'un esclave a joui de la liberté pendant 20 ans, on ne peut plus lui contester son état d'homme libre, et alors nous determinons ainsi le délai accordé aux créanciers pour demander la nullité d'un affranchissement en vertu de la loi *Ælia Sentia* : avant Dioclétien, les créanciers avaient une action perpétuelle ; depuis ce prince, ils doivent agir dans le délai de 20 ans ; enfin, exceptionnellement, quand le fisc est créancier, le délai est abrégé de moitié, il est réduit à 10 ans par faveur pour l'esclave.

Pendant ces délais et tant que la nullité de l'affranchissement n'est pas invoquée, l'esclave est assimilé aux *statu liberi*, mais il en diffère en ce qu'il est provisoirement *in libertate*, aussi Paul dit-il que l'action des créanciers le fait rentrer en servitude *revocat eum in servitutem* (l. 16 § 3 *qui et a quibus*.

Cependant, une dérogation remarquable a été apportée à ce principe de la loi *Ælia Sentia* (Inst. L. 1, tit. 6 § 1) ; les juris-consultes romains validaient l'affranchissement testamentaire fait par le *decujus* en faveur d'un de ses esclaves qu'il instituait héritier. Cette dérogation a son origine dans la répugnance qu'avait les Romains à mourir *intestats* ; elle a été introduite en faveur du maître et non en faveur de l'esclave. Quand un citoyen romain mourait insolvable, ses héritiers répudiaient sa succession et alors ses créanciers se faisaient envoyer en possession des biens héréditaires et procédaient à la *venditio bonorum* sous le nom du défunt, qui était ainsi frappé d'infamie. Aussi, pour éviter cette infamie posthume, le testateur, connaissant son insolvabi-lité, instituait un esclave, auquel il léguait à la fois la liberté et sa succession, cet esclave était *heres necessarius*, la *venditio bonorum* se faisait en son nom et l'infamie était pour lui le prix de sa liberté.

Le législateur, pour rendre possible à un insolvable l'institu-tion d'un esclave *heres necessarius*, valida son affranchissement testamentaire, mais il limita au strict nécessaire cette dérogation au principe, qu'il venait de poser, il décida : 1° que le maître insolvable ne pourrait instituer et affranchir par testament qu'un seul esclave, et que s'il en instituait plusieurs, le premier nommé seul acquierait la succession et la liberté ; 2° que l'esclave ainsi affranchi ne deviendrait libre et ne serait héritier qu'autant qu'aucune personne libre instituée avec lui ou *à son défaut* ne pourrait ou ne voudrait faire adition. Nous trouvons ici une dérogation aux règles des substitutions, dérogation qui permet au substitué de venir avant l'institué contrairement aux règles générales.

A l'époque classique il fallait, pour l'application de cette dérogation, que le maître eût expressément affranchi son esclave ; sous Justinien, l'institution d'un esclave comme héritier emporte de plein droit son affranchissement (Inst. L. tit. 6 § 2).

A l'origine, les dispositions de la loi *Ælia Sentia* ne s'appliquaient qu'aux citoyens romains, un S. C. d'Adrien étendit aux pérégrins le quatrième chef de cette loi (*Gaïus* 1 § 47).

§ 3.

ACTIONS FAVIENNE ET CALVISIENNE.

Ces actions protégeaient le patron contre les actes faits par son affranchi en fraude de ses droits. Le patron avait des droits sur la succession de son affranchi, il avait même droit à une légitime dont la quotité variait suivant la qualité de l'héritier institué. L'affranchi ingrat pouvait dissiper son patrimoine dans le but de léser les droits de celui dont il tenait la liberté ; aussi lorsqu'il était mort *intestat*, le préteur donnait au patron l'action favienne pour faire révoquer les actes frauduleux de son affranchi, et si celui-ci était mort après avoir disposé par testament de son hérédité au profit d'un autre que son patron, celui-ci obtenait du préteur la *bonorum possessio contrà tabulas* et intentait l'action calvisienne. (G. 1. § 37.)

Il est traité de ces actions au Digeste au titre : *si quid in fraudem patroni* (38. 5). Elles sont toutes les deux personnelles et *in factum* (l. 1 § 2 *si quid*) ; elles se donnent contre l'acte même fait par l'affranchi, sans qu'il y ait à distinguer si le tiers contractant était ou non de bonne foi « dolum accipere nos oportet ejus qui alienavit, non ejus cui alienatum est. » (l. 4 § 4, *si quid*), il suffisait au patron de prouver le dol de l'affranchi.

Lorsque l'aliénation attaquée par les créanciers était un legs ou une donation à cause de mort, elle était révoquée, m l... l bonne foi de l'affranchi (l. 1 pr., §§ 1, 4 et 13; l. 3, §§ 2 et 3 *si quid in fraudem patroni*, 38-5; Const. 2, C. *si in fraudem patroni*, VI, 6).

Après les réformes de la loi Papia Pappea, lorsque cette loi eut distingué pour la dévolution de la succession de l'affranchi le cas où il laissait moins de cent mille sesterces du cas où il laissait une fortune supérieure à ce chiffre, les aliénations par lesquelles cet affranchi essayait de faire descendre le chiffre de sa fortune au-dessous de cent mille sesterces étaient nulles de plein droit. Les actions favienne et calvisienne ne servaient qu'à attaquer les aliénations par lesquelles l'affranchi tendait seulement à diminuer la part de son patron (l. 16, *de jur. patron.*, 37-14). Les dispositions de l'édit qui accordaient une réserve aux patrons et leur donnaient les actions favienne et calvisienne pour les faire respecter ne s'appliquaient pas aux femmes *patrones* (Gaïus, III, § 49; Ulpien, XXIX, 6), mais les lois Julia et Papia Pappea leur donnèrent les mêmes droits qu'aux patrons, pourvu qu'elles eussent le nombre légal d'enfants (Gaïus, III, §§ 52 et 53; Ulpien, XXIX, 6, 7). Ce nombre était de deux ou de trois enfants, suivant que la *patrone* était elle-même ingénue ou affranchie.

Depuis Antonin le Pieux, l'adrogé impubère, lorsqu'il était émancipé par l'adrogeant *sine justa causa*, avait le droit de se faire rendre sa fortune personnelle, et, en outre, de prendre sur les biens de l'adrogeant la quarte antonine ; il pouvait faire révoquer les actes faits par l'adrogeant, en fraude de ses droits, au moyen des actions favienne et calvisienne que le préteur lui accordait à titre d'actions utiles (l. 13, *si quid in fraudem*, 38, 5).

La *querela inofficiosi testamenti* donnait aux ascendants, aux descendants, et, dans certains cas, aux frères et sœurs consanguins du défunt, le droit de faire rescinder, comme contraire à l'*officium pietatis*, le testament qui les privait de leur quarte légitime, mais elle permettait au *de cujus* de dépouiller ses héritiers par des donations entre vifs. Un rescrit d'Alexandre Sévère permit aux légitimaires, que ces donations dépouillaient de leur quarte, de les faire rescinder par une action *ad exemplum inofficiosi* (l. 87, § 3, *de legatis*, 30, 31).

Certains interprètes exigent, pour l'exercice de cette action, comme pour l'action paulienne, non seulement le préjudice, mais encore la fraude. Ils s'appuient sur le § 270 des fragments du *Vatican*, qui suppose la donation faite *in fraudem filiorum*. Mais le mot *fraus* peut bien ne désigner que le simple préjudice, il est employé en ce sens dans la loi 1, § 14, *si quid in fraudem patroni* (38, 5). D'ailleurs, ce qui prouve que tel est bien le sens du mot *fraus*, c'est que, la loi *Ælia Sentia* annulant les affranchissements faits *in fraudem creditorum*, on ait pu se demander si elle exigeait la fraude ou simplement le préjudice.

La fraude n'est pas exigée pour l'exercice de l'action *ad exemplum inofficiosi*, car cette action appartient à l'enfant pour faire rescinder les donations faites même avant sa naissance (Const. 5, Code, *de inofficiosis donationibus*, 3, 29). Si certains textes supposent la fraude pour l'exercice de cette action, c'est

que souvent, en fait, le donateur aura eu connaissance du préjudice que par ses libéralités il allait causer à ses héritiers
(Const. 1, 8, Code, *de inoff, donat.*, 3, 29).

Nous avons terminé l'exposé des règles du droit romain sur
l'action paulienne ; ces règles ont passé dans la plupart des législations modernes, et le Code civil français dans son article 1167 a consacré la théorie romaine. On peut reprocher au
législateur français de n'avoir pas fait une théorie d'ensemble
sur la révocation des actes frauduleux d'un débiteur et de ne lui
avoir consacré qu'un article ; mais son laconisme s'explique
par cette considération qu'il a évidemment voulu renvoyer aux
décisions romaines sur l'action paulienne, en tant qu'elles sont
compatibles avec l'ensemble de notre législation.

C'est surtout dans les faillites que la fraude du débiteur est
fréquente et dangereuse ; aussi le législateur français a-t-il, au
Code de commerce, posé des règles spéciales sur la révocation
des actes frauduleux d'un débiteur commerçant. La pratique
ayant démontré que le commerçant insolvable faisait souvent
avec sa femme des actes préjudiciables à ses créanciers, et que
tandis que ceux-ci se trouvaient ruinés par la faillite de leur débiteur, sa femme, qui aurait dû être entraînée dans sa ruine,
pouvait continuer à vivre luxueusement, grâce à ce qu'elle avait
enlevé aux malheureux créanciers ; le législateur français a prévu
ces fraudes et réglementé d'une façon restrictive les droits de la
femme dans la faillite du mari. C'est à l'étude de ces règles que
nous allons consacrer la deuxième partie de notre travail.

DROIT FRANÇAIS

DES DROITS DE LA FEMME

DANS LA FAILLITE DE SON MARI

INTRODUCTION HISTORIQUE

Les faillites, par les nombreux intérêts qu'elles compromettent et les fraudes dont elles sont trop souvent l'occasion, sont la cause la plus fréquente et la plus funeste des perturbations des relations commerciales. Le législateur a donc pour devoir de les prévenir autant qu'il le peut, et de les réglementer lorsqu'elles viennent à se produire; son but, dans la règlementation des faillites doit être de protéger efficacement les tiers qui contractent avec le commerçant, sans cependant entraver son activité commerciale, sans nuire à son crédit.

Les faillites n'ont pas toujours été de la part du législateur l'objet d'une réglementation spéciale, il a fallu pour cela que la fréquence des sinistres commerciaux lui imposât le devoir d'édicter contre la faillite des sanctions sérieuses.

La constitution sociale et politique des nations de l'antiquité était un obstacle presque insurmontable au commerce. Les peuples antiques étaient presque tous hostiles aux étrangers, ils leur fermaient les portes de leurs cités, et lorsqu'ils les leur ouvraient, ils ne leur reconnaissaient presque aucun droit ; à cette époque, *étranger* était synonyme d'*ennemi*, et la langue romaine n'avait qu'un seul mot, *hostis*, pour les désigner tous les deux. Il n'y avait entre les différents peuples presque aucune relation pacifique ; pour Rome, tous ceux qui n'étaient pas ses sujets étaient ses ennemis, des barbares ; avec un pareil état social, les relations commerciales devaient être bien restreintes.

Les peuples même qui à cette époque pratiquaient le plus le commerce ne faisaient absolument qu'un commerce de transport ou un commerce d'objets d'art ou de luxe ; le génie de l'homme n'avait pas encore inventé ces innombrables produits manufacturés qui aujourd'hui, dans les mains de plusieurs millions d'individus, subissent les plus nombreuses métamorphoses avant d'être livrés à la consommation ; s'il y avait alors quelques rares produits manufacturés, ils étaient travaillés par des esclaves, qui ne recevaient pour tout salaire que la nourriture plus ou moins grossière que leur octroyaient leurs maîtres.

Avec un commerce aussi restreint, les faillites devaient être très rares ; elles ne pouvaient pas résulter des changements du taux des salaires, ni des hausses et des baisses fréquentes que subissent aujourd'hui les objets de consommation, car les objets d'art, sur lesquels portait presque exclusivement le commerce d'alors, ne sont pas soumis à des variations de prix, le talent de l'ouvrier faisant leur principale valeur. Les faillites ne pouvaient être occasionnées que par les sinistres maritimes rendus plus fréquents par l'état rudimentaire de la science qui ne permettait aux navigateurs, au lieu des rapides traversées, que le long et dangereux contour des côtes.

Les auteurs grecs, dont les ouvrages nous sont parvenus, nous autorisent à penser que les peuples de la Grèce n'ont jamais eu de lois spéciales sur la faillite ; la législation romaine, qui nous est beaucoup plus connue, ne contenait aucune disposition spéciale relative à la faillite.

Le commerce, anéanti par les invasions barbares, reprit peu à peu son essor, mais à cette époque de guerres incessantes et de brigandage il ne pouvait pas atteindre de sérieux développements. Plus tard, la division des diverses branches du commerce et de l'industrie en corporations, maîtrises et jurandes, rendit les faillites très rares, car cette organisation faisait de chaque profession un monopole pour les membres de la corporation qui par leur surveillance mutuelle rendaient les fraudes difficiles et dont les bénéfices étaient à peu près certains.

Cependant, les grandes villes d'Italie, qui se livrèrent de bonne heure au commerce et l'accaparèrent pendant longtemps, sentirent bien vite le besoin d'une loi sur les faillites. Les premières, Milan, Florence, Venise, Gênes et Pise se donnèrent une loi sur les faillites, et Straccha les en félicite, en regrettant pour Ancône, sa patrie, l'absence d'une sanction contre la faillite.

En France, le commerce fut longtemps concentré dans les foires de Champagne, de Brie et de Lyon, aussi n'est-il pas étonnant que la première règlementation spéciale des faillites ait été faite dans cette dernière ville ; les règlements de Lyon, dont les rédacteurs s'étaient inspirés des lois italiennes, annulaient tous les tranports ou cessions des effets du failli faits dix jours avant la faillite. Pendant ce temps, le reste de la France ne possédait sur les faillites que l'ordonnance du 15 octobre 1536, octroyée à Lyon par François Ier, qui frappait la banqueroute de la peine du carcan, du pilori et de la prison (Isambert, *Anciennes Lois de la France* : t. XII, page 329).

Cette ordonnance fut suivie de celle de 1560, qui édictait la peine de mort contre les faillis coupables de fraude et autorisait la contrainte par corps contre tous les négociants insolvables (Isambert, t. XIII, page 95); cette peine fut maintenue par l'ordonnance de 1579.

Enfin, l'édit de Henri IV, de mai 1609, tout en conservant la peine édictée par les précédentes ordonnances contre les banqueroutiers frauduleux, prit quelques précautions dans l'intérêt des créanciers; il annula tous les transports, cessions, ventes et donations de meubles ou d'immeubles faits par les faillis au profit de leurs enfants ou autres héritiers. Cet édit punit en outre comme complices des banqueroutiers frauduleux « ceux qui se diront contre vérité créanciers desdits banqueroutiers, comme il arrive souvent par monopole et intelligence, afin d'induire les vrais créanciers à composition et accords. » (Isambert, t. XV, page 349.)

Il fallut la fondation des grandes compagnies de commerce pour amener la célèbre ordonnance de 1673, que publia Louis XIV sous l'inspiration de Colbert. Ses dispositions furent puisées dans le droit italien et dans les règlements de Lyon. Son XIᵉ titre était consacré à la faillite, il comprenait 13 articles ; d'après l'article 1, la retraite du débiteur ou l'apposition des scellés suffisaient pour déclarer la banqueroute ou la faillite ; l'article 12 conservait la peine de mort contre les banqueroutiers frauduleux ; l'article 4 déclarait nuls tous transports, cessions, ventes ou donations de biens, meubles ou immeubles faits en fraude des créanciers. L'article 13 décidait que ceux qui auraient aidé ou favorisé la banqueroute frauduleuse, en divertissant les effets, acceptant les transports, ventes ou donations simulées, qu'ils sauraient être en fraude des créanciers, ou qui se déclareraient créanciers, ne l'étant pas, ou pour plus forte somme que celle qui leur était due, seraient condamnés à quinze cents livres d'amende et à la restitution, au profit des créanciers, du double de ce qu'ils auraient diverti. Denizart nous apprend (voir *Banqueroute*, page 279) qu'un arrêt de la Grand'Chambre du 7 septembre 1765 avait étendu ces dispositions à la femme complice de la fraude de son mari banqueroutier. Enfin la déclaration royale du 18 novembre 1702, annula les cessions et transports, privilèges ou hypothèques opérés ou concédés dans les dix jours qui ont précédé la faillite.

Cette législation sur les faillites subsista jusqu'à la fin de la grande révolution française. Le titre du code de commerce relatif au faillites fut promulgué le 22 septembre 1807 et déclaré exécutoire comme tout le code commerce le premier janvier 1808.

Avant d'exposer les dispositions du livre III du code de commerce il est nécessaire d'indiquer quel était, relativement aux faillites, l'état de l'opinion publique en 1807. Rédigée à une époque où les commerçants n'avaient pas encore eu l'idée d'utiliser leur femme pour en faire la complice de leurs fraudes et préparer la ruine de leurs créanciers, l'ordonnance de 1673 n'avait pas modifié en cas de faillite du mari les règles du droit commun sur les droits de la femme. Lorsque plus tard le code civil de 1804 fut promulgué, la situation ne se trouva pas changée ; les rédacteurs du code civil, profondément imbus des idées romaines, professaient le plus profond respect pour les conventions matrimoniales, aussi accordèrent-ils aux femmes mariées une large protection. Ils leur permirent dans leur contrat de mariage les conventions les plus favorables et leur facilitèrent la preuve de leurs droits ; ils leur donnèrent, pour la garantie de toutes leurs créances contre leur mari, une hypothèque légale portant sur tous les biens présents et à venir du mari et dispensée d'inscription ; ils ne restreignirent, au cas de faillite de leur mari, aucun des droits qu'ils avaient accordés aux femmes, aussi , avaient-elles vis à vis des créanciers de leur mari un droit de préférence pour le prélèvement de tous leurs biens.

De 1673 à 1807, de nombreux abus se révélèrent et la plupart des faillites se trouva accompagnée de fraudes scandaleuses. Treilhard dans son discours au Corps législatif nous en a retracé le tableau avec une emphase bien commune à cette époque : « Trop souvent, un commerçant a reconnu en se mariant, une forte dot qu'il ne touchait pas, soit qu'il voulût faire illusion par l'annonce d'un actif supposé, soit qu'il préparât de loin un moyen de soustraire un jour sa fortune à ses créanciers. Le mari faisait à sa femme des avantages proportionnés à une dot qu'il ne devait pas recevoir. Souvent aussi il acquerrait sous le nom de sa femme des immeubles qu'il payait de ses propres deniers ou plutôt des deniers de ses créanciers. Enfin par des séparations frauduleuses et des actes simulés, les meubles, les bijoux, l'argenterie, tout passait dans la propriété de sa femme ; et, au moment d'une catastrophe souvent méditée de longue main, la femme, avec sa dot factice, ses avantages matrimoniaux, ses indemnités pour des dettes qu'elle n'avait pas payées, et ses acquisitions prétendues, absorbait toute la fortune du mari.

« Les malheureux créanciers étaient condamnés à passer leurs jours dans les privations et dans les larmes, pendant que

la femme coulait des jours tranquilles dans la mollesse et l'oi-
siveté. Tous les arts concouraient pour décorer le palais qu'elle
habitait ; une cour nombreuse prévenait ses désirs et flattait ses
goûts ; et lorsqu'elle daignait faire tomber quelques faibles se-
cours sur un petit nombre de malheureux, non pas par bienfaisance, car la bienfaisance n'habite pas avec le vol, mais dans
l'espoir que quelques infortunés étoufferaient les malédictions
de la multitude, ces actes prétendus d'humanité étaient encore
proclamés avec éclat par des écrivains officieux jusque dans
les cours étrangères. » (Locré : *Législation de la France,*
tome **XIX**, pages 562, 563.)

Et même, sans supposer des fraudes ainsi préparées de longue main, il était bien facile à la femme, au jour de la liquidation, d'augmenter l'importance de ses reprises, car aucune restriction n'était apportée à la liberté de la preuve, elle pouvait
en prouver l'importance par le moyen qui prête le plus à la
fraude : la preuve par témoins.

Il fallait donc réprimer ces abus, mettre un terme à ces
scandales ; c'est ce que comprirent les rédacteurs du Code de
1807, ils réformèrent entièrement la législation commerciale.
Mais la réaction contre les anciens abus fut trop violente ; comme
toutes les réactions, elle dépassa le but qu'elle s'était proposé,
et le législateur de 1807 nous semble avoir oublié cette sage
parole de Montesquieu : « Je le dis, et il me semble que je n'ai
fait cet ouvrage que pour le prouver, l'esprit de modération doit
être celui du législateur. » (*Esprit des lois,* XXIX, ch. 1).

Coume, pour le code civil Napoléon, prit une part active aux
discussions du code de commerce au conseil d'Etat ; c'est lui qui,
au sein de cette assemblée, proposa contre les femmes des
faillis les dispositions les plus rigoureuses, il voulait faire édicter

contre elles un ensemble de mesures tellement sévères qu'elles auraient rendu le mariage impossible aux commerçants. Dans la séance du 28 juillet 1807, Napoléon déclara qu'il serait à désirer que la femme partageât toujours le malheur de son mari, car il est inconcevable que dans le mariage le désastre du mari ne retombe pas d'abord sur sa famille et sur sa femme, et que celle-ci devrait être réduite à de simples aliments. Il voulait obliger tous les commerçants à se marier sous le régime de la communauté, car la femme est naturellement appelée à partager la bonne ou la mauvaise fortune de son mari. Quant aux reprises de la femme, il les restreignait aux immeubles dont elle avait eu la propriété un an avant son mariage, afin que l'on fut bien sûr qu'elle ne reprenait pas des immeubles acquis avec les deniers de son mari, et encore ne voulait-il permettre à la femme, quelle que fût la valeur de ses immeubles, de les reprendre que jusqu'à concurrence de 60,000 francs, c'est-à-dire d'un capital suffisant pour procurer des aliments à la famille.

Cependant le tribunal se montra moins sévère pour les droits des femmes et ce n'est qu'à regret qu'il consentit à porter atteinte aux règles posées par le code civil pour la conservation de la dot. C'est ce que nous montre M. Tarrible dans son exposé des vœux du tribunal : « pourquoi faut-il que les désordres, qui ont corrompu la simplicité primitive du commerce, amènent aujourd'hui la dure nécessité de retirer aux femmes des commerçants une partie des avantages qui leur avaient été si libéralement accordés ? Pourquoi faut-il que le luxe effréné de quelques-unes d'entre-elles, leurs dépenses sans mesure, leur facilité à se prêter à des manœuvres spoliatrices, forcent le législateur à se montrer sévère, quand il ne voudrait être que généreux. » (Locré tome 19, page 596).

Au tribunal et même au conseil d'état, les droits des femmes trouvèrent des défenseurs, ils firent remarquer que les propositions de Napoléon auraient pour effet d'entraver le mariage des commerçants et de détourner ainsi les citoyens de se livrer au commerce, et qu'il importait de bien séparer les femmes qui avaient contracté de bonne foi de celles qui avaient été les complices de la fraude de leur mari.

Ces sages observations mitigèrent un peu la règlementation trop rigoureuse des droits des femmes proposée par Napoléon, mais la rédaction définitive subit cependant l'influence des idées absolues de l'empereur.

Voici quelles étaient les principales règles contenues dans les articles 543-557 du code de 1807 sur les droits de femme.

La femme ne pouvait reprendre parmi ses immeubles que ceux qu'elle possédait au moment du mariage et qui lui sont restés propres, ceux qui lui sont advenus par donation ou succession, et enfin ceux acquis en emploi des deniers provenant desdites donations ou successions (anciens articles 545, 546). Tous les immeubles acquis à titre onéreux pendant le mariage étaient présumés avoir été acquis avec les deniers du mari et ils étaient compris dans l'actif de la faillite (ancien article 547).

La femme perdait tous les avantages portés à son contrat de mariage (art. 549), et si elle avait payé des dettes de son mari, elle était présumée les avoir payées avec les deniers de celui-ci et elle ne pouvait exercer de ce chef aucune action en reprise, sauf la preuve contraire à sa charge (art. 550).

La femme, dont le mari avait au jour du mariage une profession autre que celle de négociant et ne s'était livré au commerce que plus d'un an après son mariage, n'était pas soumise

8

aux règles précédentes (art. 553). Tous les meubles meublants, effets mobiliers, argenterie, bijoux, etc., tant à l'usage du mari qu'à celui de la femme, étaient acquis aux créanciers ; la femme ne pouvait recevoir, sur la proposition des syndics, que les linges et hardes à son usage. Elle ne pouvait reprendre ses bijoux et son argenterie qu'à condition de justifier par des inventaires ou prr des états annexés aux actes authentiques qu'elle les avait acquis par succession ou qu'elle les possédait lors de son contrat de mariage (art. 551, 552).

La femme n'avait hypothèque légale pour ses reprises que sur les biens qui appartenaient à son mari au jour de la célébration du mariage, si son mari était négociant à l'époque du mariage ou s'il l'était devenu dans l'année, ou enfin si elle avait épousé un fils de négociant qui n'avait à cette époque aucune profession déterminée et qui n'avait entrepris le commerce que plus tard. M. Regnault de Saint Jean-d'Angély nous apprend que l'art. 551 n'avait été adopté qu'après une longue discussion ; quelques orateurs avaient même proposé de supprimer entièrement l'hypothèque légale de la femme en cas de faillite du mari.

Le Code de 1807 avait par trop sacrifié le droit des femmes aux intérêts des créanciers ; aussi des critiques violentes s'élevèrent-elles de tous côtés ; la pratique, pour éviter les sévérités du Code, organisa les faillites en dehors des formes légales, et les tribunaux eux-mêmes reculèrent devant l'application de cette loi trop sévère (Renouard, rapport du 31 janvier 1835). Les réclamations se multiplièrent pendant les vingt années qui suivirent la promulgation du Code de commerce, et le gouvernement de Charles X dût mettre à l'étude un projet de loi sur les faillites, mais les événements de 1830 interrompirent ces travaux, qui ne furent repris qu'en 1833. Enfin, le 8 juin 1838, fut promulguée la loi sur les faillites qui nous régit aujourd'hui et qui forme le livre III du Code de commerce.

La loi nouvelle a réglementé d'une façon moins restrictive les droits des femmes ; elle a atténué les sévérités du Code de 1807 de manière à tenir la balance à peu près égale entre les intérêts toujours contraires de la femme et des créanciers du failli : « Les droits des femmes des faillis, disait M. Quénault dans son rapport à la Chambre des députés, trop méconnus par le Code de commerce, ont été réglés d'une manière plus équitable, sans que l'on ait sacrifié les précautions nécessaires pour empêcher que l'actif des faillis puisse être soustrait à leurs créanciers » (*Moniteur universel*, 22 mars 1838).

Les restrictions que la loi de 1838 apporte aux droits des femmes n'ont pour but que de protéger les créanciers, elles ne sont établies qu'à leur égard et non *erga omnes*. Dans cette nouvelle loi, les droits des femmes sont réglés par les articles 557-564, à l'explication desquels nous allons consacrer ce travail. Mais avant d'étudier la loi de 1838, il est nécessaire de déterminer son champ d'application.

———

QUESTIONS TRANSITOIRES

———

« Tout changement législatif sur le droit des femmes, dit M. Renouard (t. II, page 278), amène à sa suite, pour un long trait de temps, des questions transitoires, car les effets du statut matrimonial destiné à régler l'avenir se produisent souvent à une grande distance de la date du mariage. »

L'ancien article 557 décidait que les dispositions du Code de commerce concernant les droits des femmes ne seraient point applicables aux droits acquis avant sa promulgation ; le Code de 1807 respectait ainsi le grand principe de la non rétroactivité des lois écrit dans l'article 2 du Code civil. L'article 557 disait : *Droits acquis*, et non pas *Droits ouverts* ; par conséquent, aucun des avantages assurés à la femme, par la législation en vigueur au moment de son mariage, ne pouvait lui être enlevé. Ainsi, lorsque les époux s'étaient mariés sous l'empire de l'ordonnance de 1673, qui laissait la femme du failli sous l'application du droit commun, la femme ne pouvait pas voir altérer ni l'étendue de son hypothèque légale, ni se voir enlever ses gains de survie, ni le privilège qu'elle avait pour son douaire, ni le droit de reprendre tout son mobilier sans qu'il soit constaté par acte authentique, par ce fait que son mari était tombé en faillite après la promulgation du Code de commerce.

L'article préliminaire de la loi de 1838 s'occupe des questions transitoires ; il est ainsi conçu : « Néanmoins, les faillites déclarées antérieurement à la promulgation de la présente loi continueront à être régies par les anciennes dispositions du Code de commerce, sauf en ce qui concerne la réhabilitation et l'application des articles 527 et 528. »

Examinons d'abord l'application de cette disposition à l'hypothèque légale de la femme mariée en cas de conflit entre le Code de 1807 et la loi de 1838. Il y a deux hypothèses dans lesquelles le conflit est impossible : la première est celle où le mariage et la déclaration de faillite sont tous deux antérieurs à la loi de 1838 ; dans ce cas, on applique les règles du Code de 1807. La seconde est celle où le mariage et la faillite sont postérieurs à la loi de 1838, dans ce cas, cette dernière loi est seule applicable ;

c'est en vertu de ce principe que la cour de Rouen a jugé qu'une femme mariée sous l'empire du Code de commerce et dont le mari est tombé en faillite avant la loi de 1838, ne peut pas réclamer son hypothèque légale, à l'encontre des créanciers de son mari, sur les immeubles échus à celui-ci depuis 1838 (Rouen, 6 juin 1844 ; D. P. 1845-2-77).

La seule hypothèse dans laquelle le conflit puisse s'élever est celle où les époux se sont mariés sous l'empire du Code de 1807 et où le mari n'est tombé en faillite que postérieurement à la loi de 1838. Dans cette hypothèse, il faut distinguer d'abord si les créanciers sont postérieurs ou antérieurs à la loi de 1838, et dans le cas où ils sont antérieurs à cette loi, il faut sous-distinguer suivant qu'ils sont hypothécaires ou chirographaires.

Supposons d'abord que les créanciers dont il s'agit sont postérieurs à la loi de 1838 ; qu'ils soient alors hypothécaires ou chirographaires la solution est la même, on applique à leur égard la loi nouvelle. En effet, ces créanciers en contractant avec le débiteur failli après la promulgation de la loi de 1838 ont bien dû croire que les conséquences de leur contrat seraient régies par cette loi, ils n'ont pas droit acquis à réclamer l'application des dispositions du code de 1807.

Lorsque au contraire nous sommes en présence de créanciers antérieurs à la loi de 1838 il faut distinguer. — Si ces créanciers sont hypothécaires et ont fait inscrire leur hypothèque avant le 8 juin 1838 leur droit est devenu définitif sous l'empire de la loi ancienne, ils ont un droit acquis à invoquer toutes les restrictions apportées par les anciens textes du code aux droits de la femme, à son hypothèque légale. Cette solution est commandée par le principe de la non rétroactivité des lois, la loi nouvelle n'a pas pu anéantir les restrictions à l'hypothèque légale de la femme au préjudice des créanciers hépothécaires, qui avaient un droit réel sur les immeubles du débiteur, un droit de préférence contre la femme, enfin un droit acquis dans toute l'acceptation du mot.

Lorsque les créanciers antérieurs à la loi de 1838 sont de simples chirographaires doivent-ils être régis par le code ou par la loi nouvelle? Deux systèmes se partagent sur cette question, la doctrine et la jurisprudence.

PREMIER SYSTÈME. — L'hypothèque légale de la femme du failli est régie par le code de 1807 en face de créanciers chirographaires antérieurs à la loi de 1838. En effet :

1. Cette solution est conforme au principe de la non rétroactivité des lois ; la loi qui a vu naître un engagement doit en régler toutes les conséquences futures, et dans notre hypothèse l'engagement s'est formé sous l'empire du code de 1807.

2. Tout le monde admet, sous l'article 2 du code civil, que dans les conflits entre deux lois successives, la loi nouvelle ne porte jamais atteinte aux droits acquis sous l'empire de la loi ancienne, les créanciers chirographaires qui ont contracté sous la loi ancienne ont bien un droit acquis à l'application de cette loi, car leur droit est né du jour où ils ont contracté avec le débiteur failli ; peu importe d'ailleurs que leur droit soit réel ou simplement personnel, ce droit a existé sous le code de 1807, cela suffit pour que la loi de 1838 doive le respecter.

3. Lorsque la femme s'est mariée à un commerçant sous l'empire du code de 1807, elle s'est soumise aux restrictions que cette loi déclarait applicables à son hypothèque légale, pour le cas où son mari tomberait en faillite, et les créanciers chirographaires qui ont contracté avec son mari avant 1838 ont dû

compter sur l'application du code ; il serait inique de leur enlever le bénéfice de cette loi, car peut-être les garanties qu'elle leur donnait ont été pour eux un motif déterminant de leur engagement. (Bédarride, Faillites ; 4e édition, tome 3, page 83) (Grenoble, 17 mars 1842, D. P. 42-2-146).

Deuxième Système. L'hypothèque légale de la femme du failli est régie par la loi de 1838 en face de créanciers chirographaires antérieurs à loi. En effet : l'article préliminaire de cette loi déclare qu'elle est applicable à toutes les faillites déclarées depuis sa promulgation ; on peut, sans violer le principe de la non rétroactivité, appliquer les dispositions de cette loi aux créanciers chirographaires antérieurs à sa promulgation, car ils n'avaient pas avant cette date de droits définitivement acquis à l'égard de la femme du failli pour repousser son hypothèque légale. Ils ont bien dans leur créance un droit définitif, nous le reconnaissons avec le premier système, mais cette créance ne leur donne qu'un droit de gage imparfait sur le patrimoine du débiteur failli, qui conserve la libre disposition de ses biens ; ils n'ont aucun droit de préférence, aucun droit portant spécialement sur les immeubles du failli. Ils n'ont donc aucune réclamation à faire, si le patrimoine du failli se trouve modifié soit par des aliénations ou par des constitutions d'hypothèques consenties par lui sur ses immeubles, soit par une loi qui vient grever de l'hypothèque légale de sa femme des biens qui jusqu'à-lors en étaient exempts, et les soustraire ainsi à leur action purement personnelle.

Le premier système nous objecte que le droit des chirographaires est un droit définitif puisqu'il se rattache à une convention, alors même qu'il serait tenu en suspens par une condition.

comme par exemple par la faillite éventuelle du débiteur, qui
vient diminuer leurs droits ; peu importe, disent nos adversaires
que la condition s'accomplisse sous l'empire de la loi existante
au jour où la convention s'est formée, ou sous l'empire d'une
loi nouvelle, car la condition accomplie rétroagit au jour de la
formation du contrat, et la loi existante à ce moment doit seule
régler les effets de ce contrat. Nous répondons à cette objection
par le dernier *attendu de* l'arrêt de rejet de la cour cessation du
3 janvier 1844 (Sirey 44-1-106. D. P. 44-1-93) « que la faillite
seule donne aux créanciers le droit de faire restreindre l'hypothèque légale des femmes en vertu de l'art. 551 du c. com. ; que
l'ouverture de la faillite est un fait qui tombe sous l'empire de la
législation existante, et que ce fait n'a pas relativement aux créances nées antérieurement, le caractère ou les conséquences
d'une condition à laquelle on puisse appliquer l'art. 1179 du
code civil. »

Ces arguments nous semblent prouver suffisamment la supériorité du second système, aussi nous ne citerons que pour les
réfuter, deux autres arguments par lesquels on a essayé de soutenir le second système qui est le nôtre. M. Marx dans sa thèse
de doctorat (Bordeaux 1879, page 14) s'exprime ainsi : « La
faillite est avant tout une procédure d'exécution. Or les créanciers n'ont pas droit acquis à telle ou telle procédure. Une loi
viendrait abroger la faillite tout entière, les créanciers ne seraient
pas admis à se plaindre, si on faisait une application immédiate
de ces dispositions. »

Cet argument est faux, car la faillite n'est pas seulement une
procédure, elle touche aussi au fond du droit ; lorsque dans
notre hypothèse la loi sur la faillite réduit l'hypothèque de la
femme, on ne peut pas dire que cette loi soit une loi de procé-

dure ; c'est une loi de fond. En outre cet argument prouve trop, car il conduirait à dire que les créanciers qui ont une hypothèque inscrite avant la loi de 1838 ne peuvent pas réclamer les restrictions du code de 1807.

M. Paul Pont (priv. et hyp. t. 1 § 534) ajoute à l'appui du deuxième système l'argument que voici : « Les droits des créanciers chirographaires, même de ceux dont le titre avait acquis date certaine, ne sauraient entrer en balance avec des droits hypothécaires antérieurs. Or les droits de la femme sont *antérieurs* à ceux des créanciers qui ont traité avec son mari, car ils remontent en général, à la date du contrat de mariage ; et ils sont *hypothécaires*, car, par l'effet de la loi du 28 mai 1838, les immeubles dont ils s'agit ont été replacés immédiatement et de plein droit sous l'hypothèque légale dont ils avaient été affranchis par l'effet d'une dérogation au droit commun auquel la loi nouvelle a fait retour sur ce point. Il est donc impossible de ne pas donner la préférence aux droits de la femme du négociant failli. » Cet argument renferme trois propositions, qui toutes trois sont inexactes :

1. il n'est pas exact de dire *que les droits des créanciers chirographaires ne sauraient entrer en balance avec des droits hypothécairss antérieurs*, car les droits hypothécaires priment toujours les créances chirographaires, qu'ils soient antérieurs ou postérieurs : il est donc inutile d'essayer de démontrer que les droits de la femme sont antérieures à ceux des créanciers.

2. **M.** Pont essaye pourtant de le faire en disant *que les droits de la femme remontent en général à la date du contrat de mariage*, mais il faudrait en conclure que les droits de la femme qui ne remontent pas au contrat de mariage sont primés par les créan-

ciers chirographaires qui pendant le mariage auraient traité avec le mari avant la naissance des droits de la femme.

3. Enfin, si on admettait avec M. Pont *que les droits de la femme sont hypothécaires, car l'effet de la loi de 1838, a été de replacer immédiatement et de plein droit sous son hypothèque légale, certains des immeubles qui en avaient été affranchis par le code de 1807*, il faudrait donner la préférence à la femme même sur les créanciers hypothécaires du mari antérieurs à la loi de 1838.

Nous venons d'étudier l'hypothèse du conflit entre le Code de 1807 et la loi de 1838 au point de vue de l'hypothèque légale de la femme du failli, étudions maintenant le cas où le conflit se produit, quant au règlement des reprises et des avantages matrimoniaux de la femme. Nous admettons avec la presque unanimité de la doctrine, que la femme mariée avant 1838 et dont le mari sera tombé en faillite postérieurement à cette date, pourra se prévaloir de la loi nouvelle, car l'article préliminaire de cette loi est formel en ce sens. Un seul auteur, M. Massé (Droit commercial ; t. 3, n° 402), propose de distinguer entre le cas où le mari est devenu commerçant avant 1838, et celui où il ne l'est devenu que depuis « dans le premier cas, dit-il, la condition dont l'ancien article 549 faisait dépendre la restriction des droits de la femme étant accomplie avant la loi de 1838, et ayant fixé la position respective des parties, la survenance de cette loi ne pourrait la modifier sans produire un effet rétroactif ; dans le deuxième cas au contraire, cette condition n'étant pas accomplie et les droits de la femme étant encore entiers, ils se trouvent conservés par la loi de 1838 qui seule peut déterminer les effets de la profession commerciale que le mari embrasserait sous son empire. » Et cependant M. Massé admet que l'hypothèque légale de la femme peut être opposée d'après la loi de 1838 aux créanciers chirographaires antérieurs à cette loi, mais alors pourquoi ne donne-t-il pas pour les avantages matrimoniaux la même solution que pour l'hypothèque légale ? La situation est cependant la même dans les deux cas : dans l'un on défend à la femme d'exercer son hypothèque légale sur certains biens au préjudice des créanciers du mari, et dans l'autre on lui interdit d'exercer au préjudice de ces mêmes créanciers certains droits que lui avait accordés le Code civil. La distinction de M. Massé entre ces deux hypothèses est injustifiable, elle ne se comprendrait que si la loi avait décidé que du jour ou son mari deviendrait commerçant la femme perdrait *erga omnes* ses avantages matrimoniaux, or nous verrons que les restrictions apportées aux droits de la femme du failli par la loi commerciale, n'ont été établies qu'à l'égard des seuls créanciers du mari.

Nous allons aborder maintenant l'étude des 8 articles qui composent la section du livre 3 du Code de commerce sur les droits des femmes dans la faillite de leur mari ; mais avant de les commenter nous exposerons rapidement dans un premier chapitre quelles conditions doivent se trouver réunies pour l'application aux droits des femmes des articles 557-564 qui composent notre section.

CHAPITRE PREMIER.

Conditions d'application des art. 557 564.

Il y a des conditions générales, qui sont communes à toutes les restrictions apportées par nos articles aux droits des femmes en cas de faillite de leur mari, et d'autres conditions qui sont spéciales à l'hypothèque légale et aux avantages matrimoniaux. Nous allons étudier successivement ces conditions d'application, en commençant par les conditions générales.

§ 1.

CONDITIONS GÉNÉRALES.

Ces conditions sont au nombre de trois : 1° Il faut que le mari soit en faillite ; 2° il faut que la femme ait obtenu la séparation de biens ; 3° il faut que la restriction aux droits de la femme soit demandée dans l'intérêt de la masse.

Première condition. — Il faut que le mari soit en faillite.

Cette condition est exigée par l'art. 557, qui débute par ces mots : « En cas de faillite du mari... » C'est la condition capitale d'application de nos articles.

L'article 437 déclare : *que tout commerçant qui cesse ses paiements est en état de faillite ;* et l'art. 440 commence par ces mots : « La faillite est déclarée par jugement du tribunal de commerce. »

Du rapprochement de ces textes est née la question suivante : Faut-il pour appliquer nos articles 527-564 et pour restreindre les droits de la femme exiger que l'état de faillite ait été constaté par jugement du tribunal de commerce, ou suffit-il qu'il y ait en fait cessation des paiements ?

Cette question sur laquelle nous devons prendre parti n'est d'ailleurs qu'une des faces d'une question plus générale que nous pouvons formuler ainsi : Les tribunaux autres que le tribunal de commerce ont-ils le droit de constater, incidemment au litige dont ils sont saisis, l'état de cessation des paiements, l'existence d'une faillite qui n'a pas été constatée par le tribunal de commerce ? La faillite n'existe-t-elle que lorsqu'elle est déclarée par le tribunal de commerce ?

Et d'abord nous devons préciser le champ de notre question ; il ne s'agit pas de savoir si, en l'absence de jugement déclaratif prononcé par le tribunal de commerce, on peut organiser une faillite et suivre toutes les règles prescrites par le Code de commerce à ce sujet, cela n'est soutenu par personne. La question que nous avons à traiter peut se présenter sous trois aspects différents :

1. Les tribunaux civils peuvent-ils, bien que la faillite n'ait pas été déclarée, prononcer les nullités attachées par les articles 446, 447, 448 du Code de commerce à la cessation des paiements d'un commerçant ?

2. Les tribunaux criminels peuvent-ils statuer sur une banqueroute simple ou frauduleuse, malgré l'absence de la déclaration de faillite ?

3 Enfin, dans notre hypothèse, les tribunaux civils peuvent-ils

faire subir à la femme d'un commerçant en état de cessation de paiements, les restrictions édictées par les articles 557-564 ?

Quel que soit l'aspect sous lequel cette question se présente, la solution doit toujours être la même.

PREMIER SYSTÈME. — La majorité des auteurs et la jurisprudence soutiennent que le jugement déclaratif de faillite n'est pas nécessaire et que l'état de cessation des paiements suffit. En effet :

1. La faillite consiste dans la cessation des paiements, qui est un état de fait et qui existe en dehors de la déclaration de faillite ; cet état de fait peut être constaté par toutes les juridictions.

2. Les tribunaux civils et les tribunaux criminels ont le droit de constater les cessations de paiements, car les tribunaux civils ont reçu du législateur la plénitude de juridiction ; quant aux tribunaux criminels, ils ont aussi ce droit, car dans le cas où personne ne réclame la déclaration de faillite, où le tribunal de commerce, n'est pas mis en demeure de la prononcer, l'action publique serait arrêtée par l'action civile, si on ne permettait pas aux tribunaux criminels de constater l'état de cessation de paiements.

(Bédarride, 4ᵉ édition ; tome 3, nº 994 ; Cass. Req. 8 avril 1845. D. P, 45-1-248).

DEUXIÈME SYSTÈME. — Nous pensons au contraire que pour qu'une juridiction autre que le tribunal de commerce puisse appliquer des effets attachés par la loi à l'état de faillite, il faut que la faillite ait été déclarée par le tribunal de commerce : sans cela les autres juridictions n'ont pas le droit de rechercher d'une manière incidente si un commerçant est en état de cessation de paiements.

En effet :

1. L'article 440 est formel, il décide : *que la faillite est déclarée par le tribunal de commerce.* Qu'est-ce à dire ? sinon que le tribunal de commerce est seul compétent pour constater la faillite, la cessation de paiements. On objecte que le jugement déclaratif ne fait que proclamer un état de fait préexistant, l'état de cessation des paiements. Nous répondons que l'état de faillite et l'état de cessation de paiements ne sont qu'un seul et même fait, ils préexistent au jugement déclaratif qui ne les crée pas et ne fait que les constater, et cette constatation n'a été attribuée par la loi qu'aux tribunaux de commerce, qui ont reçu en cette matière une compétence exclusive.

On nous objecte qu'en vertu de sa plénitude de juridiction, le tribunal civil peut constater le fait de la cessation des paiements ; mais nous répondons qu'il n'y a pas en France de tribunaux ayant la plénitude de juridiction, et il ne peut pas y en avoir dans une organisation judiciaire régulière : les tribunaux civils ont une juridiction limitée aux affaires civiles, les tribunaux de commerce, une juridiction limitée aux affaires commerciales etc... Qu'entend-on donc par cette plénitude de juridiction ? voudrait-on dire que le tribunal civil est toujours compétent ? mais il faudrait pour cela remonter jusqu'à l'origine de nos institutions judiciaires, et nous mettre en face des justices royales et des justices seigneuriales. Depuis la Révolution, il n'en est plus ainsi, c'est la même loi, la loi des 16-24 août 1790 qui a créé l'organisation nouvelle des tribunaux civils et des tribunaux de commerce, et qui a soigneusement limité leur compétence ;

il n'y a pas eu un seul instant où les tribunaux civils aient existé seuls avec une compétence générale et universelle. Mais alors qu'entend-on par cette plénitude de juridiction ? Entend-on dire simplement par ces mots que le tribunal civil est compétent pour toutes les affaires dont la connaissance ne lui a pas été enlevée par un texte de loi ? Mais alors nous opposons l'article 440 qui vient précisément enlever au tribunal civil pour le donner au tribunal de commerce le droit de prononcer la déclaration de faillite.

3. En outre, l'esprit de la loi de 1838 est formellement contraire à l'opinion adverse ; le but du législateur a été en écrivant l'article 440, de donner aux juges consulaires compétence exclusive pour prononcer les déclarations de faillite, voici en quels termes s'exprimait à ce sujet M. Renouard dans son rapport à la Chambre des députés : « Le système de la commission, en rédigeant le projet de loi, a été d'exiger pour constituer la faillite ce qu'on appelle la cessation de paiements, c'est-à-dire de ne plus s'attacher à un fait isolé, tel qu'un ou deux protêts, tel même que la clôture du magasin qui pourrait tromper sur l'intention et le sens dans lequel cette circonstance aurait eu lieu, mais d'exiger un ensemble de circonstances et d'en laisser l'appréciation au tribunal de commerce qui, éclairé par la connaissance et par l'habitude des affaires commerciales, peut prononcer avec connaissance sur cet ensemble de circonstances. »

4. Le but du législateur dans l'organisation des faillites a été d'établir l'égalité entre tous les créanciers, d'arriver à partager entre eux également et au marc le franc la masse de l'actif net. Ce but serait complétement manqué si on admettait le premier système, car en vertu du principe de l'autorité relative de la chose jugée, il y aurait des créanciers auxquels on appliquerait

les règles de la faillite et d'autres qui suivraient le droit commun, le débiteur n'aurait pas eu en tous ses créanciers la même situation, ce serait le désordre, l'anarchie dans les rapports du débiteur avec ses créanciers.

5. Enfin, le système adverse conduirait à un conflit entre diverses décisions judiciaires, car, si le tribunal de commerce n'est pas seul compétent pour déclarer la faillite, il y a alors d'autres tribunaux qui partagent avec lui cette compétence et ces tribunaux peuvent rendre sur le même point des décisions contraires. Il n'y a qu'un moyen d'éviter ce conflit, c'est de donner au tribunal de commerce seul le droit de déclarer la faillite, c'est aussi ce qu'a fait le législateur par l'article 440.

Nous avons ainsi décidé que la déclaration de faillite par le tribunal de commerce est nécessaire pour appliquer à la femme les restrictions des articles 557-564 ; on ne peut donc plus les lui appliquer lorsque son mari ne peut plus être déclaré en faillite, c'est-à-dire quand il a cessé d'être commerçant et qu'il n'a plus que des dettes civiles (cass. req. 14 avril 1858. D. P. 1858-1-389).

Il faut, nous l'avons démontré, que la faillite du mari soit déclarée, il faut en outre qu'elle ne soit point éteinte ; lorsque la faillite n'existe plus, la femme rentre sous l'application du droit commun. Il importe donc de savoir à quel moment la faillite n'existe plus. — On a soutenu que la faillite subsiste jusqu'à la réhabilitation, qu'elle n'est pas effacée par le concordat, car le concordat n'est qu'un des deux moyens que la loi offre aux créanciers pour réaliser le but de la faillite.

Nous soutenons au contraire que la réhabilitation n'est pas nécessaire pour effacer les restrictions apportées par la loi aux droits des femmes et que pour cela il suffit que le concordat ait

9

été non pas seulement voté mais exécuté. En effet, lorsque le concordat a été exécuté, c'est-à-dire lorsque les créanciers privilégiés et hypothécaires ont reçu leur paiement intégral et que les créanciers chirographaires ont touché le dividende moyennant lequel ils avaient voté le concordat, le failli concordataire n'est plus tenu envers eux d'aucune obligation civile, ses biens ne sont donc plus leur gage, la femme peut alors recouvrer sur les biens de son mari la plénitude de ses droits. Il n'y a pas besoin d'attendre la réhabilitation, car elle n'a pas pour but de relever la femme des restrictions dont elle est frappée par nos articles mais bien de relever le mari des incapacités qui sont pour lui la conséquence de la déclaration de faillite. Nous déciderons tout à l'heure que nos articles perdent leur application du jour où la masse a cessé d'exister, car leurs dispositions n'ont été écrites qu'au profit de la masse des créanciers, et après l'exécution du concordat la masse n'existe plus. La faillite n'est pas dissoute par le vote du concordat puisqu'elle peut être reconstituée en cas d'inexécution du concordat, ce n'est donc qu'après son entière exécution que la faillite est anéantie.

DEUXIÈME CONDITION. — Il faut pour l'application de nos articles que la restriction des droits de la femme soit demandée par certaines personnes, par celles-là seules dans l'intérêt desquelles cette restriction a été établie par le législateur. Cette restriction n'a pas été édictée *erga omnes*, les droits de la femme sont certainement restreints au profit des créanciers chirographaires, mais le mari et ses créanciers peuvent-ils invoquer cette restriction ?

Et d'abord les créanciers hypothécaires peuvent-ils se prévaloir de nos articles ?

PREMIER SYSTÈME. — Les créanciers hypothécaires ont le droit de les invoquer. Ce système est celui de la majorité des auteurs. En effet, nos articles sont rédigés en termes généraux ; ils ne distinguent pas les créanciers hypothécaires des créanciers chirographaires. Cette décision est équitable, car les créanciers hypothécaires ont besoin, comme les chirographaires, d'être protégés contre les fraudes que peut commettre le failli de concert avec sa femme ; d'ailleurs, si la loi restreint les droits de la femme sur les immeubles acquis par son mari à titre onéreux pendant le mariage, c'est qu'elle soupçonne qu'ils ont été acquis avec l'argent prêté par les créanciers, et les créanciers hypothécaires ont, aussi bien que les chirographaires, fourni de l'argent au failli ; leur situation doit donc être la même, ils doivent donc pouvoir, eux aussi, invoquer les restitutions aux droits de la femme.

DEUXIÈME SYSTÈME. — Nous pensons avec M. Labbé que les créanciers hypothécaires ne peuvent pas invoquer les restrictions de nos articles dans leur intérêt propre et pour faire valoir leurs hypothèques. (Note sur l'arrêt de Nancy, 27 mai 1865. Sirey, 1866, 2, 345.) En effet : 1. Les articles 557-564 sont tout à fait exceptionnels, ils frappent la femme de restrictions très sévères ; sur une simple présomption, ils sacrifient l'intérêt de la femme à l'intérêt des créanciers du mari. « Ainsi, dit M. Labbé, la loi anéantit une hypothèque, elle prononce une déchéance, et cela sur un soupçon ; il y a là quelque chose d'exorbitant. » Nous en concluons qu'il faut circonscrire nos articles aux simples exigences de l'intérêt que la loi a voulu protéger. Or, en faveur de quelle personne la loi a-t-elle prononcé ces déchéances ? C'est évidemment en faveur des créanciers chirographaires, le contenu de nos articles et l'esprit général de la loi sur la faillite le prouvent. Dans la faillite, le législateur ne veut protéger que les créanciers chirographaires afin de donner du crédit au commerçant, il n'a pas en vue la protection des créanciers hypothécaires.

2. La place qu'occupent nos articles dans le Code de commerce prouve bien aussi qu'ils ne peuvent être invoqués que par les créanciers chirographaires ; ils se trouvent dans une section qui a pour titre : *Des différentes espèces de créanciers et de leurs droits dans la faillite.* Dans les trois premiers paragraphes de cette section, le législateur détermine la situation des créanciers privilégiés vis-à-vis de la masse ; dans le § 4, il s'occupe des droits des femmes ; il doit les envisager aussi au même point de vue, c'est-à-dire vis-à-vis de la masse et permettre aux seuls créanciers chirographaires qui composent la masse d'invoquer les restrictions que dans ce cas il apporte aux droits des femmes.

Nous avons dit en formulant notre système que les créanciers hypothécaires ne pourraient pas se prévaloir de nos articles dans leur intérêt propre, *a contrario* ils pourront les invoquer dans l'intérêt de la masse, c'est ce qui arrive dans l'hypothèse suivante prévue par M. Labbé : la femme a une première hypothèque sur un immeuble acquis à titre onéreux par son mari pendant le mariage et grévé d'hypothèques postérieures au profit d'autres créanciers du mari, qui ont en outre hypothèque sur d'autres immeubles ; ces créanciers hypothécaires pourront invoquer contre la femme l'art. 563, car si la femme les primait, elle ferait refluer leurs hypothèques sur les autres immeubles du failli, tandis que si la femme est réduite au rôle de créancière chirographaire, les créanciers hypothécaires postérieurs à elle, désintéressés sur le prix de l'immeuble aliéné, laisseront libres au profit de la masse les autres immeubles sur lesquels ils avaient aussi hypothèque. Si ces créanciers hypothécaires n'avaient pas hypothèque sur d'autres immeubles, ils ne pourraient pas attaquer la collocation de la femme, car la masse n'a aucun intérêt à ce que ce soit la femme ou d'autres créanciers hypothécaires qui absorbent le prix de l'immeuble grevé de leurs hypothèques, puisque celui qui n'aura pas été désintéressé hypothécairement viendra concourir avec la masse comme simple créancier chirographaire.

En dehors de l'hypothèse que nous venons de prévoir, ce sera le syndic de la faillite qui pourra seul au nom de la masse des créanciers invoquer contre la femme l'application de nos articles. Nous arrivons ainsi à notre seconde question : le failli peut-il après le concordat invoquer nos articles à l'encontre de sa femme ?

Nous venons d'établir en étudiant la question précédente que le législateur n'avait apporté aux droits des femmes les restrictions des art. 557-564 que dans l'intérêt de la masse, la question que nous venons de poser revient donc à se demander si dans cette hypothèse la masse aura intérêt oui ou non à ce que le mari fasse ainsi restreindre les droits de sa femme.

Écartons d'abord l'hypothèse où, avant la formation du concordat, le syndic agissant au nom de la masse avait obtenu un jugement appliquant à la femme les articles ; dans ce cas les créanciers avaient droit acquis au bénéfice que devait leur procurer ce jugement, et si plus tard ils ont consenti un concordat, ils ont sans doute stipulé des dividendes plus considérables puisque par le concordat le failli devait reprendre son patrimoine augmenté par l'effet de ce jugement qui a réduit les droits de la femme. Si ce jugement a été exécuté avant le concordat, il n'y a pas de doute, le mari en profite ; nous donnons aussi la même solution si le jugement n'a pas été exécuté, car en le faisant exécuter le failli concordataire fait respecter une situation définitivement acquise au moment du concordat. (Marseille 11 mars 1867). En effet, comment, dit M. Alauzet, un droit exercé par le syndic au nom de la masse, consacré par un jugement, se serait il évanoui tout à coup sans que nul l'ait recueilli, que nul pût désormais l'exercer et l'invoquer ? Mais si avant le concordat le syndic n'a ni demandé, ni obtenu en justice la restriction des droits de la femme, le failli pourrait-il le faire lorsqu'il aura obtenu un concordat ?

On a soutenu que dans ce cas le failli pourrait agir parce que la masse des créanciers y est intéressée. M. Labbé prétend, à l'appui de cette opinion, que le failli concordataire est subrogé aux droits de la masse qu'il a désintéressée par ses promesses. En cas d'union, le syndic liquide, distribue l'actif et exerce les actions de la masse ; en cas de concordat, le failli liquide et distribue l'actif lui-même comme le ferait un syndic, il doit être dans la même situation qu'un syndic, il doit offrir à ses créanciers des dividendes au moins égaux à ceux qu'ils recevraient dans une distribution judicaire. Il ne pourra le faire que s'il peut invoquer les nullités que la loi a attachées à la faillite. Supposons que dans le concordat il ait fait des offres convenables aux créanciers, si plus tard on ne lui permet pas d'invoquer les nullités que pourrait invoquer la masse, il ne pourra tenir ses engagements, les créanciers demanderont alors la résolution du concordat et la faillite ressuscitée permettra de faire réduire les droits de la femme.

Nous repoussons avec M. Rataud (Revue crit. 1867, tome II), l'opinion de M. Labbé. Il est impossible de comparer le failli concordataire à un syndic d'union ; car le syndic représente les créanciers, il exerce leurs droits, et tout ce qu'il retire du patrimoine du failli, il doit le leur distribuer au marc le franc : tandis que le failli concordataire administre son propre patrimoine dans son intérêt personnel et il représente si peu ses créanciers que ceux-ci peuvent l'actionner dans la limite du concordat. Lorsqu'il a obtenu un concordat, que son patrimoine augmente ou qu'il diminue, il devra toujours aux créanciers les dividendes qu'il leur a promis et rien de plus, si donc il pouvait invoquer les nullités qui sont la conséquence de sa faillite, il les invoquerait dans son intérêt personnel, or nous savons que les restrictions des art. 557-564 ne peuvent être invoquées que dans l'intérêt de la masse, le failli concordataire ne peut donc pas s'en prévaloir.

D'ailleurs comment le failli pourrait-il exercer cette action contre la femme ? Serait-ce en vertu d'une cession expresse ou tacite que lui en aurait faite la masse ? Mais grâce à cette cession le failli, viendrait profiter des restrictions que le législateur a établies sur la présomption de sa fraude ; en outre, cette cession conduirait à permettre au failli de demander lui-même la nullité des actes par lui faits pendant la période suspecte ; ainsi supposons qu'il ait reçu dans cette période un paiement d'un de ses débiteurs, il pourrait invoquer la nullité de ce paiement, afin de réclamer de nouveau à son débiteur la somme dont celui-ci s'était libéré entre ses mains.

Enfin M. Labbé nous semble bien loin du principe qu'il posait au début de cette étude ; avant d'aborder la question de savoir si les créanciers hypothécaires peuvent invoquer les restitutions aux droits des femmes, il établissait que nos articles étaient exceptionnels, qu'en prononçant une déchéance sur un simple soupçon ils avaient quelque chose d'exorbitant ; il en concluait que ces articles devaient être interprétés restrictivement et qu'il ne fallait restreindre les droits de la femme que lorsque cette restriction était commandée par l'intérêt des créanciers. Et voilà qu'à la fin de son étude il étend nos articles à une hypothèse où les créanciers n'ont pas intérêt à l'invoquer, et dépouille la femme au profit de son mari ! Cette théorie est inacceptable.

Résumons notre première condition, il faut que le mari soit en faillite, nous ne nous contentons pas de l'état de cessation des paiements, nous exigeons la déclaration de faillite par le tribunal de commerce. Mais s'il faut que la faillite ait été déclarée il faut qu'elle subsiste encore, qu'elle ne soit pas anéantie, le vote du concordat ne suffit pas pour effacer la faillite, l'exécution seule du concordat rend à la femme la plénitude de ses droits.

Cette décision que nous venons de donner pour le concordat judiciaire est vraie aussi pour le concordat amiable. Nous sommes ainsi amenés à nous demander ce que deviennent les droits de la femme dans le cas où il est intervenu entre son mari débiteur et les créanciers de celui-ci un concordat amiable ou un acte d'atermoiement et à dire quelques mots de ces deux contrats qui depuis quelques années sont devenus fréquents et ont été sanctionnés par la pratique.

Concordats amiables.

Le concordat amiable intervient entre un négociant et tous ses créanciers. Ce négociant peut être à ce moment ou simplement gêné dans ses affaires, ou en état de cessation de paiements, ou même déclaré en faillite. Ce qui distingue le concordat

amiable du concordat judiciaire c'est qu'il doit être voté par
l'unanimité des créanciers, tandis que pour le concordat judiciaire la majorité suffit.

Si le concordat amiable intervient après la faillite déclarée,
les droits de la femme ont été restreints par le jugement déclaratif, ils revivront après le vote du concordat, si le jugement
déclaratif est annulé par la cour d'appel ; mais si le délai d'appel
est déjà expiré lorsqu'intervient le concordat amiable, la femme
ne recouvrera la plénitude de ses droits qu'après l'exécution
complète du concordat amiable, de même que s'il s'agissait d'un
concordat judiciaire, car les créanciers antérieurs avaient droit
acquis à l'application de ces restrictions, et ils ne perdent ce
droit que lorsqu'ils sont désintéressés par l'exécution du concordat ; quant aux créanciers postérieurs, les droits de la femme
n'ont jamais été restreints à leur égard.

Si le concordat amiable intervient, comme d'ordinaire, avant
la déclaration de faillite, les droits de la femme n'ont jamais été
soumis aux restrictions de nos articles, elle se présentera donc
au concordat pour l'intégralité de ses droits, si elle les a fait
liquider après avoir demandé la séparation de biens.

Souvent la femme ne demande pas la séparation de biens et
n'intervient au concordat qu'en faveur de la masse, pour la subroger à une de ses hypothèques, si elle n'est pas mariée sous
le régime dotal.

Mais quelle va être la situation de la femme qui a voté au
concordat comme créancière après avoir obtenu la séparation de
biens, si la faillite du mari vient à être déclarée postérieurement
à ce concordat ?

Il faut distinguer si le concordat a consisté en la remise d'une portion de la dette moyennant le paiement immédiat du surplus, ou s'il a consisté en un contrat d'atermoiement.

Dans le premier cas, si *tous* les créanciers ont participé au concordat la faillite ne peut avoir été demandée que par un créancier postérieur, et la femme garde tout ce qu'elle a reçu dans le concordat ; cet acte ne peut pas être annulé en vertu des art, 446 et 447, car la faillite ne peut pas être reportée jusqu'à cette date, puisqu'à ce moment, tous les créanciers ayant voté au concordat, le débiteur ne pouvait pas être en état de cessation de paiements. Si, au contraire, un des créanciers a été oublié et n'a pas participé au concordat, il peut faire déclarer la faillite, et alors, croyons-nous, le concordat amiable sera annulé en vertu des art. 446 et 447, si le jugement reporte la faillite à une époque postérieure à ce concordat de moins de dix jours, car alors il aura été fait à un moment où le débiteur était en état de cessation de paiements, puisqu'à l'égard du créancier omis l'état de cessation de paiements n'a jamais cessé d'exister. (*Contrà.* Bordeaux, 5 avril 1870. — L. 70-2-311.)

Si le concordat a consisté en un acte d'atermoiement, c'est-à-dire s'il a été consenti moyennant le paiement d'une partie de la dette divisée en échéances successives, il faut sous-distinguer suivant que le débiteur n'a payé que le premier dividende échu le jour du contrat, ou qu'au contraire il a payé d'autres dividendes après le concordat.

S'il n'a payé le jour du contrat que le premier dividende dont le versement lui était imposé à cette époque, ce paiement est valable, car il n'a pas servi à avantager un créancier au détriment des autres, puisque tous ont reçu le même dividende ; les créanciers postérieurs ne peuvent pas contester ce paiement. En effet, leur droit de gage général n'a jamais porté sur les biens donnés en paiement, puisque leur créance n'est née qu'après leur aliénation.

Mais s'il a payé des dividendes postérieurement au concordat, ces dividendes pourront être sujets à restitution ; ils n'ont été payés qu'aux dépens de l'actif nouveau existant après le concordat, actif nouveau qui formait aussi le gage des créanciers postérieurs au concordat, qui n'ont pas reçu de dividendes ; ces paiements constituent bien des avantages faits à certains créanciers et prévus par l'art. 446. Dans ce cas, les cautions échapperont à tout recours, car elles ont été libérées par le paiement.

Si au contraire le paiement des dividendes postérieurement au concordat a été effectué par les cautions à défaut du débiteur, il est valable parce que la caution n'a fait qu'accomplir l'obligation qu'elle avait contractée, et, en outre, parce que le cautionnement fourni par un tiers n'enlève rien à l'actif du failli, il ne fait que substituer la caution au créancier originaire dans le cas où la caution a payé la dette ; les art. 597 et 598 ne sont donc pas plus applicables ici que les art. 446 et 447.

TROISIÈME CONDITION. — Il faut pour appliquer à la femme les restrictions des articles 557-564 que le mariage soit dissous au moment de la faillite, ou que la femme obtienne la séparation de biens. Sans doute la faillite, en principe, fait perdre au failli le bénéfice du terme et rend· exigibles toutes ses dettes même non échues (art. 1188 C. civ., 444 C. com.). Mais les dettes du mari envers sa femme, telles que la dette de la dot qu'il a reçue et qu'il doit restituer, les reprises dont il doit lui tenir compte, sont d'une nature toute spéciale, et le législateur a pris soin de déterminer lui-même l'époque à laquelle elles devenaient exigibles : c'est la dissolution du mariage ou la séparation de biens judiciaire. Jusque là et malgré la faillite le contrat de mariage fait la loi des parties, le mari reste l'administrateur et le détenteur des biens de sa femme, ou le chef de la communauté et ce n'est qu'après la dissolution du mariage ou la séparation de biens judiciaire qu'elle peut lui demander des redditions de comptes.

Le droit de demander la séparation de biens est un droit personnel à la femme, sous l'article 1166 tout le monde admet que ses créanciers ne peuvent pas la demander à sa place. Mais l'article 1446 vient leur donner un droit tout à fait spécial, il leur permet, en cas de faillite du mari, d'exercer les droits de leur débitrice jusqu'à concurrence du montant de leurs créances. On décide généralement que l'article 1446 donne aux créanciers de la femme, en cas de faillite du mari, le droit, non pas de demander la séparation de biens mais d'agir comme si la séparation de biens était prononcée, d'exercer à la place de leur débitrice tous les droits que celle-ci pourrait exercer après la séparation de biens prononcée. En vertu de cet article, ils pourront exercer tous les droits de la femme dans la faillite du mari, mais ils ne les exerceront évidemment que comme la femme elle-même les eût exercés, c'est-à-dire qu'ils seront soumis aux restrictions de nos articles.

La femme, par le seul fait qu'elle notifie aux syndics sa demande en séparation de biens, fait opposition à ce qu'il soit procédé hors de sa présence à la liquidation de la faillite. Aux termes de l'article 1444 C. c. la femme doit, à peine de nullité, faire exécuter dans la quinzaine le jugement qui prononce la séparation de biens, par le paiement réel de ses droits et reprises; d'autre part le jugement déclaratif opérant suspension des poursuites individuelles contre le failli (1444 C. c.), la femme ne pourrait pas exécuter le jugement en poursuivant son mari et le jugement tomberait, aussi décide-t-on qu'il suffit que la femme remette ses titres aux syndics pour que le jugement soit réputé exécuté conformément à l'article 1444 du C. civil.

, Contre qui la femme doit elle intenter son action en séparation de biens ? Avant d'exposer les trois systèmes qui se sont produits sur cette question, il convient de rappeler les principes généraux sur la matière. L'article 443 C. com. décide que le jugement déclaratif opère le dessaisissement du failli, et lui enlève le droit d'exercer ses actions et de défendre à celles qui sont exercées contre lui par des tiers. Seulement on admet que malgré l'article 443 le failli conserve l'exercice des actions qui sont purement attachées à sa personne mais alors la difficulté est de déterminer si une action rentre dans la règle de l'article 443 ou dans l'exception, si telle ou telle action touche plus à la personne du failli qu'à ses biens. Tout le monde admet que l'action en séparation de corps et l'action en révocation d'une donation pour cause d'ingratitude ne peuvent être exercées que contre le failli lui-même, car son honneur est mis directement en cause par ces actions, et ce n'est qu'indirectement que ses biens sont atteints. Mais que décider à l'égard de l'action en séparation de biens ? C'est ici que s'élève la controverse.

Premier système. — L'action en séparation de biens doit être intentée contre le failli lui-même. En effet :

1. L'action en séparation de biens touche à l'honneur et à la considération du mari, car elle tend à modifier les règles de son régime nuptial, à lui enlever l'administration des biens de sa femme qu'il avait comme chef de l'association conjugale, pour la rendre à celle-ci, qui recouvre en même temps la libre jouis-

sance de ses revenus et le pouvoir d'aliéner ses meubles sans l'autorisation de son mari.

2. Les textes sont formels en faveur de cette opinion : l'article 1446 défend aux créanciers personnels de la femme d'intenter l'action en séparation de biens, c'est donc que cette action est spécialement attachée à la personne de la femme, par conséquent les créanciers du mari (ou le syndic qui les représente) ne peuvent pas plus y défendre que les créanciers de la femme ne peuvent l'intenter.

3. L'art. 871 C. pr. n'accorde aux créanciers du mari que le droit d'intervenir à l'instance en séparation de biens s'ils n'y ont pas été appelés, c'est donc que l'action ne doit pas être dirigée contre eux mais contre le failli.

4. Enfin l'art. 443 C. com. ne prononce le dessaisissement du failli que pour les actions mobilières ou immobilières ; or l'action en séparation de biens ne rentre ni dans l'une ni dans l'autre de ces deux catégories.

Deuxième système. — Nous pensons avec M. Lyon-Caen (*Note sur l'arrêt de Paris*, 19 mars 1879, S. 80-2-17 ; Cass., 23 février 1880, *Journ. Trib. de com.*, 1880, 231) que l'action en séparation de biens ne doit être intentée par la femme que contre le syndic. En effet :

1. L'action en séparation de biens ne soulève pas, comme l'action en séparation de corps et l'action en révocation d'une donation pour ingratitude, un intérêt d'honneur, elle ne tend pas à faire relâcher le lien du mariage, ni à faire cesser la cohabitation. Son but principal offre un caractère exclusivement pécuniaire, elle ne soulève pas nécessairement une question intéressant l'honneur du failli : son but principal est la dissolution

de la communauté, la restitution des biens dotaux, ce n'est qu'indirectement qu'elle restreint la puissance maritale et augmente la capacité de la femme.

2. L'argument tiré de l'art. 1446 n'est pas concluant, car il ne vise que l'introduction de la demande en séparation de biens, tandis que dans notre espèce, il ne s'agit que de la défense de cette action. La seule conclusion qu'on puisse, au point de vue de la faillite, tirer de cet article, c'est que, si la femme tombe en faillite, elle seule, à l'exclusion du syndic, peut intenter l'action en séparation de biens, on ne peut pas en déduire le caractère exclusivement personnel de cette action. Cet article se justifie par cette considération qu'une demande en séparation de biens peut troubler la paix du ménage en irritant le mari, et alors à la femme seule il appartient de voir si elle doit sacrifier la paix du ménage à ses intérêts pécuniaires. Ce motif, dit M. Lyon-Caen, n'a aucune application au cas de savoir si le syndic de la faillite du mari peut défendre à la demande en séparation de biens.

3. Le dessaisissement du failli porte sur toutes ses actions, sauf celles qui intéressent son honneur, et l'art. 443, en ne parlant que des actions mobilières et immobilières ne veut évidemment citer que des exemples. Par ce dessaisissement, la loi veut empêcher le failli de nuire à ses créanciers en laissant rendre contre lui des décisions qui diminueraient son actif. Les créanciers ont un intérêt énorme à la décision qui interviendra sur l'instance en séparation de biens, car le jugement qui la prononce peut amener ou le partage de la communauté, ou, ce qui est plus fréquent, la liquidation et l'exercice des reprises de la femme après sa renonciation à la communauté.

4. Enfin l'argument tiré de l'art. 871 C. pr. n'a pas une grande valeur: si cet article ne parle que du droit d'intervention des

créanciers du mari à l'instance en séparation, et non du droit
d'y défendre à titre principal, c'est qu'il ne prévoit pas l'hypothèse de la faillite du mari, sans cela en effet, au lieu de parler
des créanciers, il aurait parlé des syndics qui les représentent.

Nous admettons donc que le syndic seul doit être assigné par
la femme demanderesse en séparation de biens, mais nous ne
refusons certainement pas au failli le droit d'intervenir à l'instance ; il y aura intérêt, afin de prouver que l'état de ses affaires
qu'on attribue à sa faute n'est dû qu'à des circonstances indé-
pendantes de lui.

Troisième système. — M. Ruben de Couder (*Diction. de D.
comm. ind. et marit.*, tome 4, v° faillite, n° 199) soutient que la
demande en séparation de biens doit être dirigée conjointement
contre le failli et le syndic ; que le jugement rendu contre l'un
des deux seul n'aurait aucun effet contre l'autre. Ce système ne
repose sur aucun fondement juridique : le Code de commerce
ne nous fournit pas un seul exemple d'actions qui devraient être
exercées à la fois contre le failli et contre le syndic. Nous ne
reconnaissons au failli que le droit d'intervenir à l'instance.

Lorsqu'on admet avec nous que l'action en séparation de biens
doit être dirigée contre le syndic de la faillite du mari, il faut encore prendre parti sur d'autres questions subsidiaires. Et, d'abord,
le syndic qui succombe dans l'action en séparation intentée par
la femme doit-il être condamné aux dépens, même s'il a acquiescé
à la demande, et, s'il y est condamné, doit-on employer les dépens en frais de syndicat ?

Le syndic doit nécessairement être condamné aux dépens de
l'instance en vertu de l'art. 130 C. pr. non seulement lorsqu'il a
déclaré s'en rapporter à justice, mais aussi lorsqu'il a déclaré

acquiescer à la demande, et alors même que ce syndic ne serait pas le syndic de la faillite personnelle du mari, mais celui d'une société commerciale dont le mari était l'un des membres (Cass., 23 février 1880 ; *Journal*, 1880, 231. Cass., 11 juin 1877, 378-1-465. Tribunal Seine, 24 avril 1879. *Journal trib. com.*, 1879, 398). En effet, la séparation de biens ne peut être prononcée que judiciairement, et elle n'est susceptible ni d'acquiescement ni de transaction ; l'acquiescement du syndic de la faillite du mari ne dispense pas la femme de la nécessité de faire statuer judiciairement sur sa demande, il doit être considéré comme nul et non avenu et il ne peut pas, par conséquent, soustraire le syndic à la condamnation aux dépens de l'instance.

Mais lorsque le syndic est condamné aux dépens au profit de la femme, celle-ci doit-elle venir au marc le franc comme créancière de la masse, ou bien faut-il décider que ces dépens doivent être considérés comme des frais de syndicat et prélevés sur l'actif de la faillite avant toute répartition entre les créanciers? Nous pensons, avec l'arrêt de la Cour de Paris du 13 mars 1879, précité, que ces dépenses doivent être employées en frais de syndicat ; en effet, il est de principe que, dans tout procès, la partie pendante est condamnée aux dépens, or qu'elle est dans notre hypothèse la partie pendante ? C'est la masse des créanciers représentée par le syndic, c'est elle qui doit supporter le paiement de cette somme, et elle ne le supportera effectivement que si on prélève ces dépens sur l'actif de la faillite, avant de faire la répartition au marc le franc à la masse des créanciers, Cass. 11 juin 1877 ; S. 78-1-465. *Contra*, Rouen, 29 février 1840. D. P. 1840-1-538).

Lorsque la demande en séparation de biens a été introduite contre le mari avant sa mise en faillite, et qu'elle a été continuée

contre le syndic, nous admettons avec l'arrêt de la Cour de
cassation du 11 juin 1877 précité, que l'emploi en frais de
syndicat doit s'appliquer même aux dépens antérieurs au
jugement déclaratif de faillite. (*Contra*, trib. com. Mulhouse,
15 novembre 1867 ; S. 68-2-55. D. P. 1868-2-34).

§ 2.

CONDITIONS SPÉCIALES D'APPLICATION DES RESTRICTIONS APPORTÉES
AUX AVANTAGES MATRIMONIAUX ET A L'HYPOTHÈQUE LÉGALE DE
LA FEMME.

Les articles 563 et 564 exigent la réunion de deux conditions
pour qu'on puisse faire annuler les avantages stipulés au profit
de la femme dans son contrat de mariage, et faire restreindre
son hypothèque légale. Nous les étudierons telles qu'elles sont
édictées par les nouveaux articles modifiés par la loi de 1838
et nous verrons en quoi la nouvelle législation diffère du Code
de 1807.

On les applique lorsque le mari était commerçant au moment
du mariage, et ce n'est que justice, car dans ce cas seulement
la femme a pu s'attendre au moment du mariage à courir les
risques de la faillite , il en est de même lorsque le mari n'avait
à ce moment aucune profession déterminée et est devenu
commerçant dans l'année qui a suivi son mariage. Il n'en était
pas ainsi sous l'empire du Code de 1807; la femme était encore
soumise à nos restrictions lorsque son mari, ayant au moment
du mariage une profession déterminée, avait embrassé dans

l'année la profession de commerçant, ou encore lorsque son mari était un fils de négociant n'ayant au moment du mariage aucune profession déterminée, pourvu qu'il fût devenu commerçant plus tard (anciens art. 552, 553).

Le Code de 1807 était donc très rigoureux à l'égard des femmes ; on critiqua sa sévérité en disant que lorsqu'une femme épouse un homme qui a une profession déterminée, elle ne peut pas prévoir que dans l'année son mari entreprendra le commerce et qu'il était inique de lui enlever toutes les garanties du droit commun, à raison d'un fait personnel de son mari qu'elle ne pouvait pas prévoir. On disait encore que les fils de négociant ne suivent pas toujours la carrière de leur père et que dès lors il n'est pas juste de présumer que la femme, en épousant un fils de commerçant alors sans profession déterminée, devait croire que son mari deviendrait commerçant plus tard.

La loi de 1838 s'est montrée plus humaine à l'égard de la femme, et nous allons étudier les deux cas dans lesquels elle la soumet aux restrictions des art. 563 et 564.

1. *Lorsque le mari était commerçant au moment du mariage.* Nous devons d'abord nous demander quelle serait l'influence de ce fait que le mari aurait pris la qualité de commerçant dans son contrat de mariage ou dans l'acte de célébration. Cette qualité prise par le mari dans cet acte ne suffit pas à autoriser contre la femme l'application de nos articles 563, 564, si le mari ne fait pas habituellement des actes de commerce. Cependant, ainsi que le prouve un arrêt de cassation du 24 janvier 1872 (D. P. 72-1-93), cette prise de qualité n'est pas sans importance, elle met à la charge de la femme la preuve qu'au jour du mariage son mari n'était pas négociant, tandis que, en l'absence de cette dé-

claration, c'est aux créanciers qu'incombe la charge de la preuve contraire.

Nos articles devraient ils être appliqués au cas où le mari, bien qu'ayant au jour du mariage une profession déterminée autre que celle de commerçant ou même incompatible avec cette dernière, faisait habituellement des actes de commerce ? On décide généralement que dans cette hypothèse la femme doit subir les restrictions des articles 563, 564, car ces articles, en parlant du mari *commerçant* ont dû employer ce mot dans le sens que lui donne l'art. 1, en le définissant : « Le commerçant est celui qui exerce des actes de commerce et en fait sa profession habituelle ; » peu importe d'ailleurs que cet individu exerce en même temps une autre profession, l'article n'exige même pas pour qu'un individu soit commerçant, qu'il fasse du commerce sa profession principale, il suffit qu'il fasse habituellement des actes de commerce. (Nîmes, 10 juin 1851. — D. P. 52-2-216). Nous ne pouvons admettre une semblable théorie : en effet, pourquoi la loi apporte-t-elle en cas de faillite du mari des restrictions aux droits de la femme qui épouse un commerçant ? Parce que en se mariant cette femme a pu prévoir la faillite de son mari. Mais ici, lorsque le mari a une autre profession que celle de commerçant, lorsqu'il a une profession incompatible avec celle de commerçant, la femme n'a pas pu savoir, en se ma · riant, que son mari faisait des actes de commerce et pourrait tomber en faillite ; la présomption sur laquelle sont basées les restrictions de nos articles faisant défaut, ces articles ne doivent pas recevoir leur application, *cessante causa cess u effectus*. En outre, dans toute cette matière des restrictions aux droits des femmes en cas de faillite du mari il y a toujours en présence les intérêts contraires de la femme et des créanciers du mari ;

qui devons-nous sacrifier dans cette hypothèse? Ce n'est certainement pas la femme, car elle n'a pas cru épouser un commerçant, on ne peut pas la contraindre à rechercher si son
futur mari faisait des actes de commerce ; ce sont donc les
créanciers que nous devons sacrifier à la femme, car ils sont de
mauvaise foi, ils savaient en contractant avec le futur mari qu'il
avait une profession incompatible avec celle de commerçant, et
ils n'ont pas pu alors compter légitimement sur le bénéfice des
art. 563, 564.

2. *Lorsque le mari, n'ayant aucune profession déterminée au
moment du mariage, sera devenu commerçant dans l'année.* Bien
que moins rigoureuse que les anciens art. 552 et 553, cette
condition peut cependant être l'objet de critiques fondées; le
fait que le mari, qui n'avait aucune profession déterminée lors
du mariage, est devenu commerçant dans l'année, ne nous paraît pas une base suffisante pour établir en présomption *juris et
de jure* qu'au moment de la célébration du mariage il avait l'intention de faire le commerce et que sa femme connaissait cette
intention. Aussi croyons-nous qu'il serait bon de supprimer
cette disposition si l'on venait à modifier la loi sur les faillites.

Mais que faut-il entendre par *profession déterminée?* Il est difficile de poser sur ce point une règle absolue et nous croyons
qu'il vaut mieux trancher la question en fait. Cependant, comme
nos articles sont essentiellement exceptionnels et que, par conséquent, ils doivent être interprétés restrictivement, on pourrait
dire qu'il suffit que le mari ait eu au moment de son mariage
une profession quelconque, pour que la femme ne subisse pas
l'application des art. 563, 564. Aussi nous croyons que la Cour
de Paris (9 fév. 1867, D. P. 68-2-29) a fait une fausse application de la loi en décidant qu'un principal clerc de notaire n'avait

pas une profession déterminée ; nous croyons que c'est là une profession suffisante pour rentrer dans les termes de nos articles et que la femme qui a épousé un clerc de notaire a dû normalement supposer que son mari ne se livrerait pas plus tard au commerce.

CHAPITRE II.

Restrictions aux Droits de la femme quant à ses reprises et à ses avantages matrimoniaux.

————

Après la dissolution du mariage ou la séparation de biens, la femme exerce les droits que lui donne son contrat de mariage, elle partage avec son mari la communauté qui pouvait exister entre eux et qu'elle accepte; en outre soit qu'elle accepte la communauté, soit qu'elle y renonce, soit qu'il n'y ait pas de communauté entre les époux, la femme réclame au mari les avantages stipulés en sa faveur dans son contrat de mariage, et exerce ses reprises.

La femme exerce ses reprises soit à titre de propriétaire, soit à titre de créancière. Elle reprend à titre de propriétaire ses immeubles et ses meubles propres qui n'ont pas été aliénés pendant le mariage; quant au prix de ses immeubles aliénés et, dont il n'a pas été fait emploi et quant aux indemnités qui lui sont dues par la communauté, une controverse célèbre s'est élevé sur le point de savoir si la femme les reprendrait à titre de propriétaire ou de créancière; l'accord n'est pas encore fait dans la doctrine, mais, depuis l'arrêt solennel du 15 janvier 1858, la jurisprudence est unanime à décider que la femme exerce ses reprises en argent à titre de créancière.

La loi commerciale a restreint ces droits de la femme lorsque son mari est en faillite, car avec ses reprises et ses avantages matrimoniaux la femme avait un moyen facile de frauder les

créanciers de son mari, en augmentant l'importance de ses reprises, en se faisant rembourser des dettes qu'elle n'avait pas
payées pour son mari. Dans toute cette matière, la loi, se propose
de sauvegarder les intérêts toujours opposés de la femme et des
créanciers du mari, elle a pour but d'enlever à la femme tout moyen
de frauder les créanciers de son mari, et en même temps de lui
permettre de reprendre ses biens propres et de sauver du désastre du mari sa fortune personnelle ; le code de 1807 et la
loi de 1838 ont atteint ce but en ne permettant à la femme de
reprendre ses biens propres qu'à la condition de prouver qu'elle
les avait acquis de ses deniers et non des deniers de son mari.

Nous allons étudier dans notre première section les restrictions apportées par les articles 557 à 562 aux reprises de la
femme.

SECTION I.

Restrictions quant aux Reprises de la femme.

§ 1.

REPRISES EN NATURE ET A TITRE DE PROPRIÉTAIRE.

La femme peut reprendre en nature et à titre de propriétaire
ses immeubles et ses meubles propres.

I. — *Immeubles.*

Les articles 557, 558 et 559 divisent les immeubles de la
femme en deux classes : 1° ceux que la femme possédait au jour

du mariage ou qui lui sont advenus depuis par succession ou donation ; 2° ceux dont elle a acquis la propriété à titre onéreux depuis le mariage.

L'article 559 pose le principe général « sous quelque régime qu'ait été formé le contrat de mariage, hors le cas prévu par l'article 558 , la présomption légale est que les biens acquis par la femme du failli appartiennent au mari , ont été payés de ses deniers et doivent être réunis à la masse de son actif, sauf à la femme à fournir la preuve du contraire. » Cette présomption n'est autre que la présomption Quintus Mucius du droit romain : « Quintus Mucius ait, quum in controversiam venit, unde ad mulierem quid pervenerit, et verins, et honestius est, quod non demonstratur, unde habeat, existimari a viro, aut qui in potestate ejus esset, ad eam pervenisse. Evitandi autem turpis quœstus gratia circa uxorem hoc videtur quintus Mucius probâsse. » (l. 51. D. de donat. inter. vir et ux. 24. 1.) Pomponius dans cette loi nous donne le motif de la décision de Quintus Mucius: la vérité et l'honnêteté veulent que les biens dont la femme ne peut prouver l'origine soient réputés lui venir de son mari.

La loi commerciale a été sage en reproduisant la présomption Quintus Mucius, elle a ainsi empêché l'actif de la faillite de disparaître par suite d'acquisitions frauduleuses d'immeubles faites par les époux. Cette présomption protège sérieusement les droits des tiers, en effet, il aurait été injuste de mettre à la charge des créanciers la preuve de ce fait que les deniers qui ont servi à acquérir l'immeuble ont été fournis par le failli, car cette preuve aurait été très dificile pour eux, pour ne pas dire impossible. Les droits des créanciers étant ainsi garantis nous croyons que la femme se trouve suffisamment protégée par le

droit que lui donne l'article 559 de combattre cette présomption par la preuve contraire, car la femme d'un commerçant
doit toujours redouter la faillite, et il lui est facile de se procurer
en vue de cette catastrophe, la preuve qu'elle a bien payé de
ses deniers les immeubles qu'elle a acquis, tandisque la preuve
inverse eût été presque impossible pour les créanciers du mari.

Nous avons à nous demander maintenant par quels moyens
de preuve la femme doit combattre la présomption de l'article
559 ? On décide généralement, et avec raison, que l'article 559
par ces mots : sauf à fournir la preuve du contraire, a voulu
permettre à la femme les modes de preuve du Droit commun. Il
n'est donc pas nécessaire que la femme fasse cette preuve par
acte authentique ; en effet, quand le législateur veut exiger cette
formalité, il le dit formellement, c'est ainsi que, dans l'article
558, il exige que l'origine des deniers soit constatée par acte
authentique ; en ne parlant dans l'article suivant que de la
preuve contraire en général, il a voulu permettre à la femme
l'emploi de tous les modes de preuve. Le Code de commerce
s'est montré sévère, mais juste, à l'égard de la femme en
établissant contre elle la présomption Quintus Mucius et en
l'obligeant à la combattre par la preuve contraire, il aurait été
injuste en exigeant d'elle la preuve par acte authentique, le
rapprochement des articles 558 et 559 ne nous permet pas de
lui reprocher une pareille injustice : il serait très difficile à la
femme de prouver par actes authentiques qu'elle avait, au
moment où elle a acquis un immeuble, la somme suffisante pour
le payer, car cette somme provient peut-être des économies
qu'elle a réalisées lentement et au jour le jour sur ses
revenus.

Le législateur n'ayant pas précisé le mode de preuve que doit employer la femme pour combattre la présomption Quintus Mucius, la jurisprudence ne peut pas créer des distinctions dans le silence de la loi et astreindre la femme à un mode spécial de preuve.

Des auteurs ont cependant voulu interdire à la femme la preuve testimoniale pour établir l'importance de ses reprises et exiger d'elle, sinon une preuve authentique, du moins une preuve par écrit. Mais la loi ne fait nulle part cette distinction, nous devons donc la repousser et permettre à la femme la preuve testimoniale, bien que, en fait, il soit à peu près impossible pour la femme d'établir par témoins que les deniers qui ont servi à acquérir cet immeuble pendant le mariage lui appartenaient en propre.

Seulement, dans la pratique, les juges se montrent très prudents dans l'admission de cette preuve, et ne reconnaissent bien fondées les prétentions de la femme que si la preuve est pertinente : Et même les juges pourront les repousser, bien que la femme prouve par acte authentique l'origine des deniers si, entre l'époque où elle a reçu ces derniers et la date de l'acquisition de ces deniers, il s'est écoulé un temps assez long, et qu'ils pensent que ce n'est pas avec cet argent que l'immeuble a été acquis par la femme.

· La présomption de l'article.559 ne cède pas seulement devant la preuve contraire administrée par la femme, elle ne touche pas non plus à deux classes d'immeubles déterminées par les articles 557 et 558; la femme peut reprendre en nature les immeubles dont elle était propriétaire au jour du mariage et ceux qu'elle a acquis depuis par succession ou dotation. En effet, l'origine de ces immeubles est bien connue, ils n'ont pas été payés avec les deniers du mari, puisque la femme les possédait avant de se marier, ou qu'ils lui ont été donnés ou légués par un tiers depuis son mariage.

1. La femme reprend en nature tous les immeubles dont elle avait la propriété ou la possession au moment du mariage, à moins, dit l'article 557, qu'ils n'aient été mis en communauté, c'est-à-dire à moins qu'ils n'aient été ameublis. Les immeubles ameublis sont tombés dans la communauté, ils forment le gage des créanciers de la faillite, car les biens de la communauté ils répondent des dettes du mari comme ses biens personnels ; et même lors du partage de la communauté, la femme du failli acceptant la communauté n'aurait pas le droit de retenir l'immeuble par elle ameubli en le précomptant pour sa part sur le prix qu'il vaut alors (1502). La femme du failli séparée de biens ne pourrait pas reprendre ses immeubles ameublis, même si elle avait stipulé la reprise de son apport franc et quitte en cas de renonciation à la communauté, car l'immeuble ameubli est devenu la propriété de la communauté.

Souvent, dans les contrats de mariage, les notaire stipulent que la femme qui ameubli un immeuble pourra reprendre ses apports francs et quittes, même dans le cas où elle serait personnellement obligée envers les créanciers de la communauté et aussi dans le cas où elle aurait été condamnée par un jugement rendu à leur profit. On décide généralement en Droit civil que dans cette hypothèse la femme ne peut pas reprendre ses apports de préférence aux créanciers, que cette clause n'est pas opposable aux tiers. En effet, cette clause, si elle était opposable aux tiers, serait une convention de dotalité rendant insaisissables les apports de la femme, or il est de principe que la dotalité doit être expressément stipulée ; la clause dont il s'agit n'est pas suffisamment formelle, car elle ne vise que les rapports des époux entre eux et non les rapports de la femme avec les tiers. Lorsque le mari est tombé en faillite, de nouvelles raisons viennent interdire à la femme de reprendre son immeuble en nature et de préférence aux créanciers du mari, c'est que, avec le système adverse, cette clause lui permettrait facilement de frauder les créanciers de son mari.

La femme peut-elle reprendre tous les immeubles qu'elle possédait au jour du mariage et qui ne sont point entrés en communauté ? Nous le croyons, bien que cela ait été controversé pour certaines classes d'immeubles. Ainsi, nous autorisons la femme à reprendre les immeubles qu'elle avait acquis à titre onéreux avant le mariage sans les avoir payés, et dont le prix n'aurait été payé que plus tard par le mari ou par la communauté. Nous appuyons cette solution sur le silence de l'article 557, qui doit évidemment se référer aux principes du Code civil sur cette matière.

Mais alors les créanciers de la faillite du mari n'ont-ils pas le droit de retenir les immeubles de la femme payés avec les deniers de la communauté jusqu'à ce que la femme leur ait remboursé la somme fournie par la communauté ? Les créanciers, en un mot, ont le droit de rétention sur les immeubles de la femme ? Nous le croyons, car nous trouvons ici réunies toutes les conditions que nous exigeons pour l'exercice du Droit de rétention ; nous sommes de ceux qui pensent avec la jurisprudence (Cas., 13 juillet 1874, Lyon 6 mai 1878) que le Droit de rétention existe en dehors des cas prévus par la loi, par cela seul que le détenteur de la chose est devenu créancier à l'occasion de cette chose, par cela seul qu'il y a *debitum cum re junctum*. Or, ici, il y a *debitum cum re junctum*, le mari est bien devenu créancier de la femme à l'occasion de cet immeuble qu'il détient, il a donc le droit de rétention et le syndic de sa faillite, qui exerce tous ses droits, peut exercer à sa place le droit de rétention.

Nous donnerons la même solution dans le cas où la femme aurait avant le mariage vendu un de ses immeubles avec clause de réméré, et où pendant le mariage le mari exerce le réméré au profit de sa femme avec ses deniers propres ou avec ceux de la communauté ; dans ce cas encore la femme pourrait reprendre son immeuble en nature en remboursant au syndic de la faillite du mari la somme fournie par celui-ci ou par la communauté pour l'exercice du réméré, et le syndic aurait contre la femme le droit de rétention.

Si la femme était mariée sous le régime dotal ou sous le régime exclusif de communauté, il en serait de même, la femme pourait reprendre son immeuble, mais si elle ne prouve pas que c'est avec ses deniers qu'elle l'a payé ou qu'elle a exercé le réméré, les créanciers du mari pourront invoquer contre elle le droit de rétention, à moins toutefois qu'elle ne se soit constitué cet immeuble en dot, cas auquel les créanciers n'ont plus le droit de rétention.

La femme n'exerce ses reprises immobilières dans la faillite du mari, qu'à la charge de rembourser à la masse les dépenses faites par le mari, et ce n'est que justice, car ces dépenses de construction, d'amélioration, ont été faites avec les deniers du mari et l'ont appauvri. Nous accordons aux créanciers du mari un droit de rétention sur ces immeubles, jusqu'au remboursement intégral de toutes les dépenses nécessaires, même simplement utiles, faites par lui, pourvu que les époux soient mariés sous tout autre régime que le régime dotal. Mais si les immeubles que veut reprendre la femme sont dotaux, les créanciers n'auront sur eux le droit de rétention que pour les impenses nécessaires et non pour les impenses utiles, le principe de l'inaliénabilité dotale et l'article 1558 nous semblent commander cette solution (Aubry et Rau, tome 5, page 630).

2. La femme reprend en nature les immeubles qu'elle a acquis depuis le mariage par donation ou succession. L'article 557 dit que la femme « reprendra les immeubles qui lui sont advenus par succession ou par donation entre vifs ou testamentaires. »

3. Elle reprend aussi en nature aux termes de l'article 558, « les immeubles acquis par elle et en son nom des deniers provenant desdites successions ou donations, pouvu que la condition d'emploi soit expressément stipulée au contrat d'acquisition, et que l'origine des deniers soit constatée par inventaire ou par tout autre acte authentique. » L'article 558 se référant en l'article 557 nous faisons rentrer dans le mot donation l'institution contractuelle et nous y ajoutons le testament dont l'article 557 fait mention

Pour l'exercice de l'action en revendication, l'article 558 exige plusieurs conditions :

1. *Que l'immeuble ait été acquis par la femme et en son nom ;*

2. *Avec déclaration formelle d'emploi dans le contrat d'acquisition.*

Il est évident que la femme peut revendiquer l'immeuble acheté en son nom par son mandataire, et que ce mandataire peut bien être le mari. En serait-il de même si l'immeuble avait été acquis par le mari en son nom mais avec la déclaration d'emploi et d'origine des deniers ? Oui, mais à condition que la femme ait accepté l'emploi conformément à l'article 435, C. civ , car le mari peut être considéré comme le mandataire légal de sa femme, seulement il faut que l'acceptation de l'emploi ait été faite par la femme à une époque assez éloignée de la faillite pour qu'on ne puisse pas suspecter sa loyauté : car si l'acceptation de l'emploi avait lieu longtemps après l'acquisition et peu de temps avant la faillite, il pourrait se faire que la femme n'ait accepté l'emploi que parce que l'immeuble acquis en emploi avait augmenté de valeur et afin d'enlever aux créanciers cette plus-value. Les créanciers du mari pourraient faire annuler l'acceptation de la femme en prouvant qu'au moment où elle l'a faite, longtemps après l'acquisition, elle connaissait le mauvais état des affaires de son mari. L'acceptation serait même nulle de plein droit si elle avait été faite dans les dix jours qui ont précédé le jour, fixé par le jugement déclaratif comme étant celui de la cessation des paiements.

3. *Il faut que l'origine des deniers soit constatée par un inventaire ou par tout autre acte authentique.* Par conséquent, si l'origine des deniers n'était constatée que par des titres sous seing privé, la femme ne pourrait pas revendiquer cet immeuble, elle ne pourrait que réclamer les sommes qu'elle justifierait lui être advenues par donation ou succession, et cette action serait garantie par son hypothèque légale (563).

Mais si une de ces trois conditions faisait défaut, la femme pourrait-elle quand même revendiquer en vertu de l'article 558 cet immeuble qu'elle prétendait acquis en remploi ? M. Bédarride (t. 3, page 94) soutient l'affirmative, un jugement du tribunal de Saint-Marcellin adopte aussi cette opinion dans l'hypothèse où le mari (qui pourrait aliéner la dot à charge de remploi) avait acquis un immeuble en son nom en déclarant qu'il le payait avec des deniers provenant de l'aliénation de

biens dotaux et où la femme avait accepté le remploi. M. Bédarride ainsi que le tribunal de St-Marcellin valident cette acquisition
bien qu'elle n'ait pas été faite au nom de la femme mais au nom
du mari, En effet, disent-ils, ce que veut le législateur c'est que
lorsqu'une valeur n'est pas prouvée authentiquement appartenir
à la femme elle est censée appartenir au mari et acquise avec l'argent de ses créanciers, et que par conséquent toutes les fois que
l'origine des deniers qui ont servi à acquérir un immeuble à la
femme résulte d'actes authentiques, la femme peut le revendiquer. Le législateur veut seulement que la femme ne s'enrichisse
pas aux dépens des créanciers de son mari, mais il ne veut pas
que ceux-ci puissent s'emparer de la fortune de la femme.

Nous n'acceptons pas le système tel qu'il a été présenté par
M. Bédarride, il est trop général : nous admettons avec lui qu'il
n'est pas nécessaire que l'immeuble ait été acquis au nom de la
femme pourvu que les deux autres conditions, déclaration d'emploi dans l'acte d'acquisition et preuve authentique de l'origine
des deniers, soient remplies. Mais nous le repoussons lorsqu'il
prétend que l'absence d'une quelconque de ces trois conditions
ne suffit pas à faire rejeter la revendication de la femme.

Le Code de commerce n'a pas prévu le cas où la femme voudrait
revendiquer un immeuble acquis pendant le mariage en échange
ou en remploi d'un immeuble propre, nous croyons que la
femme devra dans ce cas réussir dans sa revendication, car par
son silence le Code de commerce s'est évidemment référé aux
principes du droit civil sur le contrat de mariage, à cette règle
que l'immeuble acquis en échange ou en remploi d'un autre immeuble prend sa place et suit sa condition juridique. Il y a controverse sur le point de savoir quelle preuve pourra fournir la
femme qui revendique un immeuble acquis en remploi ; devra-

11

t-elle fournir, d'après l'article 558, la preuve authentique de l'origine des deniers, ou ne devra-t-elle, d'après l'article 559, prouver suivant le droit commun l'origine des deniers que comme pour toute acquisition à titre onéreux opérée pendant le mariage ? On a soutenu que la femme devait suivre l'article 559, car dans cet article le législateur pose une présomption à laquelle il déroge dans l'article 558, l'article 558 étant exceptionnel on doit l'interpréter restrictivement. Mais si, dans l'article 558, le législateur n'a pas prévu le cas où la femme revendiquerait un immeuble acquis en remploi d'un immeuble propre, c'est sans doute par oubli et en face de son silence, nous croyons pouvoir supposer qu'il a voulu régler de la même façon deux cas identiques et d'ailleurs, les motifs de décider sont les mêmes ; en effet, il est aussi facile à la femme de se procurer la preuve authentique de l'origine des deniers quand elle achète un immeuble en remploi d'un immeuble propre et avec le prix de celui-ci, que lorsqu'elle en achète un avec des deniers provenant de successions ou de donations qui lui sont échues, tandis que l'article 559 n'exige d'elle que la preuve contraire c,est qu'il lui eût été très difficile de prouver par acte authentique l'origine des deniers qui lui ont servi à acquérir un immeuble, alors que ces deniers étaient peut-être le fruit de ses économies de chaque jour.

Si les immeubles propres de la femme ne se trouvent pas aux mains du mari au moment de la faillite, la femme n'en conserve pas moins le droit de les revendiquer entre les mains des tiers détenteurs.

L'article 561 décide que « l'action en reprise résultant des articles 557, 558 ne sera exercée par la femme qu'à la charge des dettes et hypothèques dont les biens sont légalement grevés, soit que la femme s'y soit obligée volontairement, soit qu'elle ait été condamnée. » Cet article renferme une dérogation au principe de l'article 1494, Code civil, d'après lequel la femme renonçante est déchargée de toute contribution aux dettes de la communauté, tant à l'égard du mari qu'à l'égard des créanciers. Cette dérogation existait déjà dans le Code de commerce de 1807, où elle formait l'article 548 ; seulement les termes de cet article étaient trop généraux : on s'était demandé, sous l'empire du Code de 1807 si à cause de la généralité de l'article 548, la dérogation qu'il contenait devait être étendue même aux dettes et hypothèques dont le fonds dotal aurait pu être grevé pendant le mariage, et si par conséquent cet article dérogeait en outre au principe de l'inaliénabilité du fonds dotal. Mais cette opinion ne pouvait pas être soutenue ; et si la lettre de l'article 548 pouvait, à la rigueur, laisser place au doute, l'esprit du législateur condamnait ce système : certainement le Code de commerce n'avait voulu grever les immeubles acquis par la femme que des dettes que la femme était capable de contracter et des hypothèques qu'il lui était permis de consentir pendant le mariage ; il n'avait pas voulu toucher au principe de la dotalité et rendre aliénables en cas de faillite du mari les immeubles dotaux inaliénables d'après le Droit commun.

Néanmoins l'article 548 du Code de commerce fut critiqué à cause de sa généralité et le Législateur de 1838, en reproduisant dans l'article 561 la disposition de l'ancien article 561 y ajouta le mot *légalement* et fit ainsi cesser toute controverse. Les immeubles repris par la femme ne sont donc grevés que des dettes et hypothèques que la femme pouvait légalement créer ; ainsi sous le régime dotal, la femme ne peut s'obliger sur ses biens dotaux et les hypothéquer que suivant les conditions exigées par l'article 1554 les dettes ainsi contractées et les hypothèques ainsi constituées, grèveront seules les immeubles dotaux acquis par la femme.

Lorsque le régime nuptial de la femme lui permet d'emprunter, elle ne reprendra ses immeubles que grevés des dettes qu'elle aurait ainsi contractées pendant le mariage ; si elle a contracté ces dettes dans son intérêt personnel et exclusif, elle n'aura aucun recours pour répéter le montant de cette dette dans la faillite du mari qui n'en a pas profité. Si au contraire elle s'est engagée solidairement ou conjointement avec son mari dans l'intérêt de celui-ci ou de la communauté, elle aura, après avoir payé cette dette de ses deniers, un recours contre la faillite du mari, recours garanti par son hypothèque en vertu de l'article 563, Code de commerce.

II. — *Meubles.*

L'ancien article 554 du Code de commerce déclarait acquis à la masse de la faillite « tous les meubles meublants, effets mobiliers, diamants, tableaux, vaisselle d'or ou d'argent et autres objets tant à l'usage du mari qu'à celui de la femme », il ne permettait à la femme que de reprendre « les bijoux, diamants et vaisselle qu'elle pourra justifier, par état légalement dressé annexé aux actes, ou par bons et loyaux inventaires, lui avoir été donnés par contrat de mariage, ou lui être advenus par succession seulement. » Elle ne pouvait donc réclamer aucun des effets mobiliers qui lui seraient advenus par donation entre-vifs ou par testament, car on craignait que les donateurs ne fussent que des prête-noms du mari, qui faisait ainsi des libéralités à sa femme ; aussi la pratique avait-elle trouvé le moyen d'éluder cette restriction ; ainsi un arrêt de la Cour de

Rouen du 25 août 1826 (3, 1827-2-86) permettait à la femme de reprendre tous ses biens meubles. Cette disposition du code de 1807 était inique; le législateur ne doit pas dépouiller la femme dans le but de protéger les créanciers du mari, il doit permettre à la femme de reprendre tous les biens meubles ou immeubles dont elle prouve l'origine et l'identité par actes authentiques.

Tel est l'esprit qui anima le législateur de 1838 et qui lui inspira l'art. 560 nouveau, qui est ainsi conçu : « La femme pourra reprendre en nature les effets mobiliers qu'elle s'est constitués par contrat de mariage, ou qui lui sont advenus par succession, donation entre vifs ou testamentaire, et qui ne seront pas entrés en communauté, toutes les fois que l'identité en sera prouvée par inventaire ou tout autre acte authentique. »

La discussion de cet article souleva devant la chambre des députés en 1835 de nombreuses difficultés : La première condition qu'il exige pour la reprise des meubles, c'est qu'ils ne soient pas tombés en communauté ; plusieurs orateurs, au nombre desquels M. Tripier, M. Goupil de Préfeln, M. Quesnault, commissaire du roi et MM. Barthe et Persil, ministres de la justice, soutinrent que tous les meubles apportés par la femme, même ceux qu'elle avait expressément réalisés devenaient la propriété de la communauté, que le mari pouvait les aliéner et que la femme n'avait à la dissolution de la communauté qu'une créance, que le droit de prendre dans l'actif de la communauté la valeur de ces meubles ; que lui permettre en cas de faillite du mari de les reprendre en nature ce serait déroger aux principes du Code civil, et qu'ainsi la faillite du mari augmenterait les droits de la femme au lieu de les diminuer.

Ils s'appuyaient pour soutenir cette thèse, sur l'autorité de Pothier (n° 325 communauté), qui prétend qu'à la différence des immeubles les meubles s'altèrent et perdent leur valeur par le long usage, et qu'il est alors nécessaire que la communauté en soit propriétaire, afin qu'elle puisse avoir la jouissance réelle et complète de leur valeur en les réalisant en argent, et aussi afin que l'époux ait à la place d'une valeur susceptible de périr par le temps, une créance inaltérable contre la communauté. On leur répondit qu'il y a des meubles qui résistent à l'usage, ainsi un diamant, une galerie de tableaux, et tous les meubles incorporels et que la théorie de Pothier tendrait à dire que la communauté n'a jamais sur les meubles des époux un droit d'usufruit, mais seulement un quasi usufruit.

Les orateurs que nous venons de citer invoquaient encore en faveur de leur opinion l'article 1503, C. civ., qu'ils déclaraient être formel en leur sens ; cet article est ainsi conçu : « Chaque époux a le droit de reprendre et de prélever, lors de la dissolution de la communauté, la valeur de ce dont le mobilier qu'il a apporté lors de son mariage, ou qui lui est échu depuis, excédait sa mise en communauté », donc, disaient-ils, la femme ne reprend pas en nature les meubles qu'elle a réalisés, elle ne reprend que leur valeur. Mais en raisonnant ainsi, ces orateurs exagéraient la portée de l'art. 1503 : il y a pour un époux deux manières de réaliser son mobilier, de l'exclure de la communauté ; il peut d'abord exclure de la communauté tel meuble déterminé, c'est la clause de réalisation proprement dite ; il peut aussi déclarer qu'il ne met en bloc tout son mobilier dans la communauté que jusqu'à concurrence de telle somme, et que le reste lui sera propre ; c'est à cette deuxième hypothèse, à la clause d'apport que se réfère l'art. 1503, il dit que l'époux dans ce cas prélève ce dont le mobilier excède la valeur qu'il avait promise de céder à la communauté sur ses meubles.

M. Dufaure soutint avec chaleur la rédaction de l'art. 560 et la fit prévaloir devant la chambre des députés.

La femme peut donc reprendre en nature tous les meubles qui ne sont point entrés en communauté ; ces meubles seront assez rares en général, car la femme ne peut pas reprendre en nature les meubles qui se détériorent ou se consomment par l'usage, ni les meubles livrés au mari moyennant estimations, elle ne reprendra que les meubles qui résistent à l'usage. Sous le régime de la communauté légale, les meubles propres de la femme ne sont pas très nombreux, il n'y a guère que les meubles qui lui ont été donnés ou légués à condition qu'il seraient propres, les meubles acquis en représentation d'un immeuble propre, et les meubles détachés d'un immeuble propre ; sous le régime de la communauté conventionnelle, il y a en outre tous les meubles que la femme a réalisés dans son contrat de mariage ; sous la communauté d'acquêts notamment les époux conservent en propre tout le mobilier qu'ils possédaient au jour du mariage et celui qui leur est échu depuis par donation et succession.

Sous tous les régimes, la femme ne reprend à titre de propriétaire que les meubles qui résistent à l'usage et qui n'ont pas été estimés. Mais il ne lui suffit pas de prouver son apport, elle doit encore prouver l'identité des meubles qu'elle réclame avec les meubles apportés, si non elle ne pourrait les reprendre qu'à titre de créancière. Elle ne peut, dit l'art. 560, prouver cette identité que par inventaire ou tout autre acte authentique. La preuve de l'identité des biens donnés entre vifs lui sera fournie par l'état estimatif, annexé à l'acte de donation ; elle trouvera dans l'inventaire dressé après la mort du *de cujus* la preuve de l'identité des meubles qui lui sont advenus par succession. La preuve sera moins facilement concluante quant aux objets mobiliers apportés lors du contrat de mariage, car la loi n'exige pas un état estimatif par la constitution d'effets mobiliers ; ordinairement le notaire déclare que le futur époux a reçu les meubles qui lui ont été constitués, ou bien que l'acte de célébration vaudra quit·tance des effets constitués.

Il faudra dans ce cas respecter les déclarations portées au contrat de mariage, et d'ailleurs les créanciers n'auront pas à se plaindre, si par ce moyen la femme s'est constituée une dot factice, car le code de commerce exige la publication du contrat de mariage des époux commerçants, les créanciers ont pu en prendre connaissance et apprendre ainsi quelle était l'importance des reprises mobilières que la femme pourrait venir exercer dans la faillite du mari ; ils ont dû traiter en conséquence.

En outre, que prouvent ces déclarations portées au contrat de mariage sans état estimatif? une seule chose ; que le mari a reçu les objets qui composent la constitution mobilière que la femme a déclaré apporter dans le contrat de mariage ; ces déclarations ne prouvent donc que le droit de propriété de la femme sur ces objets mobiliers, mais cela ne suffit pas pour lui permettre de les revendiquer, elle devra en outre prouver l'idendité de ces effets mobiliers qu'elle a déclaré avoir reçus avec ceux qu'elle réclame.

- La femme ne pourra pas toujours faire cette preuve, et lorsqu'elle lui sera impossible, sa revendication sera repoussée et tous les objets mobiliers que possédait le mari au jour où il est tombé en faillite, tomberont dans la masse et formeront le gage de ses créanciers, alors même qu'ils sont à l'usage de la femme, et quel que soit le régime nuptial des époux. Le syndic de la faillite devra seulement lui remettre, avec l'autorisation du juge-commissaire, les habits et le linge nécessaires à son usage.

Quant aux objets mobiliers sur lesquels elle a prouvé son droit de propriété, mais dont elle n'a pas pu prouver l'identité avec ceux qu'elle réclamait, elle n'aura qu'un droit de créance pour en reprendre la valeur dans la masse de la faillite, car elle a prouvé qu'ils n'étaient point entrés en communauté, et cette créance sera garantie par son hypothèque légale en vertu de l'art. 563. Et même, on déduira de cette créance la valeur des linges et habits livrés à la femme par les syndics, valeur qu'ils ont dû constater dans un état estimatif. On déduira cette valeur de la créance de la femme, même si cette créance n'était pas garantie par l'hypothèque légale de l'art. 563; cette valeur qu'a touchée la femme sera alors considérée comme un à-compte sur les dividendes qu'elle recevra dans la distribution des deniers de la faillite.

Le mari, croyons nous, n'a pas le droit, sous tous les régimes autres que le régime dotal, d'aliéner les meubles propres de la femme. Une question intéressante vient d'être résolue par plusieurs arrêts ; la femme peut n'avoir consenti à l'aliénation qu'à charge de remploi, qu'à condition que le mari achèterait un autre meuble pour remplacer le meuble aliéné ; ainsi, souvent dans le contrat de mariage, il est stipulé que lorsque le mari touchera des sommes dotales il devra en faire emploi en rentes sur l'Etat. On se demande alors à quelles conditions la femme pourra revendiquer les meubles incorporels acquis en emploi ou en remploi. Des auteurs ont prétendu qu'il fallait tirer de l'art. 558 un argument d'analogie, et exiger comme pour les immeubles, la preuve par acte authentique de la provenance des deniers, et la déclaration formelle d'emploi dans l'acte d'acquisition. La jurisprudence admet au contraire que la femme doit prouver le remploi ou l'emploi des meubles incorporels d'après les modes de preuve du droit commun. En effet, l'article 558 et l'article 580 qui exigent de la femme des règles spéciales de preuve quant aux meubles corporels et quant aux immeubles acquis en remploi sont dérogatoires à l'article 559 et partant ne doivent pas être étendus aux meubles incorporels, voici comment s'exprime un arrêt de Paris, 28 février 1880 (Sirey 1880-1-308) « considérant en ce qui touche les meubles incorporels, que l'article 559 du code de commerce, d'après lequel la présomption légale est que les biens acquis par la femme du failli appartiennent au mari, admet la femme à fournir la preuve contraire et ne l'assujettit à aucun mode de preuve particulier; qu'elle peut donc recourir à toutes les preuves de droit commun. » Un arrêt de la cour de cassation (requêtes, du 1er décembre 1879, journal 1880, page 446) dit dans le même sens : « attendu que l'article 548 du code de commerce, qui permet à la femme du failli de reprendre les immeubles acquis par elle et en son nom des deniers qui lui sont provenus de donations ou successions, pourvu: 1° que l'origine des deniers soit constatée par acte authentique ; 2° et que la déclaration d'emploi soit expressément stipulée au contrat d'acquisition, ne s'applique qu'aux reprises immobilières de la femme du failli. Attendu qu'il suffit à la femme pour justifier sa revendication d'une rente sur l'Etat, valeur mobilière, d'établir que cette rente revendiquée a été payée de deniers lui appartenant. »

§ 2.

REPRISES A TITRE DE CRÉANCIÈRE.

Nous avons à étudier les droits que peut faire valoir la femme dans la faillite du mari en dehors de cette revendication.

L'article 562 vient établir contre la femme une nouvelle présomption ; il décide que si la femme a payé de ses propres deniers une dette pour son mari, la présomption légale est qu'elle l'a fait avec des deniers de celui-ci ; elle ne pourra en conséquence exercer aucune action dans la faillite sauf la preuve contraire comme dans l'article 559. Nous trouvons ici un premier exemple d'une action exercée par la femme contre la faillite du mari à titre de créancière, et pour l'intenter la femme doit prouver que c'est bien avec ses deniers qu'elle a payé la dette du mari. De droit commun au contraire c'est aux créanciers à prouver qu'elle a payé la dette du mari avec les deniers de celui-ci, et non avec les siens propres.

Nous avons vu tout à l'heure un autre cas où la femme agit contre la faillite à titre de créancière, c'est le cas où elle n'a pas pu revendiquer certains meubles, faute de preuves authentiques ; elle peut alors si elle prouve son apport en réclamer la valeur à la faillite, à titre de créancière.

Mais une controverse célèbre s'est élevée sur la nature des autres droits de la femme. Exerce-t-elle à titre de créancière ou à titre de propriétaire ses reprises en argent, à quel titre reprend-elle le prix de ses immeubles aliénés pendant la communauté et dont il n'a pas été fait remploi, et les indemnités qui lui sont dues par la communauté ? Cette question a longtemps divisé la jurisprudence, elle divise encore aujourd'hui la doctrine. La controverse naquit à la suite du mouvement révolutionnaire de 1848 et de la campagne qui s'engagea à cette époque pour l'émancipation des femmes; jusqu'alors, la jurisprudence avait invariablement décidé que la femme commune acceptante ou renonçante exerce ses reprises à titre de simple créancière chirographaire; mais en 1853, entraînée par l'autorité de son premier président Troplong, la cour de cassation décida que la femme exerce ses reprises à titre de propriétaire; cependant, même à cette époque, elle n'osa pas tirer de cette solution toutes les conséquences que la logique devait en tirer, et lorsque là femme se présentait à la faillite de son mari la jurisprudence ne l'autorisait plus à exercer ses reprises qu'à titre de créancière. (Cass. Req. 24 juin 1854, — Sirey, 54-1-166.) Enfin la question fut définitivement tranchée le 18 juin 1858 par un arrêt mémorable rendu toutes chambres réunies, et qui ne permit à la femme d'exercer ses reprises qu'à titre de créancière. Nous n'avons pas à entrer dans la discussion de cette controverse que tout le monde connaît et qui a été résumée d'une façon si remarquable dans le réquisitoire du P. G. Dupin et dans le rapport du conseiller Sénéca.

Certains auteurs n'osant pas soutenir que la femme était propriétaire de ses reprises, prétendirent qu'elle les exerçait au moins à titre de créancière privilégiée et non à titre de simple créancière chirographaire, mais ce système fut, comme celui de la propriété des reprises, condamné par l'arrêt du 15 janvier 1858; aujourd'hui la jurisprudence adopte unanimement la solution de cet arrêt solennel, et la grande majorité de la doctrine s'est aussi rangée à cette opinion.

Nous avons repoussé naguère l'opinion qui donne à la femme

commune un droit de préférence à l'encontre des créanciers de
la communauté, lorsque dans son contrat de mariage elle avait
stipulé, en cas de renonciation, la reprise de son apport franc et
quitte de toute dette de communauté alors même qu'elle s'y
serait obligée, ou qu'elle y aurait été condamnée. Cette opinion
était déjà soutenue dans l'ancien droit, nous l'avons rejetée parce
que nous voyons dans cette clause une déclaration de dotalité, or
la dotalité à cause de l'inaliénabilité qu'elle entraîne doit être
expressément stipulée, et nous croyons que cette clause n'est
pas assez formelle pour créer l'inaliénabilité dotale.

Que la femme accepte la communauté ou qu'elle y renonce,
nous lui refusons toujours le droit d'exercer ses reprises à titre
de propriétaire et à titre de créancière privilégiée, el'e n'est que
simple créancière chirographaire; cependant sa créance est
généralement garantie par son hypothèque légale sur les immeubles de son mari, mais cette hypothèque légale ne l'empêche
pas de venir au marc le franc avec les autres créanciers du mari
ou de la communauté, lorsque les immeubles du mari sont insuffisants à la désintéresser complètement.

La déclaration de faillite du mari ne change pas les droits de
la femme quant au mode d'exercice de ses reprises en argent,
elle ne fait que mettre la preuve de sa créance à sa charge en
vertu de l'article 559, mais cette preuve n'est pas limitée, c'est
la preuve de droit commun, même par commune renommée.

La femme se présentera donc souvent dans la faillite de son
mari comme simple créancière chirographaire, et alors elle sera
payée de ses créances en monnaie de faillite, c'est-à-dire en dividende. Mais la femme peut être en même temps débitrice de
son mari ou de la communauté qui a existé entre eux et qui par
sa renonciation ne fait plus qu'un avec le mari qui en est sei-

gneur et maître. On se demande alors si la compensation pourra
avoir lieu entre ces dettes et créances réciproques qui existent
entre la femme et le mari représentant la communauté. Avant
d'entrer dans l'étude de cette délicate question qu'a soulevée la
pratique et que vient de trancher la jurisprudence, il importe
d'établir dans quelles conditions elle se présente et quels sont
ses intérêts pratiques.

La question ne se pose qu'après la dissolution de la communauté, car c'est à ce moment que se trouve définitivement réglée
la situation respective des trois patrimoines qui existent sous le
régime de la communauté. L'hypothèse sur laquelle nous discutons est celle où postérieurement à la déclaration de la faillite
du mari la femme a obtenu la séparation de biens et amené
ainsi la dissolution de la communauté ; ce n'est donc qu'après la
déclaration de la faillite du mari que les créances et dettes réciproques entre la femme d'une part et le mari représentant la
communauté d'autre part ont été liquides et exigibles. Or l'article 1291 nous apprend que la compensation légale ne peut se
produire qu'entre dettes exigibles et liquides, et d'un autre côté
l'article 466 du Code civil annule toute compensation faite depuis
la faillite. Cet article est ainsi conçu : « sont nuls et sans effet,
relativement à la masse quand ils auront été faits par le débiteur
depuis l'époque déterminée par le tribunal comme étant celle de
la cessation des paiements, ou dans les dix jours qui auront précédé cette époque ;... Tous paiements soit en espèce, soit par
transport, vente, *compensation* ou autrement pour dettes non
échues, et pour dettes échues, tous paiements faits autrement
qu'en espèces ou en effets de commerce. »

La question qui se pose est celle de savoir si nous devons appliquer l'article 446 à la compensation qui serait possible entre

les reprises que le mari représentant de la communauté doit à sa femme et les indemnités que celle-ci doit à la communauté.

L'intérêt de cette question est considérable : si en vertu de l'article 446 la compensation est impossible, la femme sera obligée de payer intégralement à la communauté ce qu'elle lui doit, tandis que elle ne sera pas intégralement payée de ses reprises, elle n'en sera payée qu'en monnaie de faillite, car le mari qui représente la communauté, à laquelle la femme a renoncé, est en faillite. Cette situation sera désastreuse pour la femme, si au contraire la compensation est possible, la femme sera payée intégralement de ses reprises au moins dans la limite où elle était elle même débitrice de son mari ou de la communauté, et ce n'est que pour l'excédant de ses créances sur ses dettes, si excédant il y a, qu'elle ne recevra qu'un dividende.

Abordons maintenant l'examen de cette question. Deux arrêts (Caen, 27 juin 1874. Amiens, 16 mai 1877. — S. 1879. — 2. — 145) ont déclaré que la compensation était possible. M. Labbé admet la solution de la jurisprudence dans une note sur ces deux arrêts. M. Marx dans sa thèse de son doctorat combat vivement la théorie admise par la jurisprudence et par M. Labbé. Nous croyons devoir nous ranger à la solution de M. Labbé.

M. Labbé invoque d'abord un argument d'équité. La femme n'a pas mérité la situation déplorable qui lui ferait l'application rigoureuse de l'article 446, en effet, ce n'est généralement qu'après la déclaration de faillite du mari, que le jugement prononçant la séparation de biens amènera la dissolution de la communauté, dissolution qui aura pour conséquence l'exigibilité et la liquidation des obligations réciproques qui existaient entre les époux ; la compensation entre elles serait donc fatalement impossible si on appliquait l'article 446. Qu'on ne vienne pas soutenir que la femme aurait pu, en demandant la séparation de biens avant la déclaration de faillite du mari, rendre exigibles et liquides ses créances et ses dettes envers le mari et la communauté et qu'ainsi elle aurait pu rendre possible la compensation ! Mais on ne peut pas demander à une femme de précipiter le désastre de son mari en demandant la séparation de biens, on ne peut pas lui reprocher de n'avoir pas fait ce que son devoir d'épouse lui défendait de faire, de n'avoir pas pour sauvegarder ses intérêts pécuniaires, donné aux créanciers de son mari le signal des poursuites.

M. Marx ne conteste pas cet argument d'équité, mais il lui en oppose un autre qui n'est pas non plus sans force, et qui nous a fait hésiter longtemps. Il prétend que le système de M. Labbé contredit le but de l'article 446 qui est d'établir l'égalité entre les créanciers, en effet dit-il, il sera facile au mari de procurer à sa femme le paiement intégral de ses reprises en augmentant le chiffres des indemnités qu'elle doit à la communauté, et de l'avantager ainsi au détriment des autres créanciers. Pour cela le mari n'aura qu'a améliorer à ses frais les propres de sa femme ou à payer de ses deniers les dettes de celle-ci et il aura contre elle droit à récompense, il aura contre elle une créance d'indemnité qui, d'après M. Labbé, entrerait en compensation avec la créance de la femme en reprises contre la communauté. Cet argument est sérieux bien qu'il n'ait pas toute la force qu'on prétend lui donner ; en effet le mari ne pourra pas à son gré créer à la charge de sa femme une dette d'indemnité en améliorant ses propres ; car elle ne devra au mari ses dépenses utiles que dans la limite de la plus-value, elle ne lui devra pas ses dépenses voluptuaires, quant aux dépenses nécessaires elles ne peuvent servir en rien la fraude du mari qui ne peut pas à son

gré créer le besoin des réparations nécessaires. La seule porte
que notre système laisserait ouverte à la fraude du mari, serait
de lui permettre de payer de ses deniers les dettes de sa femme,
mais cela ne lui sera possible qu'avant la faillite qui opère son
dessaisissement, et à une époque, pendant la période fatale, où
il ne devait pas trouver facilement de l'argent pour payer les
dettes personnelles de sa femme ; ces dettes sont d'ailleurs très
rares. Notre argument d'équité reste donc seul debout sur les
ruines de l'argument du système adverse.

Notre système s'appuie aussi sur des arguments juridiques.

2. L'argument capital de notre système est celui-ci. La compensation *er eadem causa*, comme disaient les Romains, c'est-à-
dire la compensation entre dettes dérivant d'une même cause,
n'est pas rendue impossible par la déclaration de faillite ; or, les
créances et dettes auxquelles donne naissance le régime de la
communauté dérivent d'une seule et même cause, la faillite ne
met donc pas obstacle à leur compensation.

Nous allons d'abord prouver que la faillite ne met pas obstacle
à la compensation légale entre créances et dettes résultant d'une
même cause. Cette preuve nous est fournie par la jurisprudence
et par la loi elle-même.

La jurisprudence nous le prouve par plusieurs décisions.
Ainsi (Paris, 3 février 1848 ; S.-48-2-121. Bordeaux, 16 août
1870 ; S. 1872-2-306), après l'ouverture d'une succession, un
des héritiers qui doit rapporter à la masse une donation ou une
dette tombe en faillite. Dans cette hypothèse, le syndic, qui
prend dans l'hérédité la part du failli tout entière, ne peut pas
effectuer ce rapport en dividende. Il doit effectuer ce rapport en
moins prenant, ne prendre dans la masse héréditaire que l'excédant de la part du failli sur le montant du rapport dont il est

12

débiteur envers la masse ; il subit ainsi une sorte de compensation forcée. Pourquoi cette solution ? Parce qu'il y a entre les cohéritiers des droits et obligations réciproques, qui ont leur source dans le fait de l'ouverture de la succession ; si l'on veut atteindre le but que se propose la loi, c'est-à-dire l'égalité entre cohéritiers, il faut que la succession se liquide comme si aucun des héritiers n'était en faillite, sinon, si on appliquait l'art. 446, si on déclarait la compensation impossible, l'égalité entre cohéritiers se trouverait rompue. En outre, comme le disent les arrêts précités ce n'est pas la succession qui vient à la faillite, c'est la faillite qui vient à la succession.

Nous trouvons encore un autre cas dans lequel la jurisprudence admet la compensation malgré la faillite. Voici l'hypothèse : un commanditaire exécute son apport social en remettant au gérant des acceptations, puis il fait des avances à la société en continuant à remettre des acceptations au gérant. Celui-ci n'ouvre à ce commanditaire qu'un seul compte pour l'apport social, les avances qui excèdent ces apports et les frais qu'a entraînés la vérification de ces acceptations. La société tombe alors en faillite : le syndic veut diviser les éléments de ce compte, il veut bien admettre le commanditaire au passif comme créancier de toutes les avances qu'il a faites à la société, mais il veut en même temps le constituer débiteur des frais de négociation des acceptations remises au gérant et repousser toute compensation entre ces créances et ces dettes réciproques en vertu de l'art. 446 qui, dit-il, rend cette compensation impossible. La Cour de cassation n'a pas admis toutes ces distinctions, elle a décidé qu'il n'y avait qu'un compte fait sur l'ensemble indivisible de ces opérations que voulait diviser le syndic : « Que le commanditaire étant débiteur des frais de négociation des effets par lui transmis, créancier des avances par lui faites au-delà de la mise, il s'est opéré par la force du droit une compensation que l'état de faillite ne peut pas empêcher. » (Cass., 8 juil. 1862; S. 63-1-196.)

Enfin, un troisième exemple nous est encore fourni par la jurisprudence constante de la Cour de cassation : Un compte courant a été ouvert avant la période fatale, les remises ont continué sans fraude jusqu'à la déclaration de faillite et même après l'époque fixée par le tribunal comme étant celle de la cessation des paiements. Ces remises sont valables, et malgré la faillite d'une des parties, un règlement par compensation est possible; le tiers qui a contracté ainsi avec le failli peut se présenter à la faillite comme créancier, et il ne peut être attaqué comme débiteur par le syndic que pour la balance du compte courant. Cette décision de la Cour suprême est fondée sur ce que le contrat de compte courant a pour objet des opérations indivisibles et que ce n'est qu'au moment où ce contrat prend fin qu'il peut y avoir un débiteur et un créancier, suivant que la balance est en faveur de l'une ou de l'autre des parties, celle-ci devient alors créancière et l'autre débitrice.

Voici quelles sont les décisions de la jurisprudence; la loi elle-même nous fournit une solution identique, un exemple de compensation *ex eadem causa* à laquelle ne met pas obstacle l'état de faillite. L'art. 578 C. com., décide que lorsqu'une vente a été conclue par le failli avant la déclaration de faillite, cette vente est inattaquable, et que lorsque avec l'autorisation du juge-commissaire le syndic exige la livraison des marchandises vendues, il doit payer au vendeur le prix convenu entre lui et le failli, il ne peut pas le payer en monnaie de faillite.

Quelle est l'idée générale qui se dégage de ces décisions d'espèces ? Cette idée est double : c'est d'abord que dans toutes ces

hypothèses il s'agit d'un ensemble indivisible d'obligations et de
créances qui ont toutes leur source dans la même cause. C'est
aussi qu'on ne peut pas scinder les obligations qui sont nées
d'un contrat ou d'un quasi-contrat. Chacune des parties n'est
tenue d'exécuter son engagement que si l'autre partie l'exécute
aussi dans les termes de la convention.

Or, la situation n'est-elle pas la même lorsque la femme se
présente à la fois comme créancière de ses reprises et comme débitrice d'obligations envers la communauté? Ne peut-elle pas,
comme le vendeur, exiger, avant d'exécuter son obligation, que
l'obligation corrélative soit intégralement exécutée ?

On ne peut pas la forcer à ne recevoir qu'un dividende lorsqu'elle-même paye l'intégralité de ce qu'elle doit. N'est-il pas
intervenu entre le failli et sa femme un contrat synallagmatique
qui s'appelle le contrat de mariage, duquel découlent toutes les
obligations contractées réciproquement entre eux? On nous oppose que nous ne respectons pas l'égalité entre créanciers, que
notre système peut permettre au mari d'avantager la femme au
détriment des autres créanciers du mari ; nous avons déjà répondu que cette fraude n'était ni aussi pratique ni aussi importante qu'on le croyait; mais il y a une autre égalité que ne
respecte pas le système adverse, égalité beaucoup plus importante que celle entre créanciers, c'est l'égalité qui doit exister
entre deux contractants à titre onéreux; chacun d'eux n'a contracté que parce qu'il comptait sur l'équivalent que devait lui
fournir l'autre partie; on ne peut pas obliger l'une des parties à
exécuter entièrement la prestation qui est à sa charge, alors
qu'elle ne recevra de l'autre qu'une fraction de ce que celle-ci
s'était engagée à lui donner.

Enfin, n'y a-t-il pas analogie entre l'hypothèse où les créances et dettes réciproques de deux époux mariés en communauté ne sont liquidées et rendues exigibles qu'après la dissolution de la communauté et les hypothèses tranchées par la jurisprudence ? On admet la compensation entre dettes et créances réciproques nées d'un compte courant, parce qu'elles forment un ensemble indivisible et que ce n'est qu'à la fin du contrat qu'on sait qui est débiteur et qui est créancier, et qu'alors la compensation est nécessaire. De même, dans les deux autres espèces, des arrêts que nous avons cités. Mais la situation est la même en cas de communauté ; là aussi il y a un ensemble d'obligations et de créances réciproques, et ce n'est qu'après la liquidation de la communauté, comme après la fin du compte courant ou de partage de la succession, qu'on sait qui est créancier et qui est débiteur. La situation étant identique, la solution doit être la même ; aussi nous décidons que l'art. 446 ne met pas obstacle à la réalisation de la compensation entre la créance en reprises de la femme et sa dette d'indemnité envers la communauté.

SECTION II.

Restrictions quant aux avantages matrimoniaux.

La pratique de l'ancien droit avait révélé qu'un des moyens les plus fréquemment employés par un commerçant pour frauder ses créanciers et pour assurer à sa femme et, partant, à lui-même, en cas de faillite, un capital suffisant pour lui permettre de continuer son train de vie, était de stipuler par contrat

de mariage des avantages considérables en faveur de sa femme,
et alors celle-ci venait dans sa faillite réclamer ses avantages
matrimoniaux et absorber une grande partie de l'actif. Le code
de commerce, pour remédier à cet état de choses, employa un
moyen radical ; il annula, en cas de faillite du mari, tous les
avantages matrimoniaux consentis par le mari à sa femme et, en
même temps, par une juste réciprocité, il annula aussi les avantages consentis au profit du mari. L'art. 549, qui contenait cette
disposition rigoureuse, ne passa pas sans difficulté dans le code
de 1807. Dans les discussions, le Tribunat combattit énergique-
ment cette restriction. « Ces dispositions, disait-on, tendent,
pour ainsi dire, à mettre en interdit toute la classe des commerçants, en les privant de la faculté qu'ont les autres citoyens,
de faire, par contrat de mariage, des avantages à leurs épouses,
et elles privent celles-ci de la possibilité de recevoir ces avantages d'une manière assurée. Cependant, lorsqu'un commerçant
n'est pas en état de faillite, rien ne doit s'opposer à ce que,
pour contracter un mariage qui lui convient, il dispose de ce
qu'il veut en faveur de sa future épouse ; et une fois qu'une
femme s'est mariée à un commerçant, à certaines conditions
avantageuses insérées dans son contrat de mariage, elle a sur les
biens de son mari un droit acquis dont on ne peut la priver sans
injustice. » Les sections réunies du Tribunat pensèrent qu'il
fallait distinguer les droits acquis et positifs, hypothéqués sur
les biens présents du mari, de ceux qui ne sont qu'éventuels et
qui ne peuvent s'exercer que sur les biens appartenant au mari
à l'époque de sa mort ; les premiers seuls doivent être irrévo-
cablement acquis à la femme. Les sections proposaient, en
conséquence, de rédiger l'art. 549 de la manière suivante :
« La femme ne pourra exercer dans la faillite aucune action à

raison des avantages portés au contrat de mariage, que sur les immeubles existants à l'époque dudit mariage, et spécialement affectés à leur garantie. (Locré, tom. 9, pag. 439.)

M. Treilhard répondit à ces observations du Tribunat « que les avantages faits à la femme par son mari sont un des grands moyens de préparer la ruine des créanciers, voyant avec désespoir une femme, que tout le monde avait connue sans fortune, jouir tranquillement des biens immenses dont ils étaient dépouillés. » (Locré, tom. 9, pag. 565.) De même, M. Tarrible disait : « La femme qui s'unit à un commerçant, s'unit aussi à sa fortune.... La loi ne peut tolérer que les lambeaux d'une fortune épuisée se transforment en un gain scandaleux ; elle doit repousser une femme avide qui, après s'être associée aux chances du commerce de son époux, voudrait, avec un titre devenu odieux par cela même qu'il serait lucratif, ravir le gage inviolable des créanciers. » Locré, tom. 9, pag. 597.) M. Bédarride donne à la restriction de l'art. 564 un autre motif, c'est que le mari ne doit pas faire à sa femme des libéralités aux dépens de ses créanciers : *Nemo liberalis nisi liberatus.* (Tom. 3, page 127.)

L'art. 549 fut voté tel qu'il avait été présenté par le conseil d'Etat, et la loi de 1838 a reproduit cette disposition dans le nouvel art. 564 ; cette loi n'apporta, sur ce point, qu'une légère modification au code de 1807 ; elle affranchit de l'application de cette restriction toutes les femmes dont le mari n'était pas commerçant à l'époque du mariage, à l'exception seulement de celles dont le mari, qui n'avait à ce moment aucune profession déterminée, aurait embrassé la carrière du commerce dans l'année qui a suivi son mariage.

L'art. 564 est ainsi-conçu : « La femme dont le mari était

commerçant à l'époque de la célébration du mariage, ou dont le mari, qui n'avait pas alors d'autre profession déterminée, sera devenu commerçant dans l'année qui suivra cette célébration, ne pourra exercer dans la faillite aucune action à raison des avantages portés au contrat de mariage, et, dans ce cas, les créanciers ne pourront, de leur côté, se prévaloir des avantages faits par la femme au mari dans ce même contrat. »

Nous avons à déterminer d'abord à quels avantages s'applique l'art. 564. Les termes de cet article sont aussi généraux que possible, aussi déciderons-nous que la restriction qu'il édicte s'applique :

1. A tous les avantages matrimoniaux, soit en capital, soit en usufruit ;

2. Aux libéralités irrévocables ;

3. Aux libéralités qui ne peuvent s'exercer que sur les biens que le mari laissera au jour de son décès.

Devons-nous appliquer l'art. 564 aux donations que le mari pourrait faire à sa femme pendant le mariage ? M. Massé (Droit commercial, tome 3, n° 393) a soutenu que ces donations échappaient à cet article ; en effet, dit-il, il s'agit de prononcer une nullité, et les nullités ne se prononcent pas par induction ; or, l'art. 564 n'annule que les avantages portés au contrat de mariage, donc on ne peut pas l'appliquer aux donations faites par le mari à sa femme au cours du mariage. Dans ce système, les créanciers ne pourraient les faire annuler qu'en exerçant l'action paulienne, ou bien en prouvant qu'elles ont été faites depuis l'époque fatale. Nous ne pouvons accepter cette opinion, et nous décidons, avec la doctrine et la jurisprudence, que les donations faites par le mari à la femme *constante matrimonio*, tombent sous le coup de l'art. 564 par *à fortiori*. En effet, le législateur a voulu, en cas de faillite, annuler toute. les libéralités entre époux, car elles constituent toutes un moyen bien facile de frauder les créanciers. Si le législateur n'a pas hésité à modifier dans ce but le contrat de mariage qu'il a déclaré immuable, il n'a certainement pas eu la pensée de valider des donations faites au cours du mariage et que les époux peuvent toujours révoquer. Cela est d'autant plus certain que ces donations peuvent avoir été faites par le mari à une époque où il lui était plus facile, qu'au moment du mariage, de calculer les chances de sa position et de préparer sûrement la spoliation de ses créanciers.

La jurisprudence a fait une application intéressante de cette annulation, en vertu de l'art. 564, des libéralités faites pendant le mariage par le mari à sa femme. Un arrêt de la cour de Paris du 1er août 1879 (Sirey, 1880-2-249) a décidé que l'assurance sur la vie contractée par un commerçant au profit de sa femme est une véritable libéralité soumise à toutes les règles du droit civil qui régissent la capacité de donner et de recevoir et que, par conséquent, elle tombe sous le coup de l'art. 564 du Code de commerce.

D'après cet arrêt, le montant de l'assurance sur la vie contractée au profit de sa femme par le commerçant tombé depuis en faillite, devrait être attribuée à l'actif de la faillite. Voici comment il motive sa solution : « Considérant qu'il y a lieu d'étendre à ce mode de libéralité les dispositions du Code de commerce qui, en vue d'assurer aux créanciers d'un commerçant failli l'intégralité de son patrimoine, atteignent les donations patentes ou présumées déguisées que le mari aurait faites à sa femme, sans qu'il soit d'ailleurs besoin d'établir l'existence d'aucun concert frauduleux. »

Dans une note insérée dans le recueil de Sirey, M. Labbé critique la solution de la cour de Paris ; il est un des auteurs qui pensent, contrairement à la théorie admise par la jurisprudence, que la stipulation par laquelle un mari déclare qu'à son décès le capital assuré sur sa tête sera payé à sa veuve, ne constitue pas au profit de celle-ci une libéralité, du moins pour le tout. En effet, le mari aurait pu stipuler l'assurance au nom de sa femme et payer les primes pour elle ; dans ce cas, la libéralité ne comprendrait que les primes payées par le mari ou par la communauté. Lorsque le mari a fait l'assurance en son nom au profit de sa femme, il n'a pas nécessairement acquis une créance qu'il cède ensuite à sa femme à titre gratuit, il a fait une stipulation pour sa femme (art. 1121), et celle-ci a acquis une créance directe contre l'assureur ; car, dans la stipulation pour autrui, celui pour lequel on stipule devient directement créancier ; peu importe que la stipulation pour autrui ne soit qu'accessoire au contrat d'assurance, cela n'empêche nullement la femme d'acquérir directement une créance contre l'assureur et ne la rend pas du tout cessionnaire de la créance du mari. L'avantage du contrat aléatoire d'assurance n'a donc jamais fait partie du patrimoine du failli, il a toujours résidé sur la tête de la femme.

Cette stipulation est-elle forcément une donation par le mari à sa femme du bénéfice du contrat d'assurance ? Non, car le mari a bien pu vouloir faire pour sa femme cet acte de sage prudence qu'on appelle l'assurance sur la vie et payer simplement les primes avec ses revenus ou avec ceux de la communauté, et ce sera là l'hypothèse ordinaire. La libéralité ne consistera donc, la plupart du temps, que dans le montant des primes payées par le mari, et c'est là seulement ce que la femme devra rembourser au syndic de la faillite, et non pas le capital payé par l'assureur.

La solution de la cour de cassation, dit M. Labbé, tend à discréditer le contrat si utile d'assurance sur la vie ; un commerçant failli peut très bien conclure, sans la moindre intention frauduleuse, une assurance sur la vie au profit de sa femme ou de ses enfants ; ce n'est pas là une libéralité qui puisse tomber sous le coup de l'art. 564 ; la femme ne doit restituer, en vertu de cet article, que le montant des primes payées par le mari.

Il y a dans la somme promise par l'assureur deux choses : 1° la représentation des risques courus par l'assureur ; 2° la représentation des primes payées par l'assuré ; le montant des primes doit seul être considéré comme sortant du patrimoine de l'assuré, qui doit pouvoir librement attribuer le profit aléatoire de ce contrat à la personne à laquelle sa mort préjudiciera.

La cour de Paris a objecté l'art. 559 et a dit que si la femme avait fait en son nom, pendant le mariage, le contrat à titre onéreux d'assurance sur la vie, ce contrat lui aurait procuré un capital mobilier qui, aux termes de l'art. 559, devrait tomber dans la communauté. M. Labbé répond que la femme ne doit remettre dans la masse que le montant des primes payées par le mari ou la communauté et non le capital assuré, car sans cela le but de l'assurance sur la vie serait complétement manqué.

Nous admettons la solution de M. Labbé, qui a l'avantage de laisser à ce contrat tous ses avantages et qui en même temps respecte la décision de l'art. 564, en obligeant la femme à rapporter à la masse le montant des primes payées par le mari, et qui constituent la libéralité visée par cet article. La cour de cassation a consacré cette solution dans une espèce où l'assurance avait été stipulée avant le mariage par le futur mari au profit de sa future femme. (Cass., req., 16 nov. 1879. S. 1880-1-337.)

Nous ne pouvons pas admettre non plus l'opinion de M. Lainné (page 463, cité par Massé, tome 3, n° 39), qui enlève à l'application de l'art. 564 tous les avantages actuels et irrévocables au jour du contrat de mariage, parce que, dit-il, cet article, en refusant à la femme *toute action* à raison des avantages portés au contrat de mariage, a évidemment excepté de l'annulation qu'il prononce, ceux qui étaient déjà acquis et pour lesquels il n'y avait aucune action à exercer. D'après ce système, la femme ne pourrait pas prendre un préciput, mais elle pourrait conserver une donation entre vifs qui lui aurait été faite par contrat de mariage. Mais nous répondons à M. Laîné que pour reprendre les biens qui lui ont été donnés et qui sont compris dans l'actif de la faillite, la femme doit exercer l'action en reprise des articles 557 et 558; elle aura donc une action à exercer, même pour les libéralités actuelles : par conséquent, nous sommes dans les termes mêmes de l'art. 564, et ces libéralités sont tout aussi bien annulées que les libéralités éventuelles.

Nous n'avons pas à revenir ici sur les conditions d'application de l'art. 564, nous les avons déjà étudiées dans le chapitre 1er; nous nous contenterons de les rappeler : il faut que le mari ait été déclaré en faillite, la cessation des paiements ne suffit pas, et que la faillite ne soit pas terminée par l'exécution du concordat, alors notre article s'applique aux droits de la femme lorsqu'ils sont contraires à ceux des créanciers. Mais après l'exécution du concordat, et sans qu'il soit besoin d'attendre la réhabilitation du mari la femme reprend tous ses droits vis-à-vis du mari et des créanciers postérieurs.

Notons encore que, pour qu'il y ait lieu d'appliquer l'art. 564, il faut que le jugement déclaratif fasse remonter la faillite jusqu'à la dissolution du mariage; car, sans cela, à ce moment la femme a eu un droit acquis à réclamer à son mari le montant de ses avantages matrimoniaux. La survenance d'une faillite postérieure ne pourrait modifier en rien la situation de la femme, qui a été définitivement réglée au jour de la dissolution du mariage. Bordeaux, 8 mai 1867. — S. 67-2-220

Remarquons, en terminant ce chapitre, que, par une juste réciprocité, le législateur frappe aussi de nullité à l'égard de la masse les avantages matrimoniaux conférés par la femme au mari dans le contrat de mariage, et aussi, d'après nous, les donations entre époux, consenties par elle au cours du mariage.

CHAPITRE III.

Restrictions à l'hypothèque légale de la Femme.

———

L'article 563 apporte des restrictions à l'hypothèque légale de la femme mariée lorsque son mari était commerçant au jour de la célébration du mariage ou lorsque n'ayant à cette époque aucune profession déterminée, il est devenu commerçant dans l'année. Ces restrictions en cas de faillite du mari portent sur les immeubles grevés de l'hypothèque légale et sur les créances garanties, nous les étudierons dans deux sections différentes. Nous consacrerons une troisième section à étudier l'influence de la faillite sur la naissance et la conservation de l'hypothèque légale de la femme mariée. (Art. 446, 447, 448 c. com.)

———

SECTION I.

Restrictions quant aux immeubles grevés de l'hypothèque.

———

Les articles 2121 et 2122 du code civil donnent à la femme mariée une hypothèque légale sur les biens de son mari ; cette hypothèque est générale, elle porte sur tous les immeubles présents et à venir du mari sans aucune distinction. Tel est pour les femmes le droit commun, mais l'article 563 est venu restreindre leurs droits dans le cas où leur mari est un commerçant en faillite, leur hypothèque légale ne porte plus alors sur les immeubles acquis par le mari à titre onéreux pendant le mariage, elle ne porte que sur les immeubles qui appartenaient au mari au jour de la célébration du mariage et sur ceux qui lui sont advenus depuis par donation ou succession. Voici d'ailleurs en quels termes est conçue la première partie de l'article 563 : « Lorsque le mari sera commerçant au moment de la célébration du mariage, ou lorsque, n'ayant pas alors d'autre profession déterminée, il sera devenu commerçant dans l'année, les immeubles qui lui appartiendraient à l'époque de la célébration du mariage, ou qui lui seraient advenus depuis, soit par succession, soit par donation entre vifs ou testamentaire, seront seuls soumis à l'hypothèque de la femme. »

Cette restriction repose sur un motif légitime, la loi a supposé que les immeubles acquis à titre onéreux par le mari pendant le mariage seraient payés des deniers des créanciers, elle n'a pas voulu que le mari, prévoyant sa ruine, immobilisât une partie de son actif, l'employât à acquérir des immeubles sur lesquels la femme exercerait son hypothèque légale, tandis que les créanciers ne pourraient plus se faire payer que sur l'actif ainsi diminué par ces acquisitions immobilières.

Sous l'empire du code de 1807, l'article 551 était plus sévère que notre article 563; il ne faisait porter l'hypothèque légale de la femme que sur les immeubles qui appartenaient à son mari au moment de la célébration du mariage. Il lui refusait son hypothèque légale sur les biens que le mari avait acquis depuis le mariage soit à titre onéreux soit même à titre gratuit. Les rédacteurs du code de 1807, dans leur esprit de réaction contre les anciens abus, voyaient des fraudes partout, ils ne faisaient pas

porter l'hypothèque légale de la femme sur les immeubles acquis au mari depuis le mariage par donation parce qu'ils craignaient que cette donation ne servit à déguiser une vente, ils ne
la faisaient pas porter non plus sur les immeubles advenus au
mari par succession depuis le mariage parce qu'ils craignaient
que dans le partage le mari ne se fît attribuer plus d'immeubles
que de meubles afin d'augmenter au détriment de se créanciers
la garantie hypothécaire de sa femme.

Des critiques s'élevèrent contre la rigueur de l'article 563, aussi
lors de la refonte du titre des faillites de 1835 à 1838, on tem-
péra cette rigueur excessive tout en conservant les restrictions
nécessaires dans l'intérêt des créanciers.

Le premier projet présenté par le gouvernement laissa cependant intactes les restrictions de l'ancien article 551. Mais lors
de la première discussion du projet de la loi devant la chambre
des députés l'hypothèque légale de la femme trouva un défenseur
dans M. Goupil de Préfeln qui proposa la rédaction actuelle de
l'article 563, c'est-à-dire la limitation des restrictions aux immeubles acquis à titre onéreux pendant le mariage. M. Moreau
de la Meurthe trouva cette proposition trop libérale et proposa
de ne soustraire aux anciennes restrictions que les immeubles
acquis par succession et d'y laisser soumis les immeubles acquis
par donation; voici comment il soutenait cette distinction: « Le
législateur n'a pas voulu accorder hypothèque à la femme sur
les biens acquis par le mari postérieurement au mariage, parce
qu'il a pensé que le mari, pressentant sa faillite, pourrait
acheter des immeubles en vue de l'hypothèque de la femme
et pour placer celle-ci dans une situation plus favorable
que les autres créanciers. Mais lorsque les immeubles arrivent
au mari non par acquisition, mais par succession, cette crainte

doit disparaître entièrement. Il faut qu'un père de famille puisse avec sécurité, marier sa fille à un jeune négociant qui n'a point d'immeubles, mais dont les parents en possèdent. » M. Moreau enlevait au contraire à l'hypothèque de la femme les immeubles acquis au mari par donation pendant le mariage, car elles peuvent déguiser des acquisitions à titre onéreux. Sur l'observation de M. Renouard que la fraude était tout aussi facile pour le mari en se faisant attribuer dans le partage d'une succession toute sa part en immeubles, M. Moreau répondit qu'en vertu de l'article 882 code civil les créanciers du mari ont le droit d'intervenir au partage et de s'opposer à ce qu'il y soit procédé hors leur présence, et son amendement fut voté.

Ce ne fût que lorsqu'en 1837 le gouvernement présenta un nouveau projet qu'on revint à l'amendement de M. Goupil de Réfeln et qu'on vota l'article 563 tel qu'il est aujourd'hui, c'est-à-dire qu'on soumit à l'hypothèque légale de la femme tous les biens qu'avait le mari au jour du mariage et tous ceux qui lui sont advenus depuis par succession, donation ou testament.

Nous allons rechercher quels sont, en vertu de l'art. 563, les biens du mari sur lesquels porte l'hypothèque de la femme.

1. Elle porte sur tous les immeubles qui appartenaient au mari au jour de la célébration du mariage.

Il n'y a pas lieu de distinguer à leur égard si le prix a été payé avant le mariage ou s'il ne l'a été qu'après. Il est vrai qu'on peut craindre que, pendant le mariage, ce ne soit avec les deniers des créanciers que le mari paye l'immeuble qu'il a acheté avant le mariage ; mais cet argument prouve trop, car il conduirait à décider que l'hypothèque de la femme ne doit porter sur aucun des immeubles achetés par le mari depuis qu'il est dans le

13

commerce. Le code de 1807 lui-même avait rejeté cette distinction, car le motif des restrictions à l'hypothèque légale n'existe pas ici, le mari n'a pas pu, avant de se marier, acheter plusieurs immeubles et ne les payer que plus tard, avec l'argent de ses créanciers, afin d'augmenter la garantie hypothécaire de sa femme. Un pareil calcul était impossible à prévoir.

2. Elle porte aussi sur les immeubles que le mari a acquis par usucapion pendant le mariage, sans distinguer si la possession avait commencé ou non avant la célébration du mariage, car ici aucune fraude n'est à craindre à l'égard des créanciers.

3. Nous pensons que cette hypothèque frappe aussi l'immeuble que le mari avait vendu à réméré avant le mariage, lorsqu'il a exercé le réméré pendant le mariage, car le réméré produit tous les effets d'une condition résolutoire; il rétroagit au jour où le contrat s'est formé. Le mari est donc censé n'avoir jamais aliéné son immeuble, en avoir toujours été propriétaire depuis une époque antérieure à la célébration de son mariage.

4. Elle frappe aussi l'immeuble acquis par le mari en remploi ou échange d'un autre immeuble qui lui appartenait avant le mariage, à moins, toutefois, que le mari n'ait dû payer une soulte assez considérable pour qu'on pût voir dans cette opération un véritable achat. Les créanciers exigeront, en outre, que le remploi ou l'échange soit régulièrement constaté.

5. Aux termes de l'art. 2133, l'hypothèque acquise s'étend à toutes les améliorations de l'immeuble hypothéqué et aux constructions édifiées sur cet immeuble; l'art. 2133 s'applique à l'hypothèque légale de la femme mariée, mais lorsque le mari est en faillite, l'hypothèque légale de la femme porte-t-elle

encore sur ces améliorations et constructions ? n'est-elle pas restreinte par l'art. 563 ?

Trois systèmes sont en présence :

PREMIER SYSTÈME. — (Grenoble, 28 juin 1858. D. P., 1859-2-19.) L'hypothèque de la femme porte sur toutes les améliorations et même sur les constructions, car ni l'art. 563, ni aucune autre disposition législative n'a dérogé, en cas de faillite, à la décision de l'art. 2133. Or, nous savons que le mot améliorations de l'art. 2133 comprend aussi les constructions, qui ne sont, au fond, que de grosses réparations ; c'est ce que prouvent les articles 551 et 552, cod. civ., en reproduisant la maxime : *Adificium solo sedit.*

DEUXIÈME SYSTÈME. — Elle porte sur les améliorations, mais elle ne porte pas sur les constructions. (Caen, 3 juin 1865, S. 65, 2-310) Ce système est soutenu par les auteurs qui prétendent que le mot améliorations de l'article 2133 ne comprend pas les constructions nouvelles.

TROISIÈME SYSTÈME. — (Montpellier 29 juillet 1867, S. 68-2-190.) L'hypothèque légale de la femme ne porte ni sur les améliorations, ni sur les constructions, mais en tant seulement que ces améliorations ou constructions ont constitué une valeur immobilière nouvelle. En effet, il y a alors un nouvel immeuble acquis à titre onéreux pendant le mariage et sur lequel l'hypothèque légale ne peut pas porter ; en outre, sans cela, le mari aurait un moyen bien simple d'éluder l'article 563, il n'aurait qu'à faire sur ses immeubles propres des constructions afin d'augmenter ainsi l'étendue de l'hypothèque légale. Ce système ne doit pas cependant être poussé à ses dernières limites; il faudrait soumettre à l'hypothèque les améliorations ou constructions qui ont dû être faites avec les revenus de l'immeuble et qui ainsi n'ont pas diminué l'actif; il faut y soumettre aussi les réparations urgentes et nécessaires, car elles ne sont pas le résultat d'une fraude, mais l'acte d'un bon administrateur.

Enfin, ce sera aux créanciers qu'incombera la charge de prouver, au moyen d'une expertise ou par témoins, l'importance de la plus-value que les travaux ont donnée à l'immeuble, et leur demande afin d'expertise ne sera admise que s'ils prouvent l'existence des constructions ou améliorations (Cas., 24 juin 1838, S. 38-1-97.)

6. On s'est demandé si l'hypothèque de la femme grevait la totalité de l'immeuble indivis, lorsque le mari a acheté à ses propriétaires leurs parts indivises. Le mari était avant le mariage copropriétaire d'un immeuble par indivis, ou bien il acquiert à titre de succession pendant le mariage la copropriété indivise d'un immeuble, et plus tard il achète les autres parts indivises de cet immeuble, ces parts indivises acquises ainsi par lui à titre onéreux pendant le mariage, sont-elles grevées de l'hypothèque de la femme" Ou bien cette hypothèque ne porte-t-elle que sur les parts indivises qui appartenaient au mari avant le mariage ou qu'il a acquises depuis à titre gratuit ?

Il est certain d'abord que les immeubles attribués au mari par l'effet d'un partage ou qui lui ont été adjugés à la suite d'une licitation, ne sont pas considérés comme ayant été acquis à titre onéreux, quand ses cohéritiers ont été remplis de leurs droits en valeurs héréditaires, car alors il est bien certain que ces immeubles n'ont pas été payés avec des deniers des créanciers ; il y a cependant une fraude à redouter, c'est que le mari, dans le partage, ne fasse composer son lot exclusivement d'immeubles, au lieu de recevoir sa part en argent ; mais les créanciers peuvent empêcher cette fraude, car l'article 882, cod. civ., leur donne le droit d'intervenir au partage et de s'opposer à ce qu'il y soit procédé hors de leur présence.

Mais la question se pose sérieusement lorsque le failli a été obligé de payer de ses deniers les parts indivises de ses copropriétaires pour obtenir tout l'immeuble ; ainsi, lorsque, dans le partage, il a été obligé de payer une soulte en argent. Dans cette hypothèse, deux systèmes ont répondu à notre question.

Premier système. — L'hypothèque légale porte sur la totalité de l'immeuble indivis. (Cass., ch. civ., 10 mai 1869. — D. P. 69-1-501. S. 70-1-5.) M. Labbé soutient ce système dans une note sous cet arrêt.

En effet, 1. l'article 563, cod. com., supprime l'hypothèque légale de la femme du commerçant sur tout immeuble acquis pendant le mariage, autrement que par donation ou succession : Mais en dehors de là, il n'apporte aux principes du Code civil aucune restriction, il ne déroge donc pas à l'article 883 C. c. et à l'effet déclaratif que cet article donne au partage ; par conséquent le mari qui s'est rendu acquéreur de tout l'immeuble dans lequel il avait comme héritier une part indivise, devient propriétaire de tout cet immeuble à titre d'héritier en vertu du principe déclaratif, il acquiert donc cet immeuble par succession, et cet immeuble se trouve grevé de l'hypothèque légale de la femme.

On ne peut pas dire que l'article 563 déroge à l'article 883, car en soumettant à l'hypothèque les immeubles advenus par succession il a prévu l'éventualité d'un partage et il a dû admettre ce partage avec tous les effets que la loi lui a attachés et notamment l'effet déclaratif. Il n'y a aucun danger de fraude ; cette acquisition de parts indivises est forcée, c'est pour le mari le seul moyen de garder sa part dans l'immeuble.

2. Cette solution juridique est aussi équitable. En effet : si l'immeuble héréditaire était dans la licitation adjugé à un tiers autre que son mari, la femme souffrirait du principe déclaratif de l'article 883 qui s'applique inconstestablement ici et qui lui ferait perdre son hypothèque légale sur cet immeuble dont son mari avait une part indivise et qui est adjugé à un tiers. Si l'article 883 s'applique lorsque l'adjudicataire est un tiers, il doit s'appliquer aussi quand l'adjudicataire est le mari ; il doit s'appliquer aussi bien lorsqu'il est utile à la femme que lorsqu'il lui est désavantageux : la doctrine contraire serait injuste pour la femme.

3. Nous avons vu en faisant l'historique de l'article 563 que lorsque M. Moreau proposa de faire porter l'hypothèque légale de la femme sur les biens advenus au mari par succession, M. Renouard combattit cet amendement en disant que dans le partage le mari pourrait se faire attribuer sa part héréditaire en immeubles au lieu de la recevoir en argent, et qu'ainsi il augmenterait au préjudice de ses créanciers la garantie hypothécaire de sa femme. En adoptant cette amendement, le législateur admit par là même que l'article 883 produisait en matière de faillite toutes ses conséquences et notamment l'effet déclaratif du partage.

DEUXIÈME SYSTÈME. — L'hypothèque légale ne porte que sur la part qui appartenait au mari à titre indivis. En effet :

1. Le droit d'intervention que confère aux créanciers l'article 882 ne serait pas pour eux une garantie suffisante contre les

fraudes du mari, car ce droit leur permet bien d'empêcher que dans son lot on ne mette un immeuble au lieu d'une somme d'argent, mais il ne leur permet pas d'empêcher qu'un immeuble héréditaire impartageable en nature soit licité et que le mari en soit adjudicataire.

2. Les auteurs qui admettent ce système ne combattent pas tous de la même manière l'argument que tire le premier système de l'article 883. Les uns soutiennent que l'article 883 n'a pas une portée absolue, qu'il contient une fiction, et que cette fiction de l'effet déclaratif du partage doit être restreinte dans les hypothèses en vue desquelles elle a été introduite ; or en édictant le principe déclaratif la loi n'a eu en vue que les rapports des cohéritiers entre-eux, et non leurs rapports avec les tiers ; la loi a voulu que chaque cohéritier propriétaire exclusif des objets mis dans son lot, fût considéré comme en ayant été propriétaire depuis le jour de l'ouverture de la sucession, et n'eût pas à souffrir des droits réels créés par ses cohéritiers pendant l'indivision.

Mais la fiction du principe déclaratif est complètement étrangère au conflit dont-il s'agit et qui s'élève entre la femme du commerçant failli et les créanciers de son mari.

D'autres auteurs, tout en admettant que le principe déclaratif de l'art. 883 est absolu, soutiennent que cet article étant général a pu recevoir des lois spéciales postérieures quelques dérogations et que notamment l'art. 563 y déroge. Le code de commerce ne faisant pas porter l'hypothèque de la femme sur les immeubles acquis à titre onéreux par le mari pendant le mariage a voulu empêcher que le commerçant en transformant ses meubles en immeubles, augmentât la garantie hypothécaire de sa femme. Il n'y a pas lieu dès lors de distinguer entre l'achat d'une pleine propriété et l'achat de parts indivises qui viennent compléter la copropriété antérieure du mari ; le prix payé par le mari peut aussi bien dans un cas que dans l'autre avoir été fourni par ses créanciers.

Nous acceptons le premier système ; nous n'admettons pas comme certains partisans du deuxième système que l'effet déclaratif du partage soit relatif, nous croyons qu'il est absolu mais que l'article 563 n'y déroge pas car il soumet à l'hypothèque légale de la femme les immeubles advenus au mari par successions.

La jurisprudence a tranché une question récemment soulevée par la pratique : La femme du failli qui a renoncé à la communauté après la séparation de biens, a-t-elle hypothèque légale sur un immeuble ameubli par le mari ? La cour de cassation (ch. civ. janv. 1876 — S. 76-1-241) a adopté l'affirmative, et M. Labbé dans une note sous cet arrêt combat cette solution. Nous croyons devoir nous ranger à l'avis de la cour de cassation. On nous objecte d'abord que, aux termes de l'article 563 c. com. l'hypothèque légale de la femme ne porte pas sur les conquêts de communauté, mais si l'immeuble ameubli par le mari est bien un conquêt de communauté, cependant il ne rentre pas dans la classe d'immeubles que l'article 563 dispense de l hypothèque légale de la femme, car le mari en était propriétaire avant le mariage, la loi n'a ici aucune fraude à redouter de la part du mari.

M. Labbé fait une autre objection, il est des auteurs qui pensent que, même en dehors du cas de faillite de son mari, la femme n'a jamais hypothèque sur les conquêts de communauté ; nous pensons au contraire que la femme a toujours hypothèque sur les conquêts de communauté, non-seulement lorsqu'elle renonce, ce qui est admis par la jurisprudence (Bordeaux 28 juin 1870 — S. 70-2-326), mais encore lorsqu'elle accepte ; pour nous l'argument de M. Labbé manque donc de fondement et nous venons de décider en réfutant la première objection que l'article 563 ne faisait dans cette hypothèse aucune exception à la situation que possède la femme en droit commun.

Nous n'avons rien de spécial à dire sur les immeubles advenus au mari par succession ou donation entre vifs, les mêmes controverses peuvent se présenter pour ces immeubles comme pour ceux que le mari possédait au jour du mariage, ainsi la question de savoir si lorsque la succession donne au mari un droit indivis sur un immeuble et qu'il acquiert sur licitation les parts de ses copropriétaires, l'hypothèque légale de la femme porte ou non sur la totalité de cet immeuble, et la solution à donner est celle que nous avons déjà adoptée ; la solution sera la même pour les constructions ou améliorations réalisées par le mari sur l'immeuble qui lui est advenu pendant le mariage à titre de donation ou de succession.

Seuls, les immeubles acquis à titre onéreux par le mari pendant le mariage échappent à l'hypothèque légale de la femme.

Mais il nous reste encore une question à examiner; les immeubles acquis à titre onéreux pendant le mariage échappent-ils aux restrictions de l'article 563 et retombent-ils sous l'hypothèque légale de la femme lorsqu'ils ont été aliénés par le mari avant l'époque de la faillite ? Cette question n'a jamais été sérieusement controversée (Agen, 22 juil. 1859. S 60-2-86. — Nancy, 27 mai 1865. 366-2-345, note Labbé) et on admet que le fait par le mari d'aliéner un immeuble sur lequel ne porte pas l'hypothèque de la femme ne suffit pas pour le grever de cette hypothèque; en effet, l'article 563 ne distingue nullement le cas où cet immeuble est encore dans le patrimoine du mari et le cas où il en est sorti par une aliénation, il donne une solution générale. En outre, nous avons établi dans notre premier chapitre que l'hypothèque de la femme n'était jamais restreinte que dans l'intérêt de la masse, or, ici la masse a intérêt à la restriction de l'hypothèque de la femme, car sans cette restriction, l'action hypothécaire de la femme viendrait diminuer les droits de la masse des créanciers. M. Bédarride objecte (page 118) que les époux auraient ainsi un moyen facile d'éluder la loi en fixant la situation de la femme par une séparation concertée entre eux et cela avant la faillite ; mais la procédure en séparation doit être rendue publique et les créanciers la connaissant peuvent y intervenir. Toutefois, cette solution n'est vraie que lorsque le prix de cet immeuble est encore dû à l'époque de la faillite et qu'il n'est mis en distribution qu'après cette époque ; si au contraire le mari a reçu le prix de l'immeuble aliéné avant d'être déclaré en faillite et si avant cette époque la femme séparée de bien avait fait liquider ses reprises et s'était fait colloquer sur le prix de vente dans un ordre ouvert alors que le mari n'était pas dessaisi de ses biens, la femme aurait alors à cette collocation un droit acquis que la faillite postérieure du mari ne pourrait pas lui enlever.

C'est à la femme qu'incombera la charge de prouver à quelle époque tels immeubles sont advenus au mari, et s'il lui sont advenus pendant le mariage elle devra encore pour les frapper de son hypothèque légale prouver que le mari les a acquis à titre gratuit. Mais de quels modes de preuve devra-t-elle se servir? Nous ne trouvons sur ce point dans l'article 563 aucune dérogation du Droit commun, nous devons donc permettre à la femme

tous les modes de preuve, même la preuve par témoins, lorsqu'il lui aura été impossible de se procurer une preuve écrite,
ce qui sera le cas ordinaire, de la date des acquisitions du mari
et de leur caractère; ainsi la femme pourrait prouver qu'une acquisition immobilière contatée par un acte authentique postérieurement au mariage résulte véritablement d'un acte sous
seing privé antérieur au mariage. On ne peut pas lui opposer
la fraude, car si elle résulte du fait d'avoir converti après un
long intervalle l'acte sous seing privé en un acte authentique
c'est contre la femme que cette fraude avait existé puisqu'elle
devait lui faire perdre le bénéfice de son hypothèque légale et
non contre les créanciers, qui alors ne peuvent s'en prévaloir.
D'ailleurs, il est de principe que les tiers peuvent toujours
prouver même par témoins les simulations d'actes qui portent
atteinte à leurs droits, or ici la femme est bien un tiers vis à vis
du mari, elle n'a pas pris part au contrat d'acquisition et elle
n'est pas l'ayant cause du mari (Grenoble, 28 juin 1858. D. P.
59-2-191).

Nous n'avons plus pour terminer ce paragraphe qu'à nous
demander si la femme qui a le droit d'exercer ses reprises en
nature peut au lieu de revendiquer ainsi ses meubles à titre de
propriétaire agir comme créancière en se prévalant de son hypothèque légale, ou même venir comme simple créancère chirographaire au marc le franc avec les créanciers de la faillite? Nous
croyons qu'elle ne le peut pas; en effet, cela serait souvent contraire
aux intérêts de la masse, car la femme n'agirait comme créancière
que lorsque cela lui serait avantageux, c'est à dire quand ses
meubles seront détériorés ou que dans le contrat de mariage
ou l'acte de donation ils auront été estimés au-delà de leur valeur.
En outre, si cela lui était désavantageux ses propres créanciers

pourraient venir exercer à sa place ses reprises en nature qu'elle
néglige d'exercer et la forceraient ainsi à les exercer elle-même.
Enfin cette solution résulte d'un passage d'un discours de
M. Tripier à la Chambre des pairs dans la discussion de la loi
de 1838 qui démontre que l'exercice de ses reprises en nature
n'est pas pour la femme une simple faculté mais qu'il peut lui
être imposé par ses propres créanciers.

SECTION II

Restrictions quant aux créances garanties

L'article 563 nous indique quels seront en cas de faillite du
mari les créances de la femme garanties par l'hypothèque légale :
elle aura hypothèque :

« 1. Pour les deniers et effets mobiliers qu'elle aura apportés en
dot ou qui lui seront advenus pendant le mariage par succession ou donation entre vifs ou testamentaire, et dont elle prouvera
la délivrance ou le paiement par acte ayant date certaine.

« 2. Pour le remploi de ses biens aliénés pendant le mariage ;

« 3. Pour l'indemnité des dettes par elle contractées avec son
mari. »

Aux termes de l'ancien article 551 la femme n'avait pas hypothèque pour les deniers et effets mobiliers qui lui sont advenus
depuis le mariage par donation ou succession et qu'elle ne peut
pas reprendre en nature ; c'est la loi de 1838 qui a étendu son
hypothèque à ces créances. Cette loi a encore fait sur ce point

une autre innovation sur le Code de 1807 qui exigeait la preuve par actes authentiques des deniers et effets mobiliers que la femme a apportés en dot ; le nouvel article 563 au contraire exige simplement qu'elle en prouve « la délivrance par acte ayant date certaine ».

Le droit civil ne réglemente pas le mode de preuve que doit employer la femme pour justifier ses apports, l'article 563 déroge donc au droit commun en exigeant la preuve par acte ayant date certaine lorsque le mari est en faillite; mais il n'y déroge qu'en ce qui concerne les apports, par conséquent la femme prouvera suivant les règles du droit commun sa créance en remploi de ses biens aliénés et en indemnité pour les dettes par elle contractées avec son mari. L'article 562 décide que la femme qui a payé des dettes pour son mari est présumée l'avoir fait avec les deniers de celui-ci et ne pourra exercer de ce chef aucune action dans la faillite ; cet article ne s'oppose nullement à ce que la femme se fasse colloquer hypothécairement en vertu d'une dette qu'elle a contractée pour le mari ou pour la communauté et qu'elle n'a pas encore payée. En effet le jugement déclaratif de faillite du mari l'a dessaisi de tous ses biens il lui est donc impossible de payer ses dettes de ses propres deniers, la femme ne le peut pas non plus, car la communauté n'est pas encore liquidée et elle n'a aucun capital lui permettant de payer cette dette : la présomption de l'article 562 ne trouve donc pas ici son application et la femme se trouve sous l'empire du droit commun. L'article 562 ne s'applique que lorsque la femme a payé les dettes qu'elle avait contractées pour le mari ou la communauté, elle est présumée alors les avoir payées avec les deniers du mari et elle devra combattre cette présomption par la preuve contraire. La femme exerce aussi son hypothèque pour le remploi de ses biens aliénés pendant le mariage, elle n'a alors qu'une seule chose à faire, prouver le fait de l'aliénation pendant le mariage, elle n'a pas besoin de prouver que le prix de l'aliénation a été versé aux mains du mari (Cass. Req. 27 déc. 1852. D. L. 53-1-39), car l'article 563 ne parle que des apports.

Elle a hypothèque pour les deniers et effets mobiliers qu'elle a apportés en dot ou qui lui sont advenus depuis le mariage par donation ou succession et dont elle prouvera la délivrance ou le paiement par acte ayant date certaine. L'article 563 ne parle pas des avantages matrimoniaux ; nous avons vu que l'article 564 refusait à la femme toute action même non hypothécaire à raison des avantages stipulés dans son contrat de mariage ; nous ne reviendrons pas sur l'étude de cette restriction nous l'avons déjà examinée au chapitre second.

Tandis que l'article 2135 du code civil permet à la femme de prouver ses créances par tous moyens et même sous le régime dotal par la présomption de l'article 1569, l'article 563 exige la preuve par acte ayant date certaine. La date certaine dont il parle ne peut être que celle qui est déterminée par l'art. 1328, il faudra donc que l'acte sous seing privé, dont se prévaudra la femme, soit enregistré, ou bien qu'une des personnes qui l'a signé soit morte ou enfin que la substance de cet acte soit constatée dans un acte authentique.

Mais il est moins facile à la femme de prouver le versement des deniers que de produire un acte ayant date certaine qui constate son apport : la difficulté pour elle est de prouver le paiement réel.

La cour de cassation a admis (27 décembre 1852, D. P. 53-1-39) qu'il suffisait que le paiement de la dot ait été constaté par la quittance ayant date certaine que la femme a donnée avec l'assistance et l'autorisation du mari et qu'elle n'avait pas besoin

de fournir la preuve, par acte ayant date certaine que les deniers
ont été comptés au mari ; mais plus tard la cour de cassation a
décidé que la femme ne peut exercer son hypothèque légale
pour sa dot, qu'autant qu'elle rapporte la preuve par acte ayant
date certaine, que sa dot a été comptée au mari (cass. 13 août
1868, journal, tome XIX, p. 257), mais si dans ce cas la
créance est justifiée, elle peut être admise comme chirographaire.

En cas de faillite du mari la présomption de l'article 1569, que
la dot de la femme a été payée dans les dix ans du mariage ne
peut pas être opposée aux créanciers (Angers, 22 décembre 1868,
journal XVIII, 246), la femme n'a pas son hypothèque légale
pour reprendre sa dot, mais dans cette hypothèse elle peut
cependant venir au passif de la faillite comme simple créancière
chirographaire de sa dot, car l'article 563 du code de commerce
ne fait obstacle à l'application de la présomption de l'article 1569 que pour l'hypothèque légale. (Colmar, 2 février 1857,
journal VII, 206.)

Le paiement réel serait-il suffisamment prouvé si les époux
ont stipulé dans leur contrat de mariage que l'acte de célébration
du mariage vaudrait quittance du paiement de la dot promise ?
Nous pensons que cette preuve suffit pour permettre à la femme
d'exercer son hypothèque légale à raison de sa dot, car l'article 563 n'exige qu'une seule chose, que la quittance ait date
certaine, il ne la soumet à aucune forme particulière, et l'acte de
célébration rapproché du contrat de mariage vaut largement une
quittance ayant date certaine. On a objecté que cette solution
favoriserait la fraude du mari et lui donnerait le moyen de
tromper ses créanciers, il n'a pour cela qu'à se marier,
sans avoir touché la dot de sa femme. Mais la fraude est tout

aussi possible quand le mari a remis à sa femme une quittance enregistrée, il a pu tout aussi bien donner cette quittance sans avoir reçue les deniers. (Cass. req. 22 février 1860. D. P. 1860-1-184.)

Mais la femme ne pourrait pas opposer aux créanciers de la faillite de son mari une clause du contrat de mariage qui l'autoriserait à reprendre tout le mobilier sans être tenue d'aucune justification. (Paris, 9 février 1869, journ. trib. com. XVII, 385.)

La femme prouvera le paiement des deniers venant des successions ou donations à elle advenues pendant le mariage, au moyen de tout acte ayant date certaine, pourvu que cet acte constate formellement que la femme dans ce paiement était dûment autorisée ; cet acte sera ordinairement l'inventaire rédigé après la mort du *de cujus* ou l'état estimatif annexé à la donation.

On s'est demandé si la femme n'aurait pas un moyen légal de tourner l'article 569 et de se procurer, par exemple, une hypothèque sur les immeubles acquis par le mari à titre onéreux pendant le mariage; le moyen que l'on proposait était pour la femme de demander la séparation de biens avant la déclaration de faillite, de faire liquider ses reprises et de se faire reconnaître par jugement, créancière de son mari de la valeur de ses reprises, créance pour laquelle elle prendrait inscription avant la période suspecte ou postérieurement à la date de la cessation des paiements, mais dans les quinze jours du jugement. La femme aurait ainsi une hypothèque judiciaire qui grèverait tous les immeubles du mari même ceux acquis à titre onéreux pendant le mariage, et elle échapperait ainsi à l'article 563.

Cet expédient est refusé à la femme par tous les auteurs, car il réduirait à néant les restrictions que le législateur a voulu apporter à l'hypothèque légale de la femme du failli. Les époux, lorsqu'ils commenceraient à craindre la possibilité d'une faillite, concerteraient une séparation de biens à la suite de laquelle la femme reconnue créancière par le jugement prendrait hypothèque sur les biens du mari au détriment de la masse des créanciers.

Nous admettons avec la Cour de cassation (14 juin 1853, journal III, 288), que la femme séparée de corps qui a obtenu contre son mari une pension alimentaire, pour la sûreté de laquelle elle a pris inscription hypothécaire, a droit de se faire colloquer sur les immeubles acquis par son mari depuis son mariage, sans qu'on puisse lui opposer l'article 563 du code de commerce. Nous décidons malgré un jugement du tribunal de Marseille du 15 mars 1878 (journal de Marseille, 1878-1-133), que la femme qui a pris inscription sera colloquée même pour les arrérages à échoir, car l'hypothèque judiciaire garantit l'exécution de l'obligation tout entière ; le syndic n'aurait alors que le droit de faire restreindre la pension alimentaire de la femme et partant son hypothèque en démontrant que depuis le jugement la situation des parties a été modifiée.

Nous permettrons aussi à la femme d'exiger par privilège le paiement de la provision alimentaire qui lui a été accordée sur sa demande en séparation de corps alors surtout qu'il y a deniers suffisants pour la satisfaire, car cette créance par son caractère purement alimentaire et provisoire, dont l'existence est subordonnée à la durée de l'instance, se distingue des éléments du passif purement chirographaire de la faillite (Paris, 7 août 1863, journal, 265).

L'article 508 dit qu'un créancier qui a une hypothèque inscrite

14

ou dispensée d'inscription renonce à son hypothèque en votant au concordat, la femme renonce-t-elle à son hypothèque légale en votant au concordat de son mari ? Nous répondons à cette question par une distinction ; elle y renonce lorsque son régime nuptial lui permet d'y renoncer expressément avec l'autorisation du mari ou de la justice, c'est à dire lorsqu'elle est mariée sous tout autre régime que le régime dotal, ou même lorsque étant mariée sous le régime dotal elle ne renonce à son hypothèque légale que quant à ses créances paraphernales ; sa renonciation serait nulle si étant mariée sous le régime dotal elle renonçait à l'hypothèque légale qui garantit ses créances dotales, car nous admettons avec la jurisprudence la théorie de l'inaliénabilité de la dot mobilière à l'égard de la femme.

Parmi les auteurs qui rejettent l'inaliénabilité de la dot mobilière à l'égard de la femme, les uns, considérant l'hypothèque comme un droit immobilier et partant inaliénable sous le régime dotal, décident que la femme n'y renonce pas en votant au concordat ; les autres, considérant l'hypothèque légale comme un accessoire de la créance dotale, décident que la femme y renonce en votant au concordat.

De même le créancier du failli cautionné par la femme de celui ci et subrogé à son hypothèque légale pour une partie de sa créance renonce à cette hypothèque en votant au concordat pour le montant intégral de sa créance, sans déduction de la partie cautionnée par la femme (Cass. 14 juillet 1880. *Journal des trib. de com.* 1880, page 241).

SECTION III

**Influence de la faillite sur la naissance et la conservation
de l'hypothèque légale de la femme mariée.**

———

Le législateur a dans les articles 446, 447, 448 édicté des nullités spéciales au cas où le débiteur est tombé en faillite.

1. L'article 446 annule certains actes lorsqu'ils ont été faits depuis la période suspecte, ces actes sont les translations de propriétés à titre gratuit, les paiements de dettes non échues et même les paiements de dettes échues lorsqu'ils ont été effectués autrement qu'en espèces ou en effets de commerce, et enfin toute hypothèque conventionnelle on judiciaire constituée sur les biens du débiteur pour dettes antérieurement contractées.

2. L'article 447 annule tous les paiements et autres actes à titre onéreux passés par le failli avant le jugement déclaratif mais depuis l'époque de la cessation des paiements, si les tiers qui ont contracté avec lui ont connu sa situation.

3. L'article 448 permet aux tribunaux d'annuler les inscriptions prises depuis la période suspecte, s'il s'est écoulé plus de quinze jours entre la date de l'acte constitutif d'hypothèque et la date de l'inscription.

Nous allons rechercher si ces trois articles sont applicables à l'hypothèque légale de la femme, si les articles 446 et 447 peuvent empêcher sa naissance et si l'article 448 à quelque influence sur sa conservation.

Et d'abord l'hypothèque légale de la femme peut-elle naître dans la période suspecte, malgré les articles 446 et 447 ? L'article 446 n'annule que les hypothèques conventionnelles ou judiciaires, il est muet sur les hypothèques légales ; or, comme il est de principe que les nullités sont de droit étroit, il est évident que les hypothèques légales échappent à l'application de l'article 446 En outre, le motif qui fait annuler les hypothèques prises pendant la période suspecte, c'est la crainte qu'elles ne soient pour le failli un moyen de favoriser un de ses créanciers au détriment des autres, ce motif n'existe que pour les hypothèques conventionnelles ou judiciaires qui ont leur source dans la volonté des parties, il n'a plus de raison d'être pour les hypothèques qui sont une création de la loi elle-même. Enfin, les précédents historiques nous montrent quelle a été la pensée du législateur en rédigeant l'article 446.

L'article 443 du Code de 1808 était ainsi conçu : « Nul ne peut acquérir privilège ni hypothèque sur les biens du failli, dans les dix jours qui précèdent l'ouverture de la faillite. » Le laconisme de cet article célèbre avait soulevé de nombreuses difficultés, on lui reprochait vivement la généralité de ses expressions. En effet, il est injuste de soumettre aux mêmes restrictions les hypothèques qui naissent de la loi et celles qui sont le résultat de la volonté des parties. Aussi s'éleva-t-il, sous l'empire de cette législation, une grande controverse pour savoir s'il fallait oui ou non atténuer la sévérité de l'article 443 et le soumettre à des distinctions fondées sur l'équité. Trois systèmes divisaient sur ce point les interprètes du Code de 1808.

1. MM. Delvincourt (Institutes de Droit commercial, article 443), et Persil (*Régime hypothécaire*, tome II, page 9), repoussaient toute distinction, et en vertu des termes généraux de notre

article, annulaient toute hypothèque légale constituée depuis la période suspecte.

2. D'autres auteurs proposaient une distinction, ils annulaient les hypothèques légales qui prennent naissance à la suite d'une convention et validaient seulement celles qui existent indépendamment de toute convention et par la seule force de la loi. En effet, le législateur n'a voulu annuler que les sûretés qui pourraient couvrir une fraude, il n'a certainement pas voulu prohiber les autres, aussi faut-il conserver les hypothèques légales du mineur et de l'interdit. La loi elle-même, quand on se pénètre de son esprit, semble par les mots *nul ne peut acquérir*, n'annuler que les hypothèques que l'on acquiert par son propre fait et ne pas vouloir toucher aux hypothèques que la loi confère seule. Dans ce système, on annulait l'hypothèque légale de la femme, car elle pouvait servir à cacher des fraudes dans ce cas, dit M. Pardessus (tome IV, n° 435), il y a convention, stipulation libre, et par conséquent possibilité de tromper les tiers. Ce système était aussi soutenu par MM. Locré (*Esprit du Code de commerce*, tome V, p. 169), et Boulay-Paty (*Faillites*, tome Ier, n° 74).

3. Enfin, d'autres auteurs (Zacharie : *Cours de Cod. civ. fr.*, tome II, p. 126 ; Duranton, id., tome XX, p. 79 ; Valette, *Priv. et hyp.*, n° 138), validaient toujours l'hypothèque légale de la femme mariée, malgré le texte de l'article 443, car, suivant les expressions de M. Troplong (*Privil. et hyp.*, tome III, n° 655), la femme *n'acquiert pas* d'hypothèque légale, en ce sens qu'elle ne la stipule pas ; elle la reçoit des mains de la loi toute établie.

La loi de 1838 mit un terme à cette controverse en ne soumettant pas les hypothèques légales à la nullité qu'il édictait, l'article 446 a tacitement validé les hypothèques légales, en s'appuyant sur ce motif que l'hypothèque légale naît en même temps que la créance qu'elle garantit, car elle résulte de la qualité même de cette créance, or, l'article 446 n'annule que les hypothèques, constituées pour dettes, antérieurement contractées. Le législateur de 1838 tranche bien cette controverse par l'article 446, mais cet article fit naître lui-même de nouvelles difficultés, car il laisse une porte ouverte à la fraude.

L'article 1431 décide que la femme qui s'oblige solidairement avec son mari pour les affaires *de la communauté* ou du mari, n'est réputée, à l'égard de celui-ci, s'être obligée que comme caution, et elle doit être indemnisée de l'obligation qu'elle a contractée. D'un autre côté, l'article 2135, § 3, lui donne une hypothèque légale pour cette indemnité, et cette hypothèque n'est pas annulée par l'article 563. La femme peut subroger à son hypothèque légale un créancier de son mari, envers lequel elle s'engage conjointement avec celui-ci.

La combinaison de ces principes a permis d'imaginer la fraude suivante : Le mari, au moment où il est déjà en état de cessation de paiements, veut conférer une hypothèque à un de ses créanciers, afin de lui donner une situation préférable à celle de la masse, ce que la loi lui défend par l'article 446; pour arriver à son but, il n'aura qu'à s'obliger envers son créancier solidairement avec sa femme, et celle-ci, qui est sa complice, subrogera ce créancier à l'hypothèque légale qu'elle vient d'acquérir en s'obligeant avec son mari ; ce créancier aura ainsi obtenu un droit de préférence au détriment de la masse des créanciers du mari. Cette fraude est fréquente et les nombreuses décisions judiciaires rendues sur cette question en sont la meilleure preuve.

On se demande alors si la femme a hypothèque légale pour l'indemnité qui lui est due par suite de son engagement avec le mari. Cette question soulève d'autres questions sudsidiaires, ainsi, lorsqu'on décide que, dans notre hypothèse, l'hypothèque de la femme n'est pas annulée de plein droit par l'article 446, on se demande si elle ne peut pas être annulée en cas de fraude en vertu, soit de l'article 447 du Code de commerce, soit de l'article 1167 du Code civil. En outre, lorsqu'on décide que la fraude annule l'hypothèque légale, on doit se demander si la femme est en même temps dégagée de son obligation envers le créancier de son mari. Lorsqu'on admet, au contraire, que l'hypothèque de la femme est annulée par l'article 446, ainsi que toutes les hypothèques conventionnelles ou judiciaires, faut-il décider que la femme est en outre dégagée de son obligation ?

PREMIER SYSTÈME. — L'hypothèque de la femme est nulle en vertu de l'article 446 dans l'hypothèse que nous avons supposée, mais la femme reste obligée envers le créancier.

Ce système se divise lui-même suivant que le créancier est subrogé pour une dette préexistante ou pour une dette concomittante à l'engagement de la femme ; certains auteurs n'annulent l'hypothèque que lorsque la subrogation a eu lieu au profit d'un créancier antérieur à l'obligation de la femme, d'autres l'annulent, bien que ce créancier subrogé n'ait pas eu contre le mari une créance antérieure.

En effet :

1° L'hypothèque légale que la femme reçoit de la loi pour l'indemnité des dettes qu'elle a contractées pour son mari a un caractère d'hypothèque conventionnelle. Elle est bien

une hypothèque légale, ce point est certain, mais elle diffère
gravement des hypothèques légales véritables, de celles qui
existent par la seule force de la loi, indépendamment de toute
convention des parties. On ne peut pas contester que cette hypothèque légale diffère profondément des autres et qu'elle a un
caractère conventionnel. Cela est d'ailleurs prouvé par les précédents historiques. Pothier (n° 763, communauté) nous apprend
que cette hypothèque n'a pas été admise sans difficulté par notre
ancienne jurisprudence, les auteurs s'opposaient surtout à ce
qu'on la fît remonter au jour du contrat de mariage ; cependant
cette solution fut admise par un arrêt célèbre du parlement de
Paris du 17 mars 1608, et on donna à cette hypothèque le nom
significatif d'hypothèque légale *irrégulière*. Cette hypothèque
légale est donc en même temps conventionnelle et on doit l'annuler en vertu de l'art. 446.

2° L'esprit de la loi de 1838 exige cette solution. Quel a été,
en effet, le but du législateur ? Il a voulu établir l'égalité entre
créanciers ; il a voulu empêcher le mari d'améliorer, au détriment
des autres, la situation d'un de ses créanciers à partir du jour
fixé par le jugement déclaratif comme étant celui de la cessation
des paiements, et pendant les dix jours qui précèdent celui-là.
Depuis ce jour, il n'est pas permis à un créancier chirographaire
d'acquérir une hypothèque pour sûreté de sa créance. Le but du
législateur serait complétement manqué si on validait cette hypothèque légale de la femme et la subrogation qu'elle a consentie
au profit d'un créancier chirographaire antérieur du mari envers
lequel elle s'était obligée solidairement avec celui-ci ; ce créancier obtiendrait, par ce moyen, une hypothèque que lui refuse
l'art. 446. Cet article, en validant implicitement l'hypothèque
légale née pendant la période suspecte, n'a entendu conserver

que l'hypothèque légale proprement dite, celle qui existe par la seule force de la loi et qui ne peut pas servir à couvrir une fraude, il n'a certainement pas voulu valider cette hypothèque légale, dont nous nous occupons, cette hypothèque légale qui naît de la convention des parties, qui n'est constituée que dans le but de tourner la loi et d'avantager un créancier au détriment des autres.

3° La théorie du premier système était celle de l'ancien droit ; nous avons vu, dans notre exposé historique, que la déclaration de 1702 avait annulé tout droit d'hypothèque et de préférence né au profit des créanciers chirographaires dans les dix jours qui ont précédé la faillite, et le président Lamoignon nous apprend que l'hypothèque légale d'indemnité de la femme pour les dettes contractées par elle pour son mari est nulle si elle est née peu de jours avant la faillite. Voici comment s'exprime ce magistrat jurisconsulte dans ses arrêtés (édition de 1789, tome 2, p. 133) : « L'hypothèque pour l'indemnité des dettes a été introduite par un usage nouveau contre l'ancienne jurisprudence, sur ce que l'on présume que l'obligation de la femme n'est pas absolument libre, et qu'elle ne l'a contractée que pour prévenir la dissension entre elle et son mari. Si la femme s'oblige avec son mari depuis un traité fait par le mari avec ses créanciers et depuis l'ouverture de la faillite, les arrêts ont jugé qu'elle ne pouvait, en ce cas, se servir du privilège de son hypothèque, qui ne commence alors qu'à l'époque de l'acte par lequel elle s'est engagée. La même chose a été ordonnée pour les obligations auxquelles elle est entrée peu de jours avant la faillite, à cause de la présomption de fraude. »

Parmi les auteurs qui soutiennent ce système, les uns s'appuyant sur le premier et le troisième argument, décident que

l'hypothèque légale de la femme est toujours nulle, sans distinguer si le créancier envers lequel la femme s'est obligée solidairement avec son mari et qu'elle a subrogé à son hypothèque
légale était ou non créancier du mari antérieurement à cette
obligation solidaire et à cette subrogation hypothécaire. Les
autres, au contraire, n'annulent l'hypothèque légale de la femme
et la subrogation que lorsque le créancier subrogé était déjà
créancier du mari ; ils invoquent en leur faveur le deuxième
argument et ils font remarquer, en outre, que la loi de 1838 a
simplement voulu interdire au failli de procurer à quelques-uns
de ses créanciers chirographaires une hypothèque au détriment
des autres dans la période suspecte, il n'a pas voulu interdire
au négociant de se procurer, jusqu'à la déclaration de faillite, au
moyen de garanties hypothécaires, des ressources nécessaires à
la conjurer.

Nous avons ainsi établi la première proposition de ce système,
à savoir que, dans notre hypothèse, l'hypothèque légale de la
femme et la subrogation sont nulles en vertu de l'art. 446 ; il
nous reste à établir la seconde proposition : La femme, bien que
privée de son hypothèque légale, reste obligée envers le créancier. L'obligation de la femme subsiste, dit M. Groussau (thèse,
Poitiers 1875), parce qu'il n'y a aucun motif légal pour annuler
son engagement. En outre, dit la cour de Poitiers (16 janv. 1860 ;
— S. 60-2-289), l'engagement que la femme autorisée a contracté envers le créancier de son mari est indépendant de l'indemnité à laquelle lui donne droit l'art. 1431 et de l'hypothèque
légale que lui donne l'art. 2135 ; l'efficacité de cette hypothèque
n'est pas une condition essentielle de son obligation ; s'il en
était autrement, les créanciers chirographaires de la femme, qui
pouvaient toujours agir contre elle, seraient plus favorisés que

le créancier hypothécaire, qui perdrait ainsi, non-seulement son action hypothécaire, mais aussi son action personnelle

Deuxième système. — L'hypothèque légale est nulle et la femme ne reste même pas obligée envers son créancier. (Trib. comm. Seine, 12 août 1880. Gaz. trib., 25 août 1880.) Ce système admet, comme le premier, la nullité de l'hypothèque légale de la femme ; mais, outre les trois arguments du premier système, il en invoque d'autres à l'appui de cette première proposition, et ces arguments servent en même temps à prouver la nullité de l'engagement de la femme.

La cour de Nancy (4 août 1860 ; — S. 61-2-119) soutient que le mari frappé personnellement par la faillite d'une incapacité absolue de créer sur ses biens aucun droit de préférence, n'a pu, sans faire un exercice abusif de sa puissance maritale, habiliter sa femme à contracter avec lui des obligations qui aboutiraient à constituer sur ses biens un droit d'hypothèque. La cour, après avoir annulé l'hypothèque légale de la femme, annule aussi l'engagement qu'elle a contracté ; en effet, dit-elle, l'art. 1431 déclare que la femme qui s'est obligée solidairement avec son mari dans l'intérêt de celui-ci est réputée n'être que sa caution ; « or, il est de l'essence du cautionnement que la caution puisse exercer son recours contre le débiteur principal, et ce principe s'applique d'une manière toute spéciale au cautionnement de la femme mariée, qui ne contracte jamais pour son mari que sous la condition de l'indemnité que lui accorde l'art. 1431 et de l'hypothèque légale que lui donne l'art. 2135 pour garantir son recours contre son mari. — La conséquence de ce principe doit être l'annulation des engagements pris par la femme, lorsqu'elle est privée, par l'absence de toute hypothèque légale, du recours

utile sur lequel elle a dû compter et sans lequel elle ne se serait
pas obligée : s'il en était autrement, la protection dont la loi
entoure la femme ne serait plus pour elle qu'une illusion dangereuse, qui la conduirait le plus souvent à sa ruine ; la nullité
de l'hypothèque légale de la femme sur les biens de son mari
doit donc entraîner aussi, par voie de conséquence, celle des
obligations contractées par elle au profit d'un créancier. »

MM. Coin Delisle (*Revue critique*, t. III, page 221) et Paul
Pont (*Prise et hyp.*, t. 1, n° 44) appuient le même système
sur les arguments suivants : A l'inverse de la Cour de
Nancy, ces auteurs ne subordonnent pas la validité de l'engagement de la femme à la conservation de son hypothèque
légale ; ils subordonnent au contraire l'existence de l'hypothèque
à la validité de l'engagement. Ce qu'ils cherchent à démontrer,
c'est la nullité de l'obligation de la femme, car une fois cette
nullité prouvée, l'hypothèque légale tombe d'elle-même,
elle n'a plus d'obligation principale en indemnité à garantir. Ils
fondent cette nullité de l'engagement de la femme sur l'argument qu'invoque la Cour de Nancy pour démontrer la nullité
de l'hypothèque ; la femme, disent-ils, ne peut valablement
s'obliger qu'avec l'autorisation de son mari ; or si le mari la lui
donne dans la période suspecte, cette autorisation est nulle
parce qu'elle est donnée pour favoriser un créancier au préjudice des autres et parce que, dans cette période, le mari est
dessaisi du droit de disposer. Ils appuient en outre leur système
sur les arguments que donne le premier système pour justifier
la nullité de l'hypothèque légale, sur ce motif surtout qu'il ne
faut pas permettre au failli et à sa femme de tourner la prohi-
bition de l'article 1466, que cette hypothèque légale ressemble
à une hypothèque conventionnelle et enfin sur ce motif que le

contrat intervenu est contraire aux bonnes mœurs commerciales, qu'il a pour but de faire échec à la loi sur les faillites et que partant il est frappé d'une nullité absolue aux termes des articles 6 et 1439.

TROISIÈME SYSTÈME. — Nous pensons avec MM. Aubry et Rau (4ᵉ édition, t. 3, § 264 ter, texte et note 27) et Bertauld que la femme qui cautionne son mari en état de cessation de paiements en s'obligeant solidairement avec lui (1431) est valablement obligée et qu'elle a contre son mari un recours garanti par l'hypothèque légale de l'article 2135 à laquelle elle peut subroger le créancier envers lequel elle s'est obligée : mais cette hypothèque peut être annulée en cas de fraude aux termes de l'article 447 si la femme s'est engagée au profit d'un créancier antérieur du mari, car sans cela l'acte ne sera sans doute pas frauduleux. Ce système est celui qui tend à prévaloir dans la jurisprudence (Nancy, 18 mars 1879. — S. 79-2-113. — Paris, 7 février 1879. — Journ. trib. comm., 1879, page 49).

Nous avons à établir que l'hypothèque légale et la subrogation d'une part, et l'engagement de la femme d'autre part ne sont pas annulés par l'article 446, mais qu'ils peuvent être annulés en cas de fraude d'après l'article 447.

Et d'abord l'hypothèque légale d'indemnité de la femme est valable, elle peut être exercée soit par la femme, soit par le créancier subrogé. En effet, l'article 446 est formel, il n'annule que les hypothèques conventionnelles et judiciaires sans toucher aux hypothèques légales ; le silence du législateur de 1838 a voulu mettre un terme aux controverses qui étaient nées de l'ancien article 443 et valider les hypothèques légales. On ne peut pas créer des distinctions là où la loi ne distingue pas ;

l'article 446 a soustrait à son annulation les hypothèques
légales ; on ne peut pas, dans son silence, frapper de nullité
certaines de ces hypothèques. En outre, il est de principe que
les nullités sont de droit étroit ; on ne peut pas étendre à certaines hypothèques légales une nullité que la loi n'a prononcée
que pour les hypothèques conventionnelles ou judiciaires.

L'hypothèque légale d'indemnité existe donc, et elle peut être
exercée soit par la femme, soit par le créancier subrogé.

Qu'on ne nous objecte pas que l'hypothèque légale qui garantit les indemnités dues à la femme pour les obligations
qu'elle a contractées pour son mari est une véritable hypothèque
conventionnelle, une hypothèque mixte, légale et conventionnelle, une hypothèque irrégulière, comme on l'appelait dans
l'ancien droit. Cette objection tombe devant la qualification
d'hypothèque légale dont se sert la loi pour la désigner.

Cependant comme le fait par la femme de s'obliger envers un
des créanciers du mari solidairement avec celui-ci et de subroger
ce créancier à son hypothèque légale qui naît de la créance en
indemnité qu'elle acquiert contre son mari par cette obligation
solidaire, peut couvrir une fraude, comme par ce moyen le
mari peut procurer à un de ses créanciers, au détriment des
autres, une hypothèque que la loi lui interdit de créer sur ses
biens, la masse des créanciers chirographaires n'est pas sans
défense contre cette opération qui peut lui porter un si grand
préjudice. La masse trouve une arme dans l'article 447, elle
pourra faire annuler cette hypothèque légale quand la femme,
en s'obligeant envers le créancier, connaissait l'état de cessation
de paiements de son mari et que ce créancier le savait aussi ; il
faut que la femme et le créancier aient été complices de la fraude
du mari, car l'article 447 exige que ceux qui ont fait avec le

débiteur failli des actes à titre onéreux, aient eu connaissance de
la cessation de ses paiements. L'article 447 n'annule pas de plein
droit ces actes, il donne seulement aux tribunaux le pouvoir de
les annuler en appréciant souverainement si le tiers qui a traité
avec le failli a oui ou non connu l'état de cessation de ses
paiements. Si on nous objecte que l'obligation de la femme
n'est pas intervenue entre le mari et le tiers créancier et que
cet acte doit échapper à l'article 447, nous répondons, avec
M. le conseiller rapporteur Dumon (Cass. req. 11 décembre 1870,
3, 77, 1, 407), que le mari débiteur s'est obligé conjointement
et solidairement avec sa femme, qu'il a autorisé celle-ci à contracter, et que ce traité avait pour but, et aurait pour effet, s'il
était validé, de conférer au créancier le bénéfice de l'hypothèque
légale de la femme sur les biens du débiteur failli.

Nous avons ainsi établi que l'hypothèque légale d'indemnité
n'est pas déclarée nulle de plein droit par l'article 446, mais
qu'elle peut-être annulée par les tribunaux aux termes de l'article 447, lorsque l'engagement de la femme est le résultat d'un
concert frauduleux pour conférer hypothèque au détriment de la
masse. La nullité de cette hypothèque et de la subrogation sera
demandée au nom de la masse par le syndic, car c'est la masse
qui y a intérêt. Mais lorsque la nullité de cette hypothèque légale
aura été prononcée, elle ne pourra être exercée contre la masse ni
par la femme, ni par le créancier subrogé, mais une fois la question vidée entre la femme et la masse, il reste à établir les rapports de la femme avec le tiers créancier ; la femme reste-t-elle
obligée envers lui ? Si elle est obligée, le créancier pourra exercée contre elle son action personnelle et même une action hypothécaire, s'il a reçu de la femme des hypothèques conventionnelles comme garantie de sa créance ; il pourrait aussi exercer

contre le mari l'hypothèque légale à laquelle la femme l'a subrogé, si cette hypothèque trouve aliment non pas seulement dans l'obligation solidaire par elle prise avec son mari, envers le créancier subrogé, mais encore dans le montant de ses reprises, car dans ce cas il ne peut en résulter pour la masse aucun préjudice (Bordeaux 12 août 1878 — journal trib. com. 1879-186); avant d'étudier cette question, il importe d'écarter l'hypothèse où l'engagement de la femme serait entaché d'erreur, de dol, de violence, cas auquel la nullité de cette obligation serait prononcée d'après le droit commun. Mais la question sur laquelle nous avons à nous prononcer est celle de savoir, si la femme reste obligée envers le créancier ; nous ne nous occupons plus de la situation de la femme vis-à-vis de la masse, mais bien de sa situation vis-à-vis le tiers créancier.

La nullité de l'obligation de la femme est soutenue par les partisans du deuxième système. Les uns l'appuient sur cette considération qu'après la déclaration de faillite, le mari incapable de s'obliger, est incapable aussi d'autoriser sa femme à s'obliger envers un de ses créanciers, l'obligation de la femme est donc nulle faute d'autorisation. Nous répondons avec MM. Aubry et Rau (*loco citato* , que le jugement déclaratif n'enlève pas au failli le droit de donner à sa femme l'autorisation maritale, il peut donc, *à fortiori*, lui donner cette autorisation avant d'être déclaré en faillite, et cela, d'autant plus que la masse est complétement désintéressée ; il lui importe peu que la femme soit obligée envers un tiers créancier. D'autres auteurs font de la nullité de l'obligation de la femme une conséquence nécessaire de la nullité de l'hypothèque légale de la femme à l'égard de la masse, parce que son recours hypothécaire est la condition nécessaire de son obligation. Nous répondons que la femme conserve son recours contre la masse, aux termes de l'article 1431, et même son hypothèque n'est pas frappée d'une véritable nullité, elle n'est que paralysée à l'égard de la masse, et elle revivrait si le mari, après la faillite, revenait à meilleure fortune ; c'est donc comme si les immeubles du mari étaient pour toute leur valeur grevés d'hypothèques préférables à celle de la femme.

En répondant à ces deux objections du deuxième système, nous avons déjà établi la validité de l'engagement de la femme envers le tiers créancier ; nous allons la fonder encore sur d'autres observations. Comme le fait remarquer le premier système, la solution de la Cour de Nancy et de MM. Coin-Delisle et Paul Pont, offre un inconvénient considérable, c'est d'enlever au commerçant qui voit ses affaires péricliter, la possibilité de se procurer les ressour es pour conjurer le danger, en faisant obliger sa femme avec lui. D'ailleurs, les articles 446 et 447 ne s'opposent nullement au maintien de l'obligation de la femme, car ces articles ont été édictés dans le seul intérêt de la masse, qui est complétement désintéressée dans cette question. Qu'on ne nous objecte pas qu'il est injuste de déclarer que la femme reste tenue envers son créancier, alors qu'on la prive de son hypothèque légale, car lorsque la femme s'est engagée pour son mari qui a cessé ses paiements et dont elle connaissait la situation, elle s'engage à ses risques et périls ; elle n'a pas à se plaindre plus tard ; si, au contraire, elle ne connaissait pas l'état des affaires de son mari, l'article 447 ne lui serait pas applicable et elle conserverait son hypothèque légale.

Nous donnerions la même solution dans l'hypothèse où la femme, au lieu de s'obliger solidairement avec son mari, l'a simplement cautionné ; on a cependant fait une objection ; le

15

plus souvent, lorsque la femme cautionne un créancier de son mari, ce créancier a obtenu de celui-ci une hypothèque conventionnelle ou judiciaire, et si cette hypothèque a été constituée pendant la période suspecte, elle tombe sous le coup des articles 446 et 447; la femme sera déchargée de son obligation en vertu de l'article 2037, parce que le créancier s'est trouvé, par son fait, dans l'impossibilité de subroger la femme à son hypothèque contre le failli. Nous répondons que l'article 2037 ne s'applique pas dans cette hypothèse, car le créancier ne s'est pas mis par son fait dans l'impossibilité de subroger la femme à son hypothèque, puisque la nullité, l'inefficacité de cette hypothèque est inhérente à sa constitution, le fait du créancier n'est pour rien dans cette inefficacité, qui est la conséquence même d'un fait qui lui est étranger, de la déclaration de la faillite. (Nancy, 11 août 1858. — Cass., 25 juillet 1860, S. 61-1-93.)

Nous avons à nous demander maintenant quelle est l'influence de la faillite du mari sur la conservation de l'hypothèque légale de la femme, c'est-à-dire à nous demander si l'article 448, Cod. com., lui est applicable.

L'art. 448 est ainsi conçu : « Les droits d'hypothèque et de privilège valablement acquis pourront être inscrits jusqu'au jour du jugement déclaratif de la faillite. Néanmoins, les inscriptions prises après l'époque de la cessation de paiements, ou dans les dix jours qui précèdent, pourront être déclarées nulles s'il s'est écoulé plus de quinze jours entre la date de l'acte constitutif de l'hypothèque ou du privilège et celle de l'inscription. »

Avant la loi du 23 mars 1855, on n'avait pas à se demander si l'article 448 s'appliquait à l'hypothèque légale de la femme, car, avant cette loi, l'hypothèque légale de la femme était dispensée d'inscription, elle échappait donc à l'application de

l'article 448, Cod. com., Mais la loi de 1855, par son article 8, a
limité la dispense d'inscription à une année après la dissolution
du mariage ; l'hypothèque légale de la femme conserve son rang
si elle est inscrite dans le délai d'un an, sinon, elle ne prend
rang que du jour de l'inscription, comme toute hypothèque
conventionnelle ou judiciaire. Voici, d'ailleurs, le texte de cet
article 8 : « Si la veuve n'a pas pris inscription dans l'année
qui suit la dissolution du mariage, son hypothèque ne date, à
l'égard des tiers, que du jour des inscriptions prises ultérieu-
rement. » Et alors on a pu controverser la question de savoir
si, après l'expiration de l'année qui suit la dissolution du mariage, l'hypothèque légale de la femme n'est pas soumise aux
règles d'inscription des hypothèques conventionnelles et judiciaires, et à l'article 448, Cod. com. Ainsi, cette hypothèque, qui
n'a pas été inscrite dans le délai de l'article 8, peut-elle être
encore inscrite après le jugement déclaratif de la faillite ; pour-
rait-on annuler l'inscription prise dans la période suspecte, s'il
s'était expiré plus de quinze jours entre l'inscription et la fin
du délai de l'article 8 ? (Rouen, 11 mai 1866. D. P. 1868, 2-
399.)

PREMIER SYSTÈME. — L'hypothèque légale n'est pas atteinte par
l'article 448, même depuis la loi de 1855. En effet :

1. L'article 8 n'a pas eu pour but de toucher à l'existence de
l'hypothèque légale, il a seu'ement voulu organiser sa publicité,
et, pour le cas où cette hypothèque ne serait pas inscrite dans
le délai qu'il prescrit, il n'a pas prononcé la nullité, il a simplement décidé qu'elle perdrait son rang privilégié, et qu'elle ne
daterait plus, à l'égard des tiers, que du jour de son inscription.
L'article 8 n'a pas ajouté que la nullité de l'article 448 pourrait

frapper cette hypothèque légale, si elle était inscrite après les délais fixés. L'article 8 ne statue que sur le rang de l'hypothèque légale, tandis que l'article 448 statue sur sa validité ; ne peut donc pas étendre à l'hypothèque légale la nullité que la loi de 1838 a prononcée pour les hypothèques conventionnelles et judiciaires, et sur laquelle la loi de 1855 n'a pas statué au sujet de l'hypothèque légale.

2. L'article 448 ne cadre pas avec l'article 8, car il parle du délai de quinze jours écoulés entre la date *de l'acte constitutif de l'hypothèque* et celle de l'inscription, alors que l'hypothèque légale ne découle pas d'un *acte*, mais d'un *fait*, du mariage. Et alors, on ne sait pas quel peut être le point de départ de ce délai de quinze jours, car il n'y a pas d'*acte constitutif* d'hypothèque comme l'exige l'article 448.

3. Enfin, le but du législateur, dans l'article 448, a été de prévenir des fraudes ; les créanciers hypothécaires auraient pu, sans cet article, tenir secrètes leurs hypothèques, exciter la confiance des créanciers chirographaires et venir, après la déclaration de faillite, absorber tout l'actif à leur profit. Cette fraude n'est possible que pour les hypothèques conventionnelles ou judiciaires, car l'inscription seule fait connaître aux tiers leurs actes constitutifs, tandis que cette fraude était impossible pour les hypothèques légales, ou, du moins, elle pouvait être déjouée par la moindre vigilance, car il est bien facile à un créancier de savoir si son débiteur est marié ou non, ou s'il est veuf (Alger, 25 juin 1879, S. 79-2-200.

2° SYSTÈME. — Nous pensons avec la majorité de la doctrine et de la jurisprudence. (Rouen, 17 juin 1869, D., p. 72,

3-215), que l'article 448 est applicable à l'hypothèque légale de la femme mariée.

En effet : 1° A partir de l'année qui suit la dissolution du mariage, l'hypothèque légale de la femme est assujettie quant à l'inscription aux mêmes règles que l'hypothèque judiciaire ou l'hypothèque conventionnelle ; c'est ce que nous prouve le rapprochement de l'article 8 de la loi de 1855 et de l'article 2134 ; l'article 8 se sert pour le rang de l'hypothèque légale dont l'inscription est prise postérieurement au délai qu'il fixe, des mêmes termes dont se sert l'article 2134 pour fixer le rang de toutes les hypothèques. Le jugement déclaratif de faillite doit donc mettre obstacle à l'inscription tardive de l'hypothèque légale comme à l'inscription des hypothèques ordinaires.

2° Il est moins facile, il est vrai, de tenir secrète une hypothèque légale qu'une hypothèque ordinaire, cependant les créanciers ont pu ignorer l'existence de cette hypothèque légale, que la femme peut n'avoir pas fait inscrire dans le but de les tromper. Le retard de la femme n'est pas excusable car elle a un an pour inscrire son hypothèque légale sans craindre que la faillite rende cette inscription impossible, tandis que le créancier muni d'une hypothèque conventionnelle peut n'avoir même pas un seul jour pour prendre inscription, si la déclaration de faillite suit immédiatement sa constitution d'hypothèque.

3° Si l'article 448 a parlé de l'acte *constitutif d'hypothèque* comme point de départ du délai de 15 jours, c'est que à ce moment l'hypothèque légale était pleinement dispensée d'inscription, mais depuis la loi de 1855 il n'en est plus ainsi ; après le délai de l'article 8, elle est soumise à l'inscription comme toutes les autres hypothèques, les quinze jours de l'article 448 doivent donc courir de l'expiration du délai de l'article 8, du dernier jour de l'année qui a suivi la dissolution du mariage.

Il est bien évident que ce n'est pas après l'expiration de l'année qui suit la dissolution du mariage que l'inscription devient annulable d'après l'article 448, elle n'est annulable que si elle est prise après la quinzaine qui suit l'expiration de cette année ; ce n'est qu'après l'expiration du délai de l'article 8 qu'elle est soumise aux mêmes règles d'inscription que les hypothèques ordinaires, alors elle doit avoir comme elles et depuis ce jour un délai de quinzaine pendant lequel elle échappe à l'application de l'article 448. (Caen, 18 juin 1879. S. 1880, 2, 201).

Nous venons de déterminer quels sont en cas de faillite du mari les droits de la femme, nous avons maintenant à rechercher quel est le tribunal compétent pour connaître des réclamations de la femme, L'article 634 donne la décision suivante : « Les tribunaux de commerce connaîtront de tout ce qui concerne les faillites, conformément à ce qui est prescrit au livre 3 du présent Code. » Il est nécessaire pour expliquer cet article de remonter aux précédents historiques.

Dans notre ancien droit, les juges consulaires n'étaient compétents que pour recevoir le dépôt du bilan, ce n'est qu'à titre exceptionnel et transitoire, pendant des moments de crise, en 1715 par exemple, qu'ils eurent compétence pour connaître des questions relatives à la faillite. Le Code de 1807 réglait ainsi en matière de faillite la compétence des tribunaux de commerce dans son article 635 : « Ils connaîtront enfin :

« 1° Du dépôt du bilan et des registres du commerçant en faillite, de l'affirmation et de la vérification des créances ;

« 2° Des oppositions au concordat, lorsque les moyens de l'op-

posant seront fondés sur des actes ou opérations dont la connaissance est attribuée par la loi aux juges des tribunaux de
commerce ;

« 3° De l'homologation du traité entre le failli et ses créanciers ;

« 4° De la cession de biens faite par le failli, pour la partie
qui en est attribuée aux tribunaux de commerce par l'article 901
du Code de procédure civile. »

La loi de 1838 a indiqué dans le titre de la faillite au fur et à
mesure les cas où les tribunaux de commerce étaient compétents et dans l'article 634 elle a renvoyé à ce qui était dit au titre
des faillites. On admet que les tribunaux de commerce ne sont
compétents que lorsque l'action est née de la faillite ou qu'elle
a été modifiée par suite de la faillite, aussi les réclamations de
la femme doivent elles être toutes portées devant le tribunal de
commerce.

CHAPITRE IV.

Des droits de la femme dans le droit comparé et dans le droit international privé.

———

Avant de rechercher quelles réformes nous désirerions voir apporter à notre législation sur les droits de la femme dans la faillite de son mari, nous devons examiner rapidement quelles sont les règles des législations étrangères sur ce point.

Louis XIV, par la grande ordonnance sur le commerce de 1673, réalisa en partie le rêve de Louis XI, qui voulait qu'il n'y eût pour tous les sujets de son royaume qu'une seule loi, qu'un seul poids et qu'une seule mesure. Lorsque de 1804 à 1810 la France fut dotée de l'unité absolue de législation, les victoires de nos armées avaient soumis à la France plusieurs nations voisines chez lesquelles nos nouveaux codes furent rendus exécutoires. Lorsque bientôt après la France fut réduite à ses anciennes frontières, les nations, auxquelles nous avions imposé nos lois lors de la conquête, en sentirent l'avantage et les conservèrent lorsqu'elles eurent recouvré leur indépendance et leur autonomie.

C'est ainsi que nous trouvons les règles de notre Code de 1807 dans les provinces rhénanes, dans les cantons de Vaud et de Genève. D'autres nations ont emprunté à notre loi de 1838 sa réglementation des faillites; citons parmi elles l'Italie, la Belgique, la Roumanie, l'Alsace-Lorraine et la Grèce. Une loi de

1878 a légèrement modifié en Grèce la loi française de 1838, mais sur des points autres que les droits des femmes. Une légère différence sépare sur ce point la loi belge de la loi française : le Code Belge exige pour l'application de nos articles 563 et 564 que le mari soit commerçant au moment du mariage, ou que, s'il n'avait pas à ce moment de profession déterminée, il le soit devenu dans le délai de deux années. La loi belge et la loi italienne reconnaissent formellement à la femme le droit de reprendre les immeubles acquis en remploi de ses propres ; la loi belge exige pour cela une preuve authentique, le Code italien se contente d'un acte sous seing privé ayant date certaine.

Plusieurs législations appliquent aux non-commerçants les règles de la faillite, elles assimilent la déconfiture à la faillite.

Ainsi la nouvelle loi fédérale allemande du 10 février 1877 sur les faillites (*Konkurs-ordnung*) (*Bulletin de la Société de législation comparée,* 4ᵉ volume, page 386) ne fait entre les commerçants et les non-commerçants qu'une seule différence, c'est que ces derniers ne sont pas obligés de tenir des livres. Voici ce que nous lisons dans l'exposé des motifs de cette loi : « La limitation de la faillite aux commerçants avait autrefois sa raison d'être ; le commerce était une profession à part ; le crédit en était le signe distinctif, la capacité d'émettre des lettres de change était d'ordinaire réservée aux commerçants seuls ; ils étaient soumis à des mesures d'exécution plus sévères. Toutes ces raisons ont disparu. Le droit relatif à la distribution par contribution (*gemeinschuldrecht*) s'applique d'après le sens des mots et la réalité des choses à tout et à tous. L'Angleterre avait employé, la France emploie encore comme expédient une interprétation aussi extensive que possible du mot *commerçant*. Mais la nécessité exige plus. »

La loi allemande annule, sans distinguer l'époque à laquelle ces actes ont été faits : Toutes les libéralités du débiteur envers sa femme, ou tout acte donnant à celle-ci pour ses biens, dont il est administrateur, une sûreté ou garantie à laquelle il n'était légalement pas obligé. En outre (art. 37) : « **La femme du failli ne peut prétendre à un droit de revendication sur les biens qu'elle a acquis pendant le mariage, qu'autant qu'elle établit que l'acquisition n'en a pas eu lieu au moyen des ressources propres du failli.** »

La loi autrichienne du 25 décembre 1868 renferme les dispositions suivantes : (Bulletin 1879, page 313.) Art. 49. « La déclaration faite par le mari avant l'ouverture de la faillite, verbalement ou par écrit, qu'il a reçu la dot, doit, pour faire preuve contre la masse, avoir eu lieu à l'époque de la réception de la dot, ou au plus tard un an avant le jour d'ouverture de la faillite, et la date de cette déclaration doit être établie vis-à-vis de la masse. La date inscrite sur l'acte ne fait pas preuve suffisante. » Art. 50. « Le Code de commerce spécifie dans quelles limites les droits résultant pour la femme d'un commerçant des conventions matrimoniales doivent, pour être opposables aux créanciers commerciaux du mari, être inscrits aux registres commerciaux. — La femme d'un commerçant dont le contrat de mariage est inscrit au registre commercial doit rembourser aux créanciers commerciaux antérieurs à cette inscription, sur les sommes lui revenant en vertu de son contrat de mariage, ce qu'elle reçoit en plus de ce qu'elle aurait touché de la masse de son mari, sur sa créance, en dehors du pacte conjugal. »

La législation anglaise est muette sur la législation des droits de la femme. (Loi du 9 août 1869 ; 32 et 33 Victoria : chap. 71.) Par le mariage, les biens de la femme passent au mari qui en devient propriétaire, ils sont donc compris dans l'actif de la faillite ; cependant la femme a pu se constituer des biens en *trust*, c'est-à-dire les confier à un fidéicommissaire (*trustee*) qui représente le *trust*, personne morale ; si alors le mari tombe en faillite, le *trust* de la femme ne se trouve pas compris dans le désastre, car le mari n'en a pas l'administration.

Aux Etats-Unis d'Amérique, une loi du 22 juin 1874 avait établi l'unité de législation en matière de faillites, mais cette loi a été abrogée par la loi du 7 juin 1878 ; la législation varie donc avec chaque état ; elle offre beaucoup d'analogie avec la loi anglaise ; aux termes d'une loi de 1867, les règles de la faillite s'appliquent aux non-commerçants.

Citons encore parmi les nations qui n'ont pas de dispositions spéciales sur la faillite, ou plutôt qui y soumettent les non-commerçants : la Russie, la Suède, la Norwège, le Chili, les pays musulmans et quatre cantons suisses : Lucerne, Thurgovie, Schwitz et Unterwald-le-Bas.

Les autres nations ont sur la faillite une législation spéciale qui diffère de la loi française.

Le Code de commerce espagnol du 1er janvier 1830 modifié par un décret du 11 janvier 1868 (articles 1001 à 1007) distingue en dehors de la masse quatre classes de créanciers :

1º Les créanciers revendiquants, qu'il appelle créanciers de propriété, *accreedores de dominio*, confondant ainsi les droits de propriété et de créance ;

2º Les créanciers hypothécaires ;

3º Les créanciers, auxquels le Code civil confère un privilège ;

4º La femme (article 1114) à laquelle il donne un droit de revendication pour ses biens dotaux dont l'apport est constaté par acte public, et pour les biens paraphernaux qui lui sont échus par donation, succession ou legs ou qui lui ont été acquis en remploi. Elle a une hypothèque pour la créance en reprise du prix de ses biens aliénés, mais cette hypothèque n'est pas comme en France dispensée d'inscription. Si les biens affectés à son hypothèque ne suffisent pas à l'indemniser de ses reprises, elle viendra en concours avec les créanciers chirographaires parmi ceux dont la créance est constatée par un acte public, parmi les *escriturarios* et suivant la date de sa créance. Le Pérou a emprunté à l'Espagne cette législation.

Le droit Portugais reconnaît 6 classes de créanciers :

1° Comme en Espagne, les créanciers revendiquants *credores de dominio* ?

2° Les créanciers qui ont droit de séparation et qui ne sont pas de véritables créanciers mais plutôt une seconde catégorie de revendiquants ; parmi eux se trouve la femme pour la reprise de ses biens dotaux ou paraphernaux existants en nature ou de ceux acquis en remploi pourvu que le contrat de mariage et l'acte de remploi aient été rendus publics par l'inscription sur le registre du commerce ;

3° Les créanciers à privilège général ;

4° Les créanciers hypothécaires. La femme a une hypothèque privilégiée pour ses créances dotales ;

5° Les créanciers privilégiés dont le privilège est personnel ;

6° Les créanciers chirographaires. Cette législation est aussi celle du Brésil.

En Hongrie la matière des faillites n'est pas réglée par le Code de commerce de 1875, mais par des lois spéciales empreintes du caractère national ; les droits de la femme varient suivant la classe de la société à laquelle elle appartient. Elle a un privilège pour la restitution de sa dot, si l'apport a été rendu public par l'inscription sur le registre de commerce : Elle a aussi un privilège pour son douaire qui est de 48, de 200 ou de 400 florins suivant qu'elle a épousé un roturier, un noble ou un magnat, un projet de loi est à l'étude en ce moment.

Le Code des Pays-Bas est plus libéral que la loi française, il n'exige pas pour la reprise des apports une preuve authentique, il se contente pour les biens que la femme possédait lors du mariage de la preuve du droit commun ; et il permet à la femme de reprendre les biens qui lui sont advenus depuis par donation ou succession, en prouvant cette acquisition par tout titre suffisant pour convaincre le juge. Le Code Hollandais prive la femme de tous ses avantages matrimoniaux. De même que dans les lois Anglaises, Russes, Ecossaises et Autrichiennes la femme mariée Hollandaise n'a pas d'hypothèque légale, elle ne peut avoir qu'une hypothèque conventionnelle à condition de la stipuler expressément dans son contrat de mariage, si non elle n'a qu'une créance chirographaire ; lorsqu'elle a stipulé en sa faveur une hypothèque conventionnelle, elle est traitée comme un créancier hypothécaire ordinaire.

La confédération Helvétique nous offre la plus grande diversité de législation ; nous avons déjà vu que les cantons de Vaud et de Genève suivaient les principes de notre Code de 1807 et que quatre autres cantons n'avaient pas de dispositions légales spéciales à la faillite. Examinons rapidement la législation des autres cantons. Dans les cantons de Zurich, de Zug et de Schaffouse le mari administre les biens de sa femme, il doit les restituer en nature ou leur valeur s'ils ont été aliénés, et en cas de faillite, la femme jouit d'un privilège comme garantie de cette restitution ; mais à Zurich et à Zug ni elle ni ses héritiers ne peuvent faire déclarer le mari en faillite. La femme jouit du même privilège dans le canton d'Appenzel même pour la reprises des biens acquis par elle à titre onéreux pendant le mariage, pourvu que l'emploi ait été inscrit à la chancellerie communale dans l'année du jour où il a été effectué.

Dans les cantons de Bâle et de Fribourg, la femme reprend dans la masse les biens qui lui sont restés propres, quant à la valeur de ses apports qui ne se retrouvent plus en nature, elle la reprend et sa créance est garantie à Fribourg par une hypothèque conventionnelle et à Bâle par une hypothèque tacite qui est primée par les privilèges, les hypothèques spéciales et même par quelques hypothèques tacites. A Bâle campagne, elle a pour ses reprises un privilège qui vient après celui des créanciers gagistes c'est-à-dire en troisième rang. Dans le canton d'Uri, le rang du privilège est le même qu'à Bâle campagne : Il en est de même à Unterwald le haut, pourvu que le mari ait fait dresser un inventaire authentique des biens de sa femme ; si cet inventaire n'était pas dressé dans le mois où la femme a acquis ces biens, il ne pourrait plus être dressé sans l'approbation du gouvernement, et en cas de faillite du mari, la femme ne pourrait l'opposer qu'un an après l'approbation.

A Soleure, la femme a un privilège pour la totalité de ses reprises si la séparation a été demandée depuis plus de dix ans, sinon ce privilège est restreint aux deux tiers de ses reprises, et pour le troisième tiers elle vient après les créanciers.

A Berne, le mari est propriétaire de tous les biens qui appartiennent à la femme lors du mariage, ou qui lui sont advenus depuis par succession ou donation, et la femme n'est que créancière de la restitution de ses apports, et sa créance n'est privilégiée que pour moitié et chirographaire pour le reste.

Enfin, dans le canton de Glaris, le nouvel article 178, du code civil est ainsi conçu : « En cas de faillite du mari, la fortune de la femme (y compris ses propres, article 174), tombe dans la masse ; et la femme a le choix d'en prélever la moitié à titre de créance privilégiée, en renonçant à toute prétention sur l'autre moitié, ou de figurer pour le tout parmi les créanciers chirographaires. (Annuaire : législ. étrang. 1874, page 519.)

Au *Mexique* la femme prélève sa dot par préférence aux autres créanciers ; dans la *Confédération Argentine* elle a pour la reprise de ses apports une hypothèque générale sur les biens de son mari.

§ 2.

DROIT INTERNATIONAL PRIVÉ.

Le droit international est aujourd'hui à l'ordre du jour, son étude s'impose à tout le monde, car en raison de la multiplicité et de la rapidité des relations commerciales, les législations de tous les peuples se trouvent chaque jour en conflit, et c'est le droit international privé qui détermine les règles d'après lesquelles ces conflits doivent être jugés. Si l'uniformité de législation est un rêve irréalisable, une chimère pour les lois civiles ou pénales, elle est possible pour les lois commerciales, car le commerce est partout le même, il est cosmopolite, ses lois doivent être les mêmes partout. Aussi le droit international est-il l'objet de nombreux ouvrages, et les jurisconsultes sont unanimes à déclarer nécessaire l'uniformité des lois commerciales, en Italie, MM. Pasquale Fiore et Giuseppe Carle s'en sont fait les apôtres. « En considérant les relations actuélles des états, dit M. Pasquale Fiore, les besoins du commerce et de l'industrie, les multiples points de contact entre les peuples, il est facile de conclure que si les Etats n'adoptent pas certains principes communs, les occasions de conflit augmenteront au préjudice des intérêts du commerce international. (Fiore ; droit international, page 5.) Nous venons de voir dans le paragraphe précédant combien ce but est loin d'être atteint, et combien est grande encore la diversité des législations commerciales au seul point de vue qui nous occupe ; au point de vue des droits des femmes dans la faillite de leur mari, nous avons d'abord à étudier la célèbre question de l'unité et de l'universalité de la faillite, c'est-à-dire la question de savoir si les effets de la faillite doivent être restreints aux biens situés dans le pays où elle a été déclarée, ou si au contraire ils doivent s'appliquer aux biens que possède le failli à l'étranger.

Les anciens auteurs subordonnaient la solution de cette question à la distinction classique des lois de statut réel et de statut personnel, les uns refusaient d'appliquer les effets de la faillite sur les biens du failli situés à l'étranger, les autres appliquaient ces effets en soutenant que les lois sur la faillite étaient des lois de statut personnel, car elles règlent l'état et la capacité des personnes, certains auteurs inventèrent la théorie des statuts mixtes. Pour nous la solution de cette question ne se trouve pas dans la distinction du statut réel et du statut personnel, car elle est très difficile à établir : « On ne saurait rejeter cette théorie comme absolument fausse, dit M. de Savigny, car elle est susceptible des interprétations et des applications les plus diverses, parmi lesquel'es peuvent s'en rencontrer de tout à fait justes. Mais comme elle n'est nullement complète et prête à une foule d'équivoques, nous ne pouvons la prendre comme base. » (Traité de Droit romain; traduction Guénoux, tome 8, page 123. Cass. 30 novembre 1868-3. 69-1-194. Milan, 15 septembre 1876, journal, dr. int. 79, page 77. Paris, 13 août 1875, journal int. 77, 40 ; trib. com., Marseille, 20 septembre 1876-1876-424.)

Deux systèmes sont en présence.

Premier Système. — On appuie l'unité et l'indivisibilité de la faillite sur les considérations suivantes :

1. Aux termes de l'article 2093, les biens du débiteur sont le gage commun de ses créanciers ; chaque débiteur n'a qu'un patrimoine unique qui répond à la fois et de l'ensemble de ses dettes et de chacune d'elles en particulier. Si donc un commerçant a plusieurs établissements, il ne peut pas être en faillite dans l'un d'eux et rester *integri status* dans les autres, et lorsqu'il cesse ses paiements sur un point, son insolvabilité s'étend à tout son commerce. Lorsqu'un commerçant est en faillite, il ne l'est qu'une fois et partant son patrimoine forme le gage de tous ses créanciers et son insolvabilité est générale. Le siège d'une faillite est donc au domicile du failli. L'insolvabilité du failli étant générale, la liquidation qui en est la conséquence, doit-être aussi générale, peu importe d'ailleurs que les divers éléments de la fortune du failli soient situés dans un même pays ou dans plusieurs.

2. Le jugement déclaratif dessaisit le failli de tous ses biens, à venir et de ses actions judiciaires ; c'est un syndic qui, sous la surveillance du juge-commissaire, administre l'actif, constate le passif par la vérification des créances et intente les actions qui appartiennent au failli ou défend à celles intentées contre

16

loi. Qu'est-ce à dire ? Sinon que le jugement déclaratif a créé une personne morale, la faillite, qui continue l'individualité du failli, et qui doit résider au domicile du failli.

3. Le but de la faillite qui est l'égalité entre les créanciers ne peut être atteint que dans le système de l'indivisibilité de la faillite et non dans le système contraire qui créerait plusieurs liquidations différentes ; les créanciers ont cru avoir pour gage le patrimoine tout entier du débiteur, et la création de faillites diverses pourrait arriver à leur faire donner un dividende illusoire sus les biens compris dans la masse de la faillite à laquelle ils sont admis, tandis que dans une autre faillite du même débiteur ils auraient pu recevoir l'intégralité de leur créance.

Le système adverse ouvre la porte à toutes les fraudes ; le commerçant, lorsqu'il verra ses affaires péricliter concentrera tout son passif sur un de ses établissements commerciaux et emploiera au profit des autres tout son actif, et ainsi après une faillite limitée à un de ses établissements, il pourra continuer son commerce dans les autres, et il causera ainsi la ruine de ses créanciers compris dans sa faillite partielle.

2e Système (Paris 7 mars 1878 ; journal des trib. de com. 1878 page 194 ; trib. com. Semè 26 juillet 1877. Journal 1878 page 79). Les créanciers français qui veulent faire valoir en France suivant la loi française, leurs droits contre leur débiteur déclaré en faillite à l'étranger doivent le faire déclarer de nouveau en faillite en France. En effet : 1 L'article 14 du code civil donne aux Français le droit d'assigner un étranger devant les tribunaux français pour les engagements par lui contractés en France où à l'étranger, les créanciers français peuvent donc après, malgré un premier jugement déclaratif de faillite rendu par un tribunal étranger, faire prononcer en France la faillite de leur débiteur et les partisans du 1er système nous opposent l'article 59 du code de procédure civile d'après lequel en matière personnelle le défendeur doit être assigné devant le tribunal de son domicile ; suivant ces auteurs cet article édicterait une véritable règle de droit des gens, il donnerait compétence exclusive au tribunal du domicile du défendeur, alors même que ce domicile serait situé à l'étranger, et que le tribunal compétent serait un tribunal étranger, cet article serait ainsi en opposition formelle avec l'article 14. Nous croyons au contraire qu'il n'y a pas antinomie entre ces deux textes, car l'article 59 ne tranche qu'une question de compétence entre les tribunaux français, il ne règle pas un cas de conflit entre un tribunal français et un tribunal étranger ; ce qui le prouve c'est qu'il est placé au code de procédure au titre de l'ajournement, au lieu intitulé : des tribunaux inférieurs dans lequel le législateur ne parle que des tribunaux français.

2. Le code a donné au tribunal de commerce le droit de déclarer d'office la faillite, la déclaration de faillite prononcée à l'étranger ne doit pas pouvoir empêcher un tribunal français de frapper de dessaisissement un débiteur au nom de l'ordre public, car le tribunal français en le faisant ne fait qu'appliquer une loi de police et d'ordre public qui oblige les étrangers comme les nationaux.

3. Le sytème de l'universalité soulève des difficultés inextricables ; deux juridictions l'une française l'autre étrangère peuvent apprécier différemment quel est le domicile du failli et s'attribuer chacune une compétence exclusive et alors on se demande à quelle autorité internationale il appartiendra de trancher ce conflit, il faudrait sans doute attendre un accord de

toutes les nations pour créer un tribunal des conflits interna-
tionaux.

4. Dans le système de l'universalité, la faillite prononcée à
l'étranger enlève aux tribunaux français le droit de la déclarer,
mais alors quelle va être la situation des créanciers français ? ils
seront privés de la protection de leurs tribunaux nationaux, ils
seront obligés de faire valoir leurs droits à une distance souvent
considérable de leur domicile, ils seront soumis à des dépenses
énormes pour essayer de sauver leur créance, il leur sera très
difficile de surveiller les opérations de la faillite, et ils seront
peut être exposés à la nécessité de subir une législation qui
n'organise pas le contrôle des opérations des syndics, qui leur
permet de fixer eux-mêmes leur salaire et de dilapider à leur gré
les deniers des créanciers : Telle est par exemple la législation
anglaise contre laquelle s'élèvent de vives critiques, résumées
dans un article de M. Babinet : bulletin de la société de législation
comparée. (1879 page 378). L'universalité de la faillite peut
être établie par un traité diplomatique, le traité du 15 juin
1869 entre la France et la Suisse assure l'unité de la faillite
dans l'intérêt des créanciers et d'une liquidation prompte et
économique. L'article 6 de ce traité est ainsi conçu : « la faillite
d'un français ayant un établissement de commerce en Suisse,
pourra être prononcée par le tribunal de sa résidence en Suisse,
et réciproquement la production du jugement de faillite dans
l'autre pays donnera au syndic, après toutefois que le jugement
aura été rendu exécutoire, le droit de réclamer l'application de
la faillite aux biens meubles et immeubles que le failli possédera
dans ce pays. — En ce cas, le syndic pourra poursuivre contre les
débiteurs le remboursement des créances dues au failli; il poursui-
vra également, en se conformant aux lois de pays de leur situation

la vente des biens meubles et immeubles appartenant au failli ,
— Le prix des biens meubles et les sommes et créances recou-
vrées par le syndic dans le pays d'origine du failli seront joints à
l'actif de la masse chirographaire du lieu de la faillite et partagés
avec cet actif, sans distinction de nationalité, entre tous les
créanciers, conformément à la loi du pays de la faillite — quant
au prix des immeubles, la distribution entre les ayants droit
sera régie par la loi du pays de leur situation ; en conséquence,
les créanciers français ou suisses qui se seront conformés à la
loi du pays de la situation des immeubles, pour la conservation
de leurs privilèges aux hypothèques sur ces immeubles, seront
sans distinction de nationalité, colloqués sur le prix des biens
au rang qui leur appartiendra d'après la loi du pays de la situation des immeubles. »

Remarquons que tant que le jugement suisse déclaratif de faillite n'aura pas été rendue exécutoire en France, il ne peut y produire aucun effet, et les créanciers français peuvent poursuivre
en France la déclaration de faillite de leur débiteur. (Paris, 8
juillet 1880 ; gag. trib. 21 oct. 1880).

En repoussant l'universalité de la faillite, nous avons donné
compétence aux tribunaux français pour déclarer la faillite
malgré la présence d'un jugement déclaratif rendu à l'étranger,
mais nous reconnaissons cependant à ce jugement étranger un
effet considérable ; il frappe le failli des incapacités attachées à
cette qualité, et alors la femme du failli étranger est frappée à
l'égard des créanciers français des restrictions que la loi du
pays où a été fait son contrat de mariage édicte contre les
femmes des faillis, car il s'agit ici d'une question de statut personnel. Et même, pour produire cet effet, ce jugement étranger
n'a pas besoin d'être déclaré exécutoire eu France. (Paris, janvier 1872. S. 72-2-233.)

Les arguments par lesquels nous avons repoussé le système de l'universalité de la faillite servent aussi à prouver que les tribunaux français peuvent, en vertu de l'article 14 du Code civil, sur la demande d'un créancier français, déclarer la faillite d'un étranger, car la faillite a été réglementée par le législateur dans un intérêt d'ordre public et de police (Cass., 2 janvier 1873. S. 75-1-160) ; la loi qui règlemente la faillite est une loi de police obligatoire même pour les étrangers qui habitent en France. (Paris, 26 mai 1878. S. 80-2-193.)

Lorsqu'il s'agira de régler en France les droits de la femme étrangère dans la faillite de son mari, quelle loi lui appliquerons-nous ? La femme peut avoir à revendiquer ses biens propres existants en nature ; cette revendication sera régie par son contrat de mariage et par la loi du lieu où ce contrat de mariage a été fait ; il en est de même pour les avantages matrimoniaux.

Par ces solutions nous appliquons la règle que les conventions doivent être régies par la loi qu'avaient en vue les parties en contractant, à moins cependant que cette loi ne soit contraire à l'ordre public ou aux bonnes mœurs du pays dont les tribunaux ont à statuer sur ces conventions.

L'article 564 édicte une disposition d'ordre public, aussi nous l'appliquerons aux étrangers lorsqu'ils se trouveront dans la situation qu'il a prévue ; ainsi nous l'appliquerons aux étrangers qui se sont mariés en France étant commerçants ou qui le sont devenus dans l'année de leur mariage, et nous annulerons toutes les donations qu'ils auraient pu faire à leur femme.

Notre solution est conforme à l'équité et à l'esprit du législateur qui, en rédigeant l'article 564, n'a voulu soumettre la femme à la disposition rigoureuse de cet article que lorsque la femme a pu prévoir en se mariant que cet article lui serait applicable ; or, il en est ainsi dans les deux hypothèses que nous venons de citer. Mais nous n'appliquerons pas l'article 564 à la femme étrangère dans toutes autres hypothèses, ainsi lorsque cette femme s'est mariée à l'étranger et que ce n'est que longtemps après son mariage que son mari est venu se fixer en France, car cette femme n'a pu prévoir que les restrictions que la loi du pays où elle s'est mariée pouvait apporter à ses droits en cas de faillite de son mari, elle ne pouvait pas prévoir que son mari irait plus tard s'établir en France ; nous ne pouvons donc pas lui appliquer les restrictions de la loi française.

Les règles que nous venons de donner s'appliquent évidemment à l'hypothèse inverse, c'est-à-dire au cas où c'est un Français qui est en faillite à l'étranger, s'il est marié en France, sa femme sera soumise aux restrictions de la loi française.

Nous venons d'étudier, quant à ses reprises et à ses avantages matrimoniaux, la situation de la femme dont le mari étranger a été déclaré en faillite en France, ou de la femme française dont le mari est tombé en faillite à l'étranger ; nous avons maintenant à nous demander ce que deviendront ses privilèges et hypothèques en cas de faillite de son mari Mais avant de trancher cette question, nous devrons prendre parti sur la célèbre controverse sur le point de savoir si la femme étrangère a une hypothèque légale sur les biens de son mari situés en France. Deux séries de systèmes se sont partagé les auteurs ; les uns se sont placés sur le terrain de l'article 11, les autres sur le terrain de l'article 3.

PREMIÈRE SÉRIE DE SYSTÈMES. — On se place sur le terrain de

l'article 11 ainsi conçu : « L'étranger jouira en France des mêmes droits civils que ceux qui sont ou seront accordés aux Français par les traités de la nation à laquelle cet étranger appartiendra. »

Premier système. — On interprète l'article 11 en ce sens que l'étranger n'a en France, en l'absence d'un traité diplomatique, que les droits privés que la loi française accorde expressément ou tacitement aux étrangers. La femme étrangère n'aura donc pas, en l'absence de traités, d'hypothèque légale sur les biens de son mari situés en France, car la loi française ne lui reconnaît pas ce droit.

Deuxième système. — D'autres auteurs interprètent l'art. 12 en ce sens que les étrangers jouissent en France de tous les droits privés qui ne leur sont pas enlevés par la loi française, dans ce système la femme étrangère jouira de son hypothèque légale.

Troisième système. — Indépendamment de tout traité diplomatique et de tout texte de la loi française, l'étranger jouit en France de tous les droits qui dérivent du *jus gentium* du Droit naturel, il n'est privé que des droits civils, des droits créés arbitrairement par le *jus civile*, de ces droits qui, suivant Pascal, existent en-deçà des Pyrénées et n'existent pas au-delà. Dans ce système, la femme aura ou n'aura pas son hypothèque légale suivant qu'on considère cette garantie comme dérivant du *jus gentium* ou du *jus civile*. Les uns décident que l'hypothèque légale dérive du *jus gentium*, car elle est pour la femme la compensation du pouvoir d'administration de son mari ; la Cour de cassation décide que l'hypothèque légale dérive du *jus civile* et que la femme étrangère en est privée en France, à moins qu'un traité ne lui réserve ce droit. (Cass. 5 fév. 1872, 5 nov. 1878 — S. 79-1-126.)

Mais si les époux étrangers ont été autorisés à fixer leur domicile en France, la femme étrangère aura une hypothèque légale sur les biens de son mari situés en France (art. 13).

DEUXIÈME SÉRIE DE SYSTÈMES. — En se plaçant sur le terrain de l'art. 3, des lois de statut réel ou de statut personnel, deux opinions sont possibles.

Premier système. — La loi qui établit l'hypothèque légale est une loi de statut réel, la femme étrangère jouit donc de l'hypothèque légale de l'art. 2121, car les lois de statut réel sont applicables aux étrangers quant à leurs immeubles situés en France ; or les lois de statut réel sont celles qui régissent les biens, abstraction faite de ceux qui les possèdent, ce sont celles qui règlent leur transmission ou leur organisation, qui établissent sur eux des charges, et tel est bien le cas de la loi qui établit l'hypothèque légale.

Deuxième système. — La loi qui établit l'hypothèque légale est une loi de statut personnel, la femme étrangère n'aura d'hypothèque sur les biens de son. mari situés en France, que si la loi de son pays lui donne une hypothèque légale, ainsi l'Angleterre, l'Ecosse, la Hollande, l'Autriche, la Russie et plusieurs cantons suisses n'admettent pas l'hypothèque de la femme mariée. Il est de principe que les lois de statut personnel suivent les étrangers en France, or les lois de statut personnel sont celles qui s'occupent directement des personnes, et tel est le caractère de la loi qui donne à la femme mariée une hypothèque légale, car cette hypothèque n'est pour la femme qu'une compensation de son incapacité et des pouvoirs d'administration du mari. Il serait d'ailleurs étonnant que la loi française ait pour la femme étrangère plus de sollicitude que la loi de son pays. Nous nous rallions à ce système, et nous admettons que la loi qui établit l'hypothèque de la femme se rattache au statut personnel quant à l'existence de cette hypothèque, mais qu'elle se rattache au statut réel quant à la détermination des biens grevés et quant au rang de cette hypothèque ; ainsi nous n'appliquerions pas en France la loi étrangère qui donnerait à la femme mariée une hypothèque sur les meubles ou qui donnerait à son hypothèque un rang unique à dater du contrat de mariage, de même nous ne donnerions pas à la femme française son hypothèque légale sur les immeubles de son mari situés dans un pays qui admettrait pas l'hypothèque légale.

Que décider si la femme étrangère dont le mari a été déclaré en faillite en France veut exercer son hypothèque légale sur tous les biens de son mari situés en France, en vertu de la loi de son pays qui n'apporte à son hypothèque aucune restriction en cas de faillite ? Nous pensons que sa prétention devra être repoussée, car si l'existence de son hypothèque est régie par la loi de son pays, c'est la loi française, la loi de la situation des biens, qui doit déterminer quels sont les immeubles grevés de cette hypothèque.

CHAPITRE V.

Examen critique de la législation

———

Nous venons d'étudier quelles étaient les restrictions apportées aux droits des femmes, en cas de faillite du mari, par le Code de commerce modifié par la loi de 1838, et nous avons exposé sommairement quel était, sur ce point, l'état de la législation chez les nations étrangères. Il nous reste à nous demander maintenant si notre législation doit être maintenue ou s'il serait avantageux de la modifier.

Le principe qui domine toute notre législation sur les faillites, c'est que la loi présume toujours la fraude, alors que, de droit commun, on ne la présume jamais. Nous avons vu, en faisant l'historique de la législation sur les droits des femmes, que cette présomption légale de fraude avait été imposée aux législateurs de 1807 par les abus scandaleux qui s'étaient produits sous le régime de l'ordonnance de 1673. Les rigueurs du Code de 1807 ont été tempérées par la loi de 1838, et aujourd'hui la femme mariée, en cas de faillite de son mari, voit ses droits restreints quant à ses avantages matrimoniaux, quant à ses reprises et quant à son hypothèque légale.

Le Code de 1807, malgré toutes ses rigueurs, et la loi de 1838 n'ont cependant pas pu empêcher les fraudes de la part du mari avec la complicité de la femme ; il en est une, qu'avait signalée Treilhard dans la discussion du Code de commerce et qui est encore possible : le mari peut déclarer dans son contrat de mariage qu'il a reçu de sa femme une certaine dot et lui en donner quittance, alors qu'il n'a réellement rien reçu ; il lui est facile, par ce moyen, de soustraire à ses créanciers une partie de sa fortune.

Notre loi n'a donc pas pu empêcher toutes les fraudes et cependant elle a édicté dans ce but les dispositions les plus rigoureuses.

Comment faut-il remédier à ce défaut de notre législation ? Deux moyens ont été proposés. Faut-il modifier nos articles 557-564 ? Cela nous paraît bien difficile, car ils nous semblent concilier autant que possible les intérêts toujours contraires de la femme et des créanciers du failli. Si on voulait les modifier pour prévoir et réprimer toutes les fraudes, il faudrait sacrifier entièrement la femme, lui faire partager le malheur de son mari, comme le voulait Napoléon. Mais ce système aurait l'inconvénient déjà signalé, d'éloigner les jeunes gens des carrières si fécondes de l'industrie et du commerce, et de les rejeter sur les fonctions publiques et les carrières libérales, au grand détriment de notre prospérité publique et de la bonne répartition des forces sociales.

De nombreux et savants auteurs prétendent trouver dans les concordats amiables un remède à toutes les imperfections de notre loi sur les faillites. Ils voudraient introduire dans la législation française l'institution des concordats amiables ou des sursis de paiement, qui, comme nous l'avons dit, sont consacrés, en France, par la pratique et qui, à l'étranger, ont été sanctionnés législativement (Genève, loi 7 juil. 1877, *Annuaire* 1837,, p. 624 ; — loi allemande du 10 février 1877, et loi anglaise du 9 août 1869, *Bulletin*, 1879, p. 322). En 1871, l'assemblée nationale autorisa les tribunaux de commerce à affranchir de la qualification de faillite les cessations de paiement survenues entre le 18 juillet 1870 et le 13 mars 1872, En 1873, MM. Ducuing, Parent, Girerd, Aubry et Daron, demandèrent à l'Assemblée nationale de faire une place aux concordats amiables dans la législation des faillites. D'après leur projet de loi, les tribunaux de commerce avaient le pouvoir d'homologuer ou de ne pas homologuer le concordat intervenu entre le négociant débiteur et la moitié de ses créanciers, représentant les deux tiers en sommes. L'homologation de ce concordat évitait au débiteur la déclaration de faillite. On voit quelle était la portée de ce projet de loi : en pratique, la jurisprudence valide le concordat intervenu, avant faillite, entre le débiteur et l'*unanimité* de ses créanciers ; cette loi aurait permis aux tribunaux de commerce d'homologuer un concordat voté avant faillite par la majorité des créanciers et auquel la minorité serait tenue de se conformer, aussi M. Le Royer a-t-il pu dire avec raison, dans son rapport à l'Assemblée nationale du 15 mai 1872 (*Annales de l'Assemblée nationale*, t. II, p. 145, Annexe), qu'on devrait donner à ces contrats le nom de *concordats forcés avant faillite,* au lieu du nom trompeur de concordats amiables.

L'Assemblée nationale, saisie du projet Ducuing, ordonna une enquête ; elle invita les chambres et tribunaux de commerce à donner leur avis sur l'utilité des changements proposés. Sur deux cent quatre-vingt-dix réponses, deux cent dix protestèrent contre l'introduction du concordat amiable dans notre législation, quatre-vingt seulement admirent, en principe, le condat amiable, mais en amendant le projet Ducuing dans un sens restrictif. Aussi, sur le rapport de M. Le Royer, l'Assemblée nationale, se rappelant ce vieil adage, « que la pratique est la pierre de touche des lois, » rejeta le projet Ducuing.

Voici quels arguments on faisait valoir pour soutenir les concordats amiables et comment on les a réfutés : Les partisans des concordats amiables disaient que la loi de 1838 est inique, qu'elle ne fait aucune différence entre le débiteur de mauvaise foi et le débiteur malheureux de bonne foi ; qu'elle leur inflige à tous les deux la qualification déshonorante de failli ; qu'elle les frappe des mêmes incapacités civiques et commerciales : s'il faut flétrir le débiteur coupable, il faut être indulgent pour le débiteur malheureux. Nous répondons à cet argument, que la loi de 1838 distingue bien ces deux situations : au débiteur de mauvaise foi, elle réserve les peines de la banqueroute simple et de la banqueroute frauduleuse ; elle ne frappe le débiteur malheureux que d'une flétrissure et d'une incapacité civique et commerciale que justifie l'intérêt social ; la faillite a jeté un grand trouble dans les relations commerciales, elle a fait de nombreuses victimes, il faut une expiation, la société a le droit de frapper. La loi commerciale n'est pas plus sévère envers le débiteur malheureux que la loi pénale qui punit le médecin, le pharmacien, l'architecte, l'ingénieur qui, sans intention, ont porté atteinte à la santé, à la vie d'autrui.

Les partisans des concordats amiables s'efforcent d'exciter la commisération en faveur du débiteur de bonne foi, mais il y a un intérêt non moins respectable à sauvegarder, c'est celui des créanciers victimes de la faillite, et comme le disait M. Renouard à la Chambre des députés en 1838 : « Entre le créancier qui n'est pas payé et le débiteur qui ne paie point, la justice veut que ce soit surtout le malheur du créancier qui excite la pitié. » Le failli d'ailleurs n'est presque jamais irréprochable des causes qui ont amené la cessation de ses paiements, si le crédit lui a fait défaut, si ses affaires n'ont pas réussi, c'est qu'il a manqué d'ordre, de surveillance ou d'activité, ou qu'il a entrepris une tâche au-dessus de ses forces, dans tous ces cas, il a quelque chose à se reprocher, la société a le droit de réclamer de lui une expiation.

Si par hasard un commerçant qui ne mérite aucun reproche est obligé de cesser ses paiements, la pratique nous démontre que l'intérêt des créanciers est de ne pas être implacable envers un débiteur d'une probité éprouvée, et qu'à l'*unanimité* ils consentiront à conclure avec lui un concordat pour lui éviter le déshonneur de la faillite.

Les auteurs du projet de loi Ducuing invoquent encore un autre argument : il faut, disent-ils, laisser entre personnes majeures la plus grande liberté aux conventions, et permettre à la majorité des créanciers de voter un concordat amiable avant faillite par lequel ils obtiendront du débiteur et de sa famille toutes les concessions possibles pour éviter la déclaration de faillite. Nous répondons à cet argument qu'il viole l'article 1134 en vertu duquel les conventions librement formées sont la loi des parties, car sans garantie, sans compensation la majorité des créanciers pourra imposer sa volonté à la minorité. Dans l'état actuel de notre législation un créancier peut, malgré tous les autres, faire déclarer en faillite son débiteur qui ne remplit pas ses engagements, la volonté des autres créanciers ne peut pas porter atteinte à ce droit qu'il tient de son contrat, de son titre de créancier, et si la loi l'oblige à subir la majorité des créanciers dans le concordat judiciaire, c'est que la déclaration de faillite a démontré que l'ordre public était en jeu, c'est que le sinistre commercial a légitimé l'intervention sociale.

M. Daron, un des auteurs du projet de loi, a objecté qu'il faut permettre ici comme en matière de créances civiles le préliminaire de conciliation et permettre avant la faillite le concordat que la loi ne permet qu'après le jugement déclaratif. Nous répondons que lorsqu'un créancier va en conciliation, sa volonté reste libre, il n'est pas forcé d'obéir à la volonté d'autrui, tandis que dans la concordat amiable la majorité imposerait sa volonté à la minorité malgré l'article 1134 du Code civil.

D'autres considérations ont aussi commandé le rejet du projet Ducuing que son auteur a d'ailleurs retiré lui-même le 10 novembre 1873. Ce projet constituait un privilège au profit du débiteur insolvable commerçant ; quand un débiteur civil est insolvable et que ses biens ne suffisent pas à désintéresser ses créanciers, ceux-ci conservent leur action contre lui pour le cas où il reviendrait à meilleure fortune : tandis que lorsque le concordat amiable aurait été imposé à la minorité des créanciers, ceux-ci payés en monnaie de faillite perdraient tout recours ultérieur contre leur débiteur commerçant, sans qu'aucune raison ne vienne légitimer ce privilège en faveur du commerçant.

Enfin, comme le faisait remarquer la Chambre de commerce de Reims, avec une loi sur les concordats amiables les débiteurs s'inquiéteraient fort peu de la flétrissure résultant de la faillite, car les faillites deviendraient très rares, les familles n'auraient plus aucun intérêt moral à faire des sacrifices pour éviter la faillite, et le failli n'aurait plus la noble ambition d'arriver à la réhabilitation qui non seulement rachète le passé, mais environne encore d'un certain prestige le commerçant qui l'obtient.

Nous croyons donc qu'il faut rejeter le système des concordats amiables, mais alors n'y a-t-il aucune réforme à apporter à la loi des faillites ? Nous pensons qu'il serait utile d'y introduire quelques modifications de détail, ainsi nous désirerions voir introduire en France un registre public des commerçants que tout le monde pourrait consulter et sur lequel seraient inscrits le contrat de mariage de chaque commerçant et l'acte de remploi des propres de sa femme.

Nous regrettons aussi que la Chambre des députés ait rejeté le projet de loi de M. Parent sur la séparation de biens en cas de faillite du mari. Le projet présenté le 7 mai 1878 par M. Parent était ainsi conçu : « Le jugement déclaratif de faillite emporte de plein droit, à partir de sa date, la séparation de biens pour la femme du failli, sans qu'il soit besoin d'en faire la demande. Néanmoins, la femme pourra refuser cette séparation; et à cet effet, elle devra en faire la déclaration par devant le juge-commissaire de la faillite, dans le délai de la vérification des créances, et dans ce cas elle sera non recevable à se prévaloir de la faillite pour formuler une demande de séparation. La femme est dispensée d'autorisation pour la déclaration précitée. Cette déclaration produira son effet, sans préjudice des droits conférés aux créanciers de la femme par le dernier paragraphe de l'article 1446 du Code civil. »

Avant d'étudier les arguments présentés par M. Parent à l'appui de sa proposition et ceux par lesquels M. Renault Morlière a fait échouer ce projet dans la séance du 10 juin 1879 (*Journal officiel*, 11 juin 1879), nous allons examiner la portée de ce projet de loi et les modifications que lui avait fait subir la commission.

D'après la réforme proposée par M. Parent, de la déclaration de faillite du mari, résultait de plein droit la séparation de biens. Il est vrai qu'aux termes de l'article 1443 la séparation de biens

17

doit être basée sur la mise en péril de la dot de la femme par le désordre des affaires du mari et que la faillite ne suppose pas nécessairement l'insolvabilité (Aix, 15 janvier 1867, D., p. 67, 2-207). Mais en fait tous ou presque tous les faillis sont insolvables, et la moyenne des dividendes distribués est vraiment dérisoire ; elle était de 14,71 en 1875 et de 19,17 en 1876. Il est donc naturel de considérer le failli comme insolvable et de faire résulter la séparation de biens du jugement déclaratif, d'autant plus que le projet Parent permettait à la femme de refuser la séparation de biens.

M. Parent faisait remarquer, avec raison, à l'appui de son projet de loi, qu'il ne faut pas ajouter aux pertes et aux conséquences de la faillite les frais et les longueurs d'une procédure inutile « En effet, disait-il, si la faillite dessaisit le mari de l'administration de ses biens, rien de plus logique que de lui faire produire le même effet quand il s'agit de l'administration des biens de sa femme. Où serait la raison d'en décider autrement ? Ce qu'il ne peut pour lui-même comment le mari le pourrait-il pour sa femme ? Pourquoi et à quel titre conserverait-on au failli la jouissance de biens affectés à des charges qu'il ne peut plus supporter ? »

M. Testoud (revue critique, 1879, page 614) déduit une conséquence de ce principe, c'est que le jugement déclaratif de faillite qui dessaisit le failli de l'administration de ses biens devrait le déchoir de l'administration non-seulement des biens de sa femme mais aussi de ceux de son pupille, le déchoir de la tutelle, car les motifs de décider sont les mêmes.

Le projet de M. Parent permettait à la femme de refuser la la séparation de biens, cette disposition était sage, car il ne faut pas interdire le dévouement à la femme, il faut au contraire lui permettre de partager la mauvaise fertune de celui dont elle a partagé la prospérité. Mais la suite du projet contenait une dis- position sujette à critique, il déclarait que la femme qui aurait refusé la séparation de biens ne serait pas recevable à se prévaloir de la faillite pour former une nouvelle demande en séparation ; rien ne peut justifier cette décision, car si la femme a refusé la séparation, c'est peut-être par l'effet d'un sentiment irréfléchi ou parce qu'elle espérait une liquidation avantageuse des valeurs commerciales de son mari. En outre, la déclaration de la femme ne peut pas lui interdire de former plus tard une demande en séparation de biens, puisqu'un jugement définitif repoussant sa demande ne lui interdirait pas d'en former une nouvelle. Cette fin de non recevoir contre l'action de la femme aurait une durée indéfinie, car il faudra souvent atten- dre de longues années pour que la femme puisse dire que sa de- mande en séparation n'est pas fondée sur la faillite.

Mais alors si la femme qui a refusé la séparation de biens peut revenir sur cette déclaration quel en sera l'effet ? Il semble qu'elle n'en doive produire aucun ; elle en produit cependant un considérable, c'est que les frais de la demande en séparation de biens seront à la charge de la femme au lieu d'être à la charge du syndic comme le décide l'arrêt de la Cour de cassation du 23 février 1880.

Le projet de M. Parent portait que la déclaration de la femme devait être faite devant le juge-commissaire de la faillite, la commission de la Chambre substitue au juge-commissaire le président du tribunal civil, car, disait M. Bouchet, rapporteur, il faut au moins conserver à la famille la tutelle naturelle qu'elle trouve dans le tribunal civil, et cela en faisant comparaître la

femme devant le président, en ne la privant pas de la garantie
des conseils de ce magistrat, garantie que lui donnait le droit
commun. Le président devrait donner acte de cette délaration
par une ordonnance et commettre un notaire pour la liquidation
des reprises.

La Commission de la Chambre apporta encore au projet
Parent une modification heureuse, elle organisa la publicité du
parti pris par la femme de son adhésion à la séparation de biens
ou de son refus, car si elle accepte la séparation, les tiers doivent
être avertis du changement de son régime matrimonial ; si elle
refuse la séparation, la publicité de sa déclaration pourra faciliter
au mari le rétablissement de ses affaires ; voici le texte de cette
disposition : « Extrait de cette ordonnance sera publié dans l'un
des journaux prévus par l'article 668 C. pr. civ , il sera de plus
affiché aux greffes des tribunaux civils et de commerce du domicile du mari pendant un an, conformément aux prescriptions
de l'article 872 C. pr. civ. ». M. Renault Morlière a reproché au
projet de la Commission de n'avoir pas exigé pour cette déclaration toutes les mesures de publicité que le Code de commerce
(art. 67-70) exige pour le contrat de mariage des commerçants, d'a-
voir omis l'affichage dans les chambres de notaires et d'avoués de
cette déclaration qui détruit le contrat de mariage. Le rapporteur, M. Bouchet, a répondu que la Commission n'avait pas exigé
ce mode de publicité afin de diminuer les frais de la séparation
de biens, nous croyons que ce motif n'est pas suffisant pour faire
rejeter cette mesure de protection prise dans l'intérêt des tiers
et que l'économie qui résulte de sa suppression n'est pas suffisante pour compenser le préjudice que le tiers pourrait res-
sentir.

M. Renault Morlière combattit avec une grande énergie le projet Parent en se fondant sur trois arguments :

1. « Le projet, dit-il, constitue une nouveauté juridique. En effet la séparation de biens ne peut être que judiciaire ; elle ne peut être prononcée que par un jugement, rendu par le juge compétent, c'est à dire le tribunal civil. Or, ici, à quel acte attachez-vous la séparation de bien ? Est-ce au jugement déclaratif de failllite, c'est à-dire au jugement qui émane du tribunal de commerce ? Evidemment ce n'est pas là un jugement rendu par le juge compétent. Est-ce au contraire à la déclaration de la femme ? Ici, vous vous heurtez au principe d'après lequel aucune séparation de biens ne peut être que judiciaire. Est-ce à la combinaison de ces deux éléments ? Mais vous aurez beau les combiner, vous ne leur donnerez jamais la vertu qui manque à chacun d'eux. »

Le projet Parent constitue une nouveauté juridique, c'est vrai, mais, comme le disait le rapporteur, M. Bouchet, « il est bien certain que si nous ne voulons pas d'une main qu'on appellera téméraire toucher un jour ou l'autre aux imperfections du Code civil, qui a assez d'excellence pour être quelquefois taxé d'imperfection, si jamais nous n'osons y toucher, quelle sont les réformes auxquelles on pourra parvenir ? »

2. M. Renault Morlière attaque en second lieu le projet parce qu'il augmente les dangers de la collusion et du concert frauduleux entre le mari et la femme, et qu'en même temps il diminue les garanties nécessaires à la sécurité des tiers, garanties si bien organisées par le Code civil; ainsi de droit commun les créanciers peuvent intervenir à tous les moments de l'instance, il peuvent exiger qu'on leur communique les pièces ; ils voient l'acte de liquidation des reprises et peuvent ainsi saisir la trace du concert frauduleux. Le Code exige en outre la communication au ministère public dont souvent les observations arrêtent une

demande peu justifiée. « Il y a là, dit l'orateur, toute une série de précautions qui sont nécessaires pour la protection des véritables intérêts des créanciers de la femme du failli et même de l'intérêt général... c'est pourtant cette procédure qu'on nous propose de détruire dans le seul but de réaliser une économie minime ! »

Nous répondons, avec M. Bouchet, que la séparation de biens est accordée à la femme lorsque l'état de déconfiture du mari est apparent. « Or, quand cet état de déconfiture peut-il être mieux démontré que lorsqu'il y a un jugement déclaratif de faillite devenu définitif ? Aussi, que voyons-nous se produire ? C'est qu'en matière de séparation de biens intervenant sur déclaration de faillite, il y a adjudication des conclusions de la femme toujours, tout au moins à peu près dans tous les cas, par jugement de défaut qui devient définitif par son exécution, sans que le mari, sans que le syndic représentant la masse créancière, sans qu'aucun créancier ne songe un instant à se pourvoir. »

La fraude peut être à craindre en cas de déconfiture, car alors le mari qui veut obtenir la séparation de biens peut faire diriger contre lui des poursuites de complaisance qui établiront le désordre de ses affaires, mais on ne peut pas supposer qu'un mari se fasse déclarer en faillite pour obtenir la séparation de biens.

D'ailleurs, disait M. Bouchet, « dans le cas de collusion, nous avons pris le soin d'insérer dans le rapport, — comme cela découle naturellement de l'équité même, — que les créanciers, le syndic représentant la masse créancière, conservent toujours, en l'état de la législation que nous prétendons introduire, le droit d'intervenir et de se pourvoir contre le concert frauduleux parfaitement déterminé et prouvé. »

3. M. Renault Morlière a invoqué enfin un argument tiré de la pratique administrative. Beaucoup de femmes de faillis sont pauvres et sont admises à l'assistance judiciaire ; or, aux termes de deux circulaires des 11 octobre et 23 novembre 1855, l'assistance judiciaire consent à faire les frais non-seulement du jugement, mais des actes d'exécution qui suivent le jugement et qui en forment une partie intégrante ; parmi ces actes il en est un très coûteux, l'acte de liquidation des reprises de la femme. L'administration a exempté la femme admise au bénéfice de l'assistance judiciaire des frais d'exécution du jugement, car, qui veut la fin veut les moyens, et la séparation de biens n'est définitive qu'après l'exécution du jugement. Dans le système du projet, la femme serait privée de ce bénéfice, car, si l'assistance judiciaire consent à faire les frais de l'acte de liquidation, c'est à cause de l'art. 1444, d'après lequel l'exécution du jugement de séparation de biens se confond avec le jugement lui-même, et elle pourrait bien ne pas faire les frais des actes d'exécution qui suivent non plus le jugement, mais l'ordonnance du président.

M. Bouchet répondit qu'aux termes du projet, le président du tribunal donnerait acte à la femme de sa déclaration dans une ordonnance qui commettrait un notaire pour faire la liquidation ; cette ordonnance serait revêtue de la formule exécutoire, et il n'y aurait aucune différence quant à l'exécution entre l'ordonnance et le jugement, et, dès lors, l'assistance judiciaire accordée à la femme pour la procédure en séparation de biens, telle qu'elle est organisée par le projet, accompaguerait cette procédure jusqu'à l'acte de liquidation.

La réforme proposée par M. Parent n'était donc pas dangereuse, et nous ne pouvons que regretter que la Chambre n'ait pas consacré une réforme législative aussi utile, qui aurait diminué d'une somme de 320 fr. environ les frais si considérables de liquidation des faillites.

POSITIONS

DROIT ROMAIN

1. L'*Oratio Antonini* s'applique à toutes les donations entre époux même à celles qui ne résultent pas d'une dation mais d'une simple promesse.
2. La convention dont parle la loi 44 *pro socio* (17. 2) n'est pas forcément un contrat innommé, elle peut d'après l'intention des parties constituer un contrat de société.
3. Lorsqu'un des associés a traité avec un tiers au nom de la société, mais sans mandat, ce tiers n'a pas contre les autres associés l'action *de in rem verso*.
4. Les associés répondent de la *Culpa levis in concreto*.

DROIT CIVIL

1. L'assureur qui a payé la somme assurée ne peut pas être subrogé aux droits et actions que peut avoir le bénéficiaire de l'assurance sur la vie contre l'auteur de la mort de l'assuré.
2. Les contraintes décernées par les administrations de l'enregistrement et des contributions indirectes emportent hypothèque judiciaire.
3. Un testateur peut valablement, comme condition du legs

universel par lui fait à un mineur, imposer à celui-ci l'obligation d'abandonner à un tiers une propriété immobilière.

4. Le droit de pacage ou de seconde herbe dans une prairie,
anciennement concédé à une commune, est une servitude
réelle indivisible de sa nature. Aussi lorsque le fonds grevé
est partagé entre plusieurs héritiers ou vendu par portions, la
commune usagère ne peut être contrainte à recevoir un can-
tonnement partiel du chef de quelques-uns seulement des
propriétaires entre lesquels il est actuellement divisé.

5. La vente sans aucune réserve d'un tableau emporte au profit
de l'acquéreur le droit exclusif de reproduction.

PROCÉDURE CIVILE

1. En cas de faillite du mari, la demande en séparation de biens
doit-être dirigée contre le syndic de la faillite du mari, et le
syndic doit être seul condamné aux dépens alors même qu'il
aurait acquiescé à cette demande.

DROIT PÉNAL

1. Pour que les tribunaux de répression puissent prononcer les
peines de la Banqueroute simple ou de la Banqueroute frauduleuse, il faut que la faillite ait été déclarée par le tribunal
de commerce, l'état de cessation de paiement ne suffit pas.

DROIT ADMINISTRATIF

1. Un décret de concession de mine peut être attaqué par la voie
contentieuse, par les tiers qui, en vertu d'une concession anté-

rieure, se prétendraient propriétaires de la mine, objet de la nouvelle concession.

2. La loi du 25 mai 1864 n'a pas rendu inapplicables aux grèves d'ouvriers et de patrons l'article 291 du Code pénal et la loi du 10 avril 1834.

DROIT COMMERCIAL

1. Les restrictions apportées par les articles 557-564 du Code de commerce aux droits des femmes ne peuvent être invoquées que par les créanciers chirographaires ou dans leur intérêt.

2. La faillite n'empêche pas la compensation de s'opérer entre les dettes et créances réciproques qui peuvent exister entre la femme et le mari représentant la communauté.

Vu :

Le Président de la Thèse,

Cʜ. **TESTOUD.**

Vu :

Le Doyen,

A. **GUEYMARD.**

Vu et permis d'imprimer :

Le Recteur de l'Académie,

Cʜ. **DREYSS.**

www.ingramcontent.com/pod-product-compliance
Lightning Source LLC
Chambersburg PA
CBHW070259200326
41518CB00010B/1830